A Revolução do Amor

A Revolução do Amor

JOYCE MEYER

1ª. Edição

BELO HORIZONTE

Diretor
Lester Bello

Autora
Joyce Meyer

Título Original
The Love Revolution

Tradução
Idiomas e Cia, por Maria Lucia Godde

Revisão
Idiomas e Cia, por Ana Carla Lacerda

Design capa (Adaptação)
Ronald Machado

Diagramação
Julio Fado

Impressão e Acabamento
Paulinelli Serviços Gráficos

Rua Cachangá, 466 - Guarani
Cep: 31.840-150 - Belo Horizonte
MG/Brasil - Tel.: (31)3524-7700
contato@bellopublicacoes.com.br
www.bellopublicacoes.com.br

© 2009 Joyce Meyer
Copyright desta edição
FaithWords

Todos os direitos autorais
desta obra estão reservados
1ª. Edição setembro de 2009
2ª. Reimpressão – Abril de 2015

Meyer, Joyce
M612   A revolução do amor / Joyce Meyer;
tradução de Idiomas e Cia. - Belo
Horizonte: Bello Publicações, 2015.
264p.
Título original: Love revolution

ISBN: 978-85-61721-41-1

1. Amor – Aspectos religiosos. I. Título.

CDD: 152.4
CDU: 177.61

É proibida a reprodução, armazenamento ou transmissão de qualquer forma ou por qualquer meio – eletrônico, mecânico, fotocópia, gravação ou outro – sem a autorização prévia por escrito da editora. Publicação em acordo com as orientações do NOVO ACORDO ORTOGRÁFICO DA LÍNGUA PORTUGUESA, em vigor desde janeiro de 2009.

Exceto em caso de indicação em contrário, todas as citações bíblicas foram extraídas da Bíblia Sagrada, Versão Almeida Revista e Atualizada (ARA), 1995, Sociedade Bíblica do Brasil.

As citações bíblicas marcadas com a indicação NVI foram extraídas da Bíblia Sagrada, Nova Versão Internacional, 2000, Editora Vida.

As citações bíblicas marcadas com a indicação KJV foram extraídas da versão *King James* da Bíblia Sagrada. Uma vez que esta versão só se encontra disponibilizada em português para o Novo Testamento, no caso de citações nesta versão referentes ao Antigo Testamento, optamos por uma tradução livre que se aproxime mais ao texto original.

As citações bíblicas marcadas com a indicação AMP foram extraídas da *The Amplified Bible*. As citações bíblicas marcadas com a indicação The Message foram extraídas da versão *The Message*. As citações bíblicas marcadas com a indicação NLT foram extraídas da Bíblia Sagrada, *New Living Translation*. Todas as versões acima foram traduzidas livremente, em função da inexistência de sua correspondência no idioma português.

ÍNDICE

Introdução	7
1. O Que Há de Errado com Este Mundo?	15
2. A Raiz do Problema	38
3. Nada de Bom Acontece por Acaso	51
4. Interrompido por Deus	69
5. O Amor Encontra Um Meio	81
6. Vença o Mal com o Bem	93
7. Justiça para os Oprimidos	110
8. O Amor é Inclusivo, e Não Exclusivo	138
9. Faça com que as Pessoas se Sintam Valiosas	160
10. Atos Arrojados de Bondade	182
11. Descubra o Que as Pessoas Precisam e Seja Parte da Solução	194
12. Amor Incondicional	204

A REVOLUÇÃO DO AMOR

13. O Amor Não Se Ressente do Mal	213
14. Formas Práticas de Demonstrar Amor	223
15. Precisamos de um Avivamento ou de uma Revolução?	248
Notas	261
Sobre a Autora	263

Autores Convidados "Revolucionários do Amor"

Darlene Zschech	28
Martin Smith	128
Pastor Paul Scanlon	150
John C. Maxwell	171
Pastor Tommy Barnett	238

INTRODUÇÃO

Revolução. A própria palavra estimula a esperança, desperta a paixão, e inspira lealdade como nenhuma outra palavra do vocabulário humano. Ao longo da história, a ideia de uma revolução alimentou os revolucionários e injetou coragem nos medrosos. As revoluções mobilizaram aqueles que estavam em busca de uma causa maior do que eles mesmos, dando a homens e mulheres que antes não tinham um propósito uma causa pela qual estavam dispostos a morrer. Elas deram à luz grandes líderes e geraram grandes seguidores; as revoluções literalmente transformaram o mundo.

Uma revolução é a mudança repentina, radical e completa do modo como as coisas são feitas normalmente. As revoluções geralmente são iniciadas por uma pessoa ou por um grupo muito pequeno de pessoas que não estão dispostas a continuar vivendo do modo como viveram no passado. Elas acreditam que alguma coisa pode e deve mudar, e continuam a promover suas ideais até que um maremoto tem início e muda definitivamente a situação, geralmente de forma radical.

O mundo passou por revoluções no passado, quando governos que tratavam injustamente os seus cidadãos em benefício próprio foram depostos. Isso aconteceu na Revolução Americana, na Revolução Francesa, e na Revolução Russa (também chamada de Revolução Bolchevique), citando apenas algumas. Também ocorreram revoluções quando sistemas ou formas ultrapassados e ineficazes de fazer as coisas foram substituídos e quando velhas formas de pensar cederam lugar a novas ideias, como aconteceu na Revolução Científica ou na Revolução Industrial. Thomas Jefferson disse: "Todas as gerações precisam de uma nova revolução", e acredito que agora é a hora da próxima revolução mundial, a maior revolução de todas. Não precisamos dos mesmos tipos de revoluções com as quais semeamos a paisagem da história mundial nas gerações que vieram antes de nós; não precisamos de uma revolução baseada na política, na economia, ou na tecnologia. Precisamos de uma Revolução de Amor.

Precisamos destituir o domínio do egoísmo e do egocentrismo em nossas vidas. Nada mudará em nosso mundo a não ser que cada um de nós esteja disposto a mudar. Geralmente desejamos que o mundo mude, mas não paramos para entender que a situação do mundo é resultado do modo como vivemos nossas vidas individuais e das escolhas que fazemos todos os dias.

Se cada pessoa do planeta soubesse como receber e dar amor, o nosso mundo seria um lugar radicalmente diferente. Creio que todos sabemos que existe alguma coisa errada na sociedade e que ela precisa ser consertada, mas parece que ninguém sabe o que fazer ou como começar a fazer essas mudanças. Nossa reação a um mundo fora de controle é reclamar e pensar: *Alguém devia fazer alguma coisa.* Pensamos e dizemos que talvez Deus, ou o governo, ou alguma outra pessoa investida de autoridade precisa tomar uma atitude. Mas a verdade é que cada um de nós tem de fazer alguma coisa. Precisamos aprender a viver a vida a partir de um ponto de vista totalmente diferente do que temos vivido. Precisamos estar dispostos a aprender, a mudar, e a admitir que somos parte do problema.

Não podemos consertar o que não entendemos, portanto, nossa primeira necessidade é localizar a raiz do problema. Por que a maioria das pessoas é infeliz? Por que há tanta violência nas famílias, nos bairros, nas cidades e nas nações? Por que as pessoas estão tão furiosas? Você pode estar pensando que estas coisas acontecem por causa do pecado. Você pode dizer: "As pessoas são pecadoras. Este é o problema". Concordo com você teoricamente, mas gostaria de abordar o problema a partir de um ponto de vista prático com o qual todos nós lidamos diariamente. Acredito firmemente que a raiz de todas essas questões e de muitas outras é o egoísmo. O egoísmo nada mais é do que a expressão externa do pecado. É quando uma pessoa diz: "Quero porque quero e vou fazer o que for preciso para conseguir". O pecado existe sempre que uma pessoa se posiciona contra Deus e contra os Seus caminhos.

Temos a tendência de viver de forma retrógrada – exatamente o oposto do modo como deveríamos viver. Vivemos para nós mesmos e, no entanto, parece que nunca terminamos tendo aquilo que nos satisfaz. Devíamos viver para os outros e aprender o segredo maravilhoso de que aquilo que damos sempre volta para nós, multiplicado muitas vezes mais. Gosto do modo como um médico famoso chamado Lucas definiu esse segredo: "Entregue a sua vida; você a verá ser devolvida, mas não apenas devolvida – devolvida com bônus e bênçãos. Dar, e não receber, é o caminho. Generosidade gera generosidade" (Lucas 6:38, *The Message*).

Em muitas sociedades, possuir e controlar se tornou o objetivo número 1 das pessoas. Todos querem ser o "número 1", o que automaticamente indica que muitas pessoas ficarão decepcionadas, já que apenas uma pode ser o número 1 em qualquer momento e em qualquer área específica. Somente uma pessoa pode ser o corredor número 1 do mundo; só uma pode ser o presidente da empresa ou o ator ou a atriz mais conhecido nos palcos ou nas telas. Somente uma pessoa pode ser o melhor escritor ou o melhor pintor do mundo. Embora acredite que todos nós devemos ter um objetivo na vida e que devemos fazer o nosso melhor, não acho que devemos querer tudo para nós sem nos preocupar com as outras pessoas.

Já havia vivido sessenta e cinco anos quando escrevi este livro, e suponho que somente isso já é suficiente para me qualificar como alguém que sabe algumas coisas. Pelo menos vivi o bastante para ter tentado uma série de maneiras de ser feliz, descobrindo por eliminação o que funciona e o que não funciona. O egoísmo não deixa minha vida funcionar do jeito que ela foi projetada para funcionar, e definitivamente esta não é a vontade de Deus para a humanidade. Acredito que posso provar neste livro que o egoísmo é realmente o maior problema que enfrentamos hoje mundialmente, e que um movimento decisivo para eliminá-lo é a nossa resposta. Precisamos declarar guerra ao egoísmo. Precisamos de uma Revolução de Amor.

O amor precisa ser mais do que uma teoria ou uma palavra; precisa ser uma ação. Precisa ser visto e sentido. Deus é amor! O amor é e sempre foi ideia dEle. Ele veio para nos amar, para nos ensinar como amá-lo e como amar a nós mesmos e aos outros.

Quando fazemos isso, a vida se torna maravilhosa. Quando não fazemos, nada funciona corretamente. O amor é a resposta para o egoísmo porque o amor dá, enquanto o egoísmo tira. Precisamos ser libertos de nós mesmos, e Jesus veio para este fim específico, como vemos em 2 Coríntios 5:15: "E ele morreu por todos, para que os que vivem já não vivam mais para si mesmos, mas para aquele que por eles morreu e ressuscitou".

Recentemente, estava refletindo sobre os terríveis problemas mundiais como milhões de crianças morrendo de fome, a AIDS, a guerra, a opressão, o tráfico humano, o incesto e tantos outros, e então perguntei a Deus: "Como o Senhor pode suportar ver tudo o que se passa no mundo e não fazer nada?" Ouvi Deus dizer em meu espírito: "Eu trabalho através das pessoas. Estou esperando que o meu povo se levante e faça alguma coisa".

Você pode estar pensando, como milhões de outras pessoas: *Sei que o mundo tem problemas, mas eles são tão monumentais... O que posso fazer que trará alguma diferença?* Este é exatamente o tipo de pensamento que nos manteve paralisados enquanto o mal continuou a triunfar. Precisamos parar de pensar no que *não podemos* fazer e começar a fazer o que *podemos*. Neste livro, eu e alguns autores que convidei a se unirem a mim, compartilharemos com você muitas ideias e formas pelas quais você pode fazer parte de um novo movimento capaz de trazer uma mudança radical e positiva.

Recuso-me a continuar esperando sem fazer nada enquanto o mundo segue em queda livre, rumo à destruição. Posso não ser capaz de resolver todos os problemas que vejo, mas farei o que posso. Oro para que você se junte a mim e tome uma posição em relação ao modo como encara a vida. A vida não pode mais se resumir ao que as pessoas podem fazer por nós, ao contrário, ela precisa se resumir ao que nós podemos fazer pelas pessoas.

Todo movimento precisa de um lema ou de um credo pelo qual seus seguidores devem viver. Nós, do Ministério Joyce Meyer, elaboramos a partir de muita oração um pacto segundo o qual nos comprometemos a viver. Você quer se juntar a nós?

Eu **adoto** a compaixão e **abro mão** das minhas desculpas.
Eu me levanto contra a injustiça
e **me comprometo** a demonstrar em ações
simples o amor de Deus.
Eu me recuso a não fazer nada. Esta é a minha decisão.
EU SOU A REVOLUÇÃO DO AMOR.

Oro para que estas palavras também se tornem o seu lema – o novo padrão segundo o qual você passará a viver. Não espere para ver o que outra pessoa decidirá fazer, ou se o movimento irá se tornar popular. Isso é algo que você deve decidir por si mesmo, um compromisso que só você deve optar por fazer. Pergunte a si mesmo: "Continuarei sendo parte do problema, ou serei parte da resposta?" Eu já decidi ser parte da resposta. O amor será o tema central da minha vida.

> Pergunte a si mesmo: "Continuarei sendo parte do problema, ou serei parte da resposta?" Eu já decidi ser parte da resposta. O amor será o tema central da minha vida.

E você? Continuará reproduzindo os problemas existentes no mundo de hoje? Você irá ignorá-los ou fingir que eles não existem? Ou vai se unir à Revolução do Amor?

A Revolução do Amor

CAPÍTULO 1

O Que Há de Errado com Este Mundo?

Sou apenas um, mas ainda sou um. Não posso fazer tudo, mas posso fazer alguma coisa, e porque não posso fazer tudo, não me recusarei a fazer algo que possa fazer.

Edward Everett Hale

Enquanto estou sentada tomando meu café da manhã, olhando pela janela a minha linda vista, 963 milhões de pessoas têm fome.

Mais de um bilhão de pessoas ganham menos de um dólar por dia. Trinta mil crianças morrerão hoje por causa da pobreza. Elas morrem em alguns dos vilarejos mais pobres da terra – inteiramente distantes da consciência do mundo. Isso significa que 210.000 morrem a cada semana – 11 milhões a cada ano – e a maioria delas tem menos de cinco anos de idade.

Dos 2.2 bilhões de crianças do mundo, 640 milhões não têm abrigo adequado, 400 milhões não têm água potável segura para beber, e 270 milhões não têm acesso a absolutamente qualquer atendimento médico.

Essas estatísticas são tão chocantes para você quanto são para mim? Espero que sim. Elas representam fatos impressionantes e graves da vida no mundo em que vivemos. Estas coisas estão acontecendo no nosso planeta, debaixo dos nossos olhos. Entendo que as estatísticas que você acaba de ler podem não se aplicar à cidade ou ao país onde você mora, mas hoje mais do que nunca, somos cidadãos do mundo. Somos parte de uma comunidade global, e membros da nossa família humana estão sofrendo de maneiras impensáveis e inexprimíveis.

Acredito que é hora de um toque de despertar mundial – um toque que nos fará levantar da nossa complacência, da nossa ignorância, ou da nossa insatisfação pelas dificuldades e nos incitará a nos levantarmos contra a dor e a pobreza, a perda e a falta, a injustiça e a opressão, e as condições de vida que não correspondem a uma vida humana saudável ou à dignidade básica do ser humano. Na verdade, é hora de uma Revolução de Amor.

Uma Pequena Boca, Seis Dentes com Abscessos

Durante uma campanha médica comunitária do Ministério Joyce Meyer no Camboja, um dentista que se ofereceu como voluntário para nos auxiliar arrancou vinte e um dentes de uma criança pequena; seis deles estavam com abscesso. Pensar nesta situação agonizante me faz lembrar do dia em que meu marido teve uma forte dor de dente quando estávamos viajando para a Austrália. Ele estava absolutamente desesperado porque estava em um avião e não conseguia ter nenhum alívio para a dor. Assim que aterrissamos, às dez da noite, alguém marcou uma consulta para ele em um dentista e ele pôde receber socorro. Mas e aquela garotinha, e os milhares de outros como ela que suportam dores todos os dias e não têm acesso algum a qualquer atendimento médico? Pare alguns instantes e imagine isto. Como você se sentiria se tivesse que arrancar vinte e um dentes que estão cariados e latejando de dor?

Esse tipo de sofrimento inimaginável existe; ele acontece a pessoas reais todos os dias em lugares remotos do mundo. A maioria de nós nada sabe a respeito delas, ou, na melhor das hipóteses, talvez vejamos imagens de algumas delas na televisão. Dizemos: "Que vergonha. Alguém realmente devia fazer alguma coisa a respeito", e depois continuamos tomando o nosso café da manhã e desfrutando da vista.

Onde o Lixo é um Tesouro

Uma menina de dez anos chamada Gchi vive em um depósito de lixo no Camboja. Ela se mudou para lá quando tinha quatro anos de idade. Seus pais não podiam mais sustentá-la, então eles pediram que sua irmã mais velha a levasse, e a única maneira das duas meninas sobreviverem era viver e trabalhar no depósito de lixo. Gchi passa sete dias por semana escavando em meio ao lixo com uma picareta de metal ou com as mãos, procurando algo que possa comer ou pedaços de plástico ou vidro que ela possa vender para conseguir dinheiro para a comida. Ela viveu no lixo durante seis anos; muitos outros estão ali há muito mais tempo.

É crucial que você entenda que estamos falando do *depósito de lixo da cidade*, onde todas as noites os caminhões de lixo voltam à pilha de detritos para deixar os restos jogados fora pelas outras pessoas, que eles recolheram pela cidade. As crianças trabalham à noite, no escuro, usando capacetes com luzes, porque o melhor lixo é encontrado assim que os caminhões chegam.

Após minha primeira visita àquele depósito de lixo, um entrevistador me perguntou o que eu pensava a respeito. Quando tentei articular meus pensamentos, percebi que a situação era tão terrível que eu não sabia como pensar a respeito dela. Minha mente simplesmente não conseguia processar em palavras uma degradação tão profunda como aquela, mas decidi que tentaria fazer alguma coisa a respeito.

Foi necessário cerca de um ano de esforço por parte de diversas pessoas para tratar do assunto e solicitar doações dos sócios de nosso ministério, assim como um pouco das finanças pessoais de Dave e eu. Mas finalmente conseguimos reformar dois grandes ônibus e transformá-los em restaurantes móveis. Eles estacionam no depósito de lixo; as crianças sobem, sentam-se para ter uma boa refeição, e até recebem algumas lições de leitura e matemática para ajudá-las a se preparar para um futuro melhor. Naturalmente, compartilhamos o amor de Jesus com elas, mas não *dizemos* simplesmente que elas são amadas, nós *mostramos* isso a elas suprindo as suas necessidades práticas.

Boas Intenções Não Bastam

Ouvi uma história a respeito de um homem que foi para a Rússia com boas intenções de falar às pessoas sobre o amor de Jesus Cristo. Durante sua visita, muitas pessoas estavam morrendo de fome. Quando ele encontrou uma fila de pessoas esperando ansiosamente conseguir pão para aquele dia, ele as abordou com folhetos evangelísticos na mão e começou a percorrer a fila dizendo a elas que Jesus as amava e entregando a cada uma um folheto contendo a mensagem da salvação. Ele certamente estava tentando ajudar, mas uma mulher olhou-o nos olhos e disse com amargura: "As suas palavras são bonitas, mas elas não enchem o meu estômago vazio".

Aprendi que algumas pessoas estão sofrendo demais para ouvirem as boas novas de que Deus as ama; elas precisam ter a experiência desse amor, e uma das melhores maneiras de proporcionar isso é suprir as necessidades práticas delas, além de dizer que elas são amadas.

> Devemos ser cautelosos para não
> acharmos que palavras bastam.

Devemos ser cautelosos para não acharmos que palavras bastam. Jesus certamente pregava as boas novas, mas Ele também andou por aí fazendo o bem e curando a todos os oprimidos (ver Atos 10:38). Falar não custa caro, nem exige muito esforço, mas o verdadeiro amor é dispendioso. Ele custou a Deus o Seu único Filho, e permitir que o verdadeiro amor flua através de nós também nos custará. Talvez tenhamos que investir tempo, dinheiro, esforço ou bens – mas é certo que nos custará alguma coisa!

Deus Está Contando Conosco

Vou sair de cada em breve para tomar um café com meu esposo e mais tarde vamos almoçar. Provavelmente estaremos fora por cerca de duas horas, e durante esse tempo cerca de 240 crianças terão sido raptadas e levadas pela indústria do tráfico sexual. Isso significa que a cada minuto duas crianças terão suas vidas destruídas pelo egoísmo e ganância de alguém, a não ser que façamos algo. O que podemos fazer? Podemos nos importar; podemos nos informar; podemos orar; e podemos tomar uma atitude. Podemos sustentar ministérios e organizações que possuem experiência comprovada em resgatar crianças e mulheres dessa situação terrível, ou, se Deus nos pedir para fazê-lo, podemos até mesmo optar por trabalhar nessas áreas. Se o trabalho em tempo integral não é uma opção, podemos considerar a hipótese de prestar alguma ajuda no escritório de um projeto ou fazer uma viagem missionária de curto prazo.

Escravidão Sexual

Enquanto você caminha pela viela escura, os sinais de decadência e ruína surgem da escuridão. Pedaços de metal e arame sustentam os prédios de pedra. O ar cheira a lixo apodrecido e excremento humano. Por trás da fachada em ruínas, você ouve os gemidos de uma criança, gritos abafados de ira e raiva, e o uivo penetrante de um dos muitos cães abandonados que perambulam por essas ruas cruéis.

Mais do que qualquer dos seus outros sentidos, você está certo do que sente. Não há dúvida... este lugar é mau. Por mais difícil que seja para você imaginar, é um lugar criado por homens maus e imorais que vendem crianças para o sexo.

Este inferno em vida tornou-se o lar de Samrawork quando ela tinha apenas sete anos de idade. Quando foi resgatada na estação de ônibus aos doze anos, ela havia se deteriorado, transformando-se na concha sem vida de uma garotinha − pele e osso, emocionalmente morta e com olhos vazios incapazes de expressar qualquer coisa. Durante cinco anos, Samrawork foi vítima de pervertidos que pagavam um alto preço pelo privilégio de violentar seu pequenino corpo. Eles pagavam três dólares em vez de um dólar pelo fato dela ser tão jovem.

Seus órgãos femininos foram castigados de forma tão grave que ela precisaria de muitos reparos cirúrgicos para um dia poder viver uma vida normal. Mas o imediatismo das suas necessidades físicas era menor se comparado aos danos que ela havia sofrido espiritualmente e emocionalmente.

> Samrawork foi diagnosticada com o vírus HIV. Órfã, ela não se lembra de nenhum de seus pais. Como tantas outras, está presa na escuridão de um mal inimaginável.
>
> As estatísticas[1] dizem:
>
> - 1.2 milhões de crianças são traficadas a cada ano, sem contar os milhões de crianças que já são mantidas cativas pelo tráfico.
> - A cada dois minutos uma criança está sendo preparada para a exploração sexual.
> - Aproximadamente 30 milhões de crianças perderam sua infância por causa da exploração sexual nos últimos 30 anos.

O dentista que mencionei anteriormente neste capítulo participou de uma de nossas campanhas médicas comunitárias do Ministério Joyce Meyer, realizadas em países do terceiro mundo. A equipe que compõe essas campanhas é formada por pessoas que fazem parte da nossa folha de pagamento, mas a maioria dos participantes são maravilhosos voluntários que tiram um tempo de folga no trabalho e pagam suas próprias despesas para irem conosco. Eles trabalham de doze a dezesseis horas por dia, geralmente em lugares onde a temperatura é superior ao que estão acostumados, sem ar condicionado e talvez sem ventilador. Eles trabalham em vilarejos remotos, debaixo de tendas, e são capazes de ajudar pessoas que podem jamais ter recebido cuidados médicos de qualquer espécie. Somos capazes de dar a elas medicamentos para salvar suas vidas e aliviar suas dores. Oferecemos vitaminas e as alimentamos, e dizemos a elas que Jesus realmente as ama. Cada uma delas tem a oportunidade de receber Jesus, e a maioria opta por fazê-lo. Fico com lágrimas nos olhos quando me lembro dos médicos, dentistas, enfermeiras e outros auxiliares médicos que nos contaram com grande emoção como essas viagens transformaram suas vidas para sempre. Tentamos agradecer-lhes e eles terminam nos agradecendo por lhes abrirmos os olhos para o que a vida realmente significa.

Levamos uma contadora que trabalha para o nosso ministério em uma viagem ao Camboja, e embora ela sempre veja as apresentações da mídia sobre nossas campanhas, sua vida foi realmente impactada pelo que ela viu pessoalmente. Ela disse: "Realmente me sinto como se tivesse vivido dentro de uma bolha durante toda minha vida". Ela queria dizer que havia vivido isolada da realidade, e creio que a maioria de nós também. Entendo que nem todos no mundo poderão ir a um país de terceiro mundo para ver em primeira mão como as pessoas de lá são obrigadas a viver, mas podemos pelo menos tentar nos lembrar quando lermos a respeito ou quando assistirmos na televisão, que o que estamos vendo realmente está acontecendo com alguém – com muitos "alguéms". Deus ama essas pessoas, e Ele está contando conosco para fazermos alguma coisa a respeito.

Desnutrição

Mehret vê o mundo de uma perspectiva diferente. Em Angacha, um pequeno vilarejo etíope, ela faz o melhor que pode para acompanhar as outras crianças, mas simplesmente não se parece com todas as demais.

Mehret nasceu saudável, mas a cada dia, enquanto a desnutrição corroia seu corpo, sua coluna foi ficando cada vez mais deformada, dificultando seu caminhar, impedindo-a de correr e brincar com seus amigos. A desnutrição também gerou um grande caroço no lado direito de suas costas – grande demais para esconder, e doloroso demais para ser ignorado. Seus ossos são fracos, e ela também.

Se alguém conhece a dor de Mehret, é seu pai, Abeba. O que ele deseja mais do que qualquer coisa é simplesmente alimentar seus filhos... *e fazer com que sua preciosa filha fique bem outra vez.* Se Mehret puder começar a receber o alimento nutritivo de que precisa, o processo de deterioração pode ser interrompido. Mas neste momento, não há esperanças à vista.

Dia após dia, Abeba luta contra a culpa de não ter sido capaz de alimentar seus bebês. Ele também sabe que se alguma coisa não mudar, o estado de Mehret só irá piorar. Em breve, ela não poderá andar. E finalmente morrerá.

Hoje, Mehret conhece a dor de sentir fome... e a dor de ser diferente de todos os demais. E ela sabe que cada novo dia será um pouco mais difícil do que o dia anterior.

Em parceria com o programa International Crisis Aid, o Ministério Joyce Meyer começou a fornecer a Mehret o alimento de que ela necessita para viver e para interromper o processo de deterioração de sua coluna. Mas existem muitas outras crianças pequenas e preciosas... muitas outras como Mehret... que precisam da nossa ajuda para vencer esta guerra contra a desnutrição.

As estatísticas[2] dizem:

- Neste instante, cerca de 963 milhões de pessoas no mundo passam fome.
- Todos os dias, quase 16.000 crianças morrem

de causas relacionadas à fome – uma criança a cada cinco segundos.

- Em 2006, cerca de 9.7 milhões de crianças morreram antes de completar cinco anos. Quase todas essas mortes ocorreram em países em desenvolvimento – 4/5 delas na África subsaariana e no Sul da Ásia, as duas regiões que também sofrem com os mais altos índices de fome e desnutrição.

Uma Rachadura Na Base do Mundo

Parece-me que o sistema mundial tem uma rachadura em sua base, e que todos nós estamos sentados preguiçosamente e observando enquanto ele desmorona. Se você ouvir com atenção, escutará as pessoas em toda parte dizendo: "O mundo está desmoronando". Ouvimos isso nas notícias e nas conversas em geral. Parece que todos estão falando sobre a injustiça no mundo. Mas falar sem agir não resolve nada. Minha pergunta é: "Quem vai se revoltar contra a injustiça e trabalhar para consertar o que está errado?" Decidi que eu o farei. Conheço milhares de outras pessoas que decidiram fazer o mesmo, mas precisamos de centenas de milhares que se juntem a nós para que o trabalho seja feito.

Qualquer coisa Que Você Possa Fazer Vale a Pena Ser Feito

Você pode estar pensando: *Joyce, o que posso fazer não é nem mesmo um pingo se comparado aos problemas que temos no mundo.* Sei como você se sente, porque já me senti do mesmo modo. Mas se todos pensássemos assim, ninguém faria nada e nada mudaria. Embora os nossos esforços individuais possam não resolver os problemas, juntos podemos fazer uma enorme diferença. Deus não nos responsabilizará pelo que não pudemos fazer, mas Ele nos responsabilizará pelas coisas que poderíamos ter feito.

Eu havia voltado recentemente de uma viagem à Índia e estava na academia quando uma mulher que costumo encontrar ali me perguntou se eu realmente acreditava que todo o esforço necessário para aquelas viagens estava resolvendo alguma coisa, já que milhões de pessoas continuavam morrendo de fome, independente de quantos tivéssemos alimentado. Compartilhei com ela o que Deus colocou em meu coração – algo que, para mim, resolveu a questão para sempre. Se eu ou você estivéssemos com fome por não termos comido por três dias, e alguém nos oferecesse uma refeição que aliviasse a dor em nosso estômago por um dia, nós aceitaríamos e ficaríamos satisfeitos por recebê-la? É claro que sim. E o mesmo acontece com as pessoas a quem ajudamos. Podemos estabelecer programas de atendimento contínuo para muitas delas, mas sempre haverá aqueles que só podemos ajudar uma ou duas vezes. Mesmo assim, sei que essas campanhas valem a pena. Se pudermos dar uma refeição a uma criança faminta, vale a pena. Decidi fazer sempre o que posso fazer e me lembrar do que Deus me disse: "Se você só puder aliviar a dor de uma pessoa uma vez, durante uma hora, ainda assim vale a pena".

O Mundo Perdeu o Seu Sabor

Creio que podemos dizer que a maior parte do que o mundo oferece não tem saber – e não estou falando de comida. Por exemplo, a maioria dos filmes que Hollywood produz são absolutamente sem paladar. Muitos dos diálogos e muitas das imagens visuais são de mau gosto. Geralmente, quando vemos um tipo de comportamento de mau gosto rapidamente culpamos "o mundo". Dizemos algo do tipo: "Onde este mundo vai parar?" Mas a expressão "o mundo" significa simplesmente as pessoas que vivem no mundo. Se o mundo perdeu o seu sabor, é porque as pessoas se tornaram insípidas em suas atitudes e atos. Jesus disse que nós somos o sal da terra, mas se o sal perder o seu sabor (a sua força e qualidade), ele não serve para nada (ver Mateus 5:13). Ele também disse que nós somos a luz do mundo e que não devemos esconder a nossa luz (ver Mateus 5:14).

Pense nisto da seguinte forma: Todos os dias ao sair de casa para entrar em um mundo escuro e insípido, você pode ser a luz e o sabor de que ele precisa. Você pode trazer alegria ao seu local de trabalho estando decidido a ter uma boa atitude permanentemente. Através de coisas simples como ser grato em ver de reclamar como a maioria das pessoas, ser paciente, misericordioso, rápido em perdoar ofensas, gentil e encorajador. Até simplesmente sorrir e ser amigável é uma maneira de trazer sabor a uma sociedade insípida.

Não sei quanto a você, mas não gosto de comida sem paladar. Meu marido teve um problema de estômago uma vez e o médico o colocou em uma dieta inteiramente sem sal e temperos por alguns dias. Que eu me lembre, a hora da refeição realmente não trazia uma expectativa muito boa para ele. Dave não é do tipo que costuma reclamar, mas em cada refeição eu o ouvia dizer repetidamente: "Esta coisa não tem gosto de nada". A comida precisava de um pouco de sal, um pouco de tempero – e é exatamente isto que o mundo precisa.

Sem o amor e todas as suas qualidades magníficas, a vida é insípida e não vale a pena ser vivida. Quero que você faça uma experiência. Apenas pense: *Vou sair para o mundo hoje e colocar tempero nas coisas.* Depois coloque em sua mente antes mesmo de sair pela porta que você sairá como embaixador de Deus e que o seu alvo é ser um doador, amar as pessoas e acrescentar um sabor agradável à vida delas. Você pode começar sorrindo para as pessoas que encontrar ao longo do dia. Um sorriso é um símbolo de aceitação e aprovação – algo que a maioria das pessoas deste mundo precisa desesperadamente. Coloque-se nas mãos de Deus e confie nEle para cuidar de você enquanto você planta boas sementes em todos os lugares, tomando decisões que sejam uma benção para outros.

A Mudança Começa com Você

Entendo que você não pode fazer tudo; não questiono isso de modo algum. Você deve dizer não a algumas coisas ou a sua vida ficará cheia de estresse. Não sou capaz de me oferecer para tomar conta de crianças ou para entregar refeições a idosos, mas estou fazendo muitas outras coisas para fazer uma diferença positiva no mundo. Creio que a pergunta que cada um de nós deve responder é esta: "O que estou fazendo para tornar a vida de alguém melhor?" E talvez uma pergunta melhor seja: "O que fiz *hoje* para tornar a vida de alguém melhor?"

Este livro pode ser difícil de ler em alguns momentos porque felizmente ele levantará questões desconfortáveis. Mas elas precisam ser abordadas por cada um de nós. Nada de bom acontece por acaso. Se quisermos ser parte de uma revolução, isso quer dizer que as coisas precisam mudar, e as coisas não podem mudar se as pessoas não mudarem. Cada um de nós deve dizer: A mudança começa em mim!

> Nada de bom acontece por acaso. Se quisermos ser parte de uma revolução, isso quer dizer que as coisas precisam mudar, e as coisas não podem mudar se as pessoas não mudarem. Cada um de nós deve dizer: A mudança começa em mim!

A REVOLUCIONÁRIA DO AMOR

Darlene Zschech

A jornada do coração é um dos mistérios mais complexos que há – a euforia e a tristeza, a esperança e a espera, e para muitos, a impronunciável decepção que faz com que não queiramos sentir mais nada. Quando não entendemos o grande amor de Deus que nos é dado para que dependamos dele e encontremos forças nele, nosso coração encontra outras formas de suportar, conseguir sobreviver até a mais dura das realidades. E é assim que se encontra um número incontável de pessoas hoje em dia, das mais ricas às mais pobres, uma vez que a pobreza do coração não discrimina em sua busca para encontrar um lar.

O profeta Isaías falou sobre uma revolução radical de amor em Isaías 61:11, quando a palavra descreve um dia em que o amor resultaria nas pessoas encontrarem a sua devida justiça... e Jesus fazer um caminho em meio ao deserto. "Porque como a terra produz os seus renovos, e como o jardim faz brotar o que nele se semeia, assim o Senhor fará brotar a justiça e o louvor perante todas as nações".

Uma Revolução de Amor não é apenas uma grande ideia, mas um conceito totalmente urgente... principalmente se estivermos crendo que veremos as trágicas injustiças que estão acontecendo na terra hoje serem transformadas... inclusive a pior tragédia de todas, a tragédia do coração partido da humanidade.

Cada vez mais o quebrantamento é trazido à nossa atenção como nas imagens de uma jovem mãe amamentando seu bebê, quando o seu próprio corpo está enfermo e arruinado pelos efeitos do HIV/AIDS. Ela está fazendo o melhor que pode, mas tem de enfrentar uma escolha... alimentar seu filho e infectálo conscientemente com esta doença fatal, ou ver a criança morrer de inanição por falta de nutrição alternativa? O coração desta mãe está para lá de partido. Ela é uma mãe assim como eu, cheia de prazer quando tem a oportunidade de ver seu filho florescer com os seus cuidados.

Ver homens e mulheres jovens impotentes, sem comida, sem água, sem lugar para ir e sem nada para fazer, é algo de partir o coração completamente e nos enche de uma desilusão constante. O coração e a mente deles estão cheios de sonhos incontáveis, mas se eles ao menos conseguissem encontrar um meio de chegar à escola e comprarem alguma coisa para comer...

É impressionante o que o desespero pode levar as pessoas a fazer, causando-lhes o mal como consequência e gerando uma extrema violência umas contra as outras... quão pouco valor as pessoas dão a uma vida humana quando se deparam com a pobreza extrema contínua. Mas um coração só consegue lidar com uma certa dose de dor.

Um garoto de quatorze anos está criando seu irmão e sua irmã mais novos, e um sobrinho mais novo, em uma pequena cabana coberta de lata chamada de lar na África subsaariana, onde ele trabalha o dia inteiro em uma pequena fazenda de plantações, tentando desesperadamente colocar todos eles, inclusive ele próprio, na escola, e encontrar alguma coisa para todos eles comerem para mantê-los fortes a cada dia. Seus pais morreram de AIDS e a cidade deles baniu as crianças por medo de que eles também tivessem a doença. As probabilidades são grandes, eles ainda farão o teste, e este coração de quatorze anos extremamente corajoso começa a ficar frágil devido ao trabalho árduo contínuo, à doença e à incerteza.

Uma jovem mãe em Sidnei, Austrália, que dedicou sua vida a seu marido e filhos, descobriu que seu marido a vinha enganando por muitos e muitos meses e quer se casar com a sua nova "descoberta". Essa mulher se sente isolada, desvalorizada, humilhada, e agora tem de enfrentar um futuro não apenas sem o seu marido, mas também muitos dias sem seus filhos, pois o marido luta pela custódia deles. O coração dela está tão partido que é difícil respirar, e ela não consegue ver o caminho à sua frente.

Lembro-me de estar sentada na periferia de Uganda com a incrível líder de um dos impressionantes programas de assistência a crianças da área, e quando começamos a falar, ela começou a compartilhar comigo como embora eles estejam fazendo muitas coisas para ajudar a resgatar os órfãos daquela região, a quantidade de crianças dentro do seu alcance imediato que não têm meios de sobrevivência é alarmante. Levantei-me e comecei a massagear seus ombros cansados enquanto ela continuava a falar sobre seu coração partido, e sobre a sua frustração implacável, e logo as palavras se transformaram em soluços. Anos vivendo com os recursos sendo esticados até onde se pode humanamente alcançar, mas assistindo e ouvindo enquanto as crianças continuavam a ir para a cama com fome e sozinhas, haviam vencido esta alma exausta.

As histórias poderiam continuar daqui até a eternidade, de pessoas lutando para sobreviver, das profundezas da África até a Ásia altamente povoada, dos Estados Unidos até a Austrália. Parece que para onde quer que olhemos, existem grandes muralhas de desgosto insuperável, e ainda que tenhamos caminhões de suprimentos de comida e imunização, conselheiros e apoio comunitário, precisamos de muito mais para quebrar este ciclo traiçoeiro. UMA REVOLUÇÃO DE AMOR... é aqui que encontramos a missão da nossa vida.

Lucas 4 dá a mensagem em alto e bom som:

O Espírito do Senhor está sobre mim PORQUE

Ele me nomeou para pregar boas novas aos pobres, enviou-me para proclamar que os cativos serão libertos, que os cegos verão, que os oprimidos serão libertos de seus opressores, e que o tempo do favor do Senhor chegou (ver Lucas 4:18-19).

Todas as vezes que leio e releio esta passagem, lembro-me que preciso estar claramente concentrada nos nossos empreendimentos para levantar a vida de outros... desde o menor dos gestos até a maior das estratégias... pois esta é a nossa hora de nos levantarmos, de sairmos desse estado atual, de uma vida puramente de conforto e voltada para si mesmo, e ampliarmos o nosso alcance de todas as formas que pudermos para alcançar os nossos irmãos e irmãs que passam necessidade em toda a terra.

Existe uma palavra maravilhosa que realmente é uma das palavras mais poderosas que o amor traz à vida... e essa palavra é ESPERANÇA. A Bíblia diz... esta esperança que temos, por âncora da alma (ver Hebreus 6:19)... e o Salmo 39:7 diz... "E eu, Senhor, que espero? Tu és a minha esperança". A esperança está sempre viva, mesmo quando a situação é desfavorável ou aparentemente impossível. A nossa missão é trazer essa esperança juntamente com a fé e o amor às pessoas que sofrem.

O meu coração foi tocado e desafiado exaustivamente ao tentar encontrar respostas para aqueles que vivem em meio aos ambientes mais atingidos pela pobreza, mas milagrosamente, quando você se senta entre aqueles que não têm nada e a situação parece desesperadora, adquire um tremendo sentimento de que a graça de DEUS está bem no meio dessas pessoas maravilhosas. Até mesmo enquanto elas lutam e se esforçam para continuar a jornada da sobrevivência, Deus continua brilhando eternamente. Encontrei muitos "prisioneiros da esperança" como diz Zacarias 9:12 (AMO ESTE PENSAMENTO)... que simplesmente, mas de todo coração, acreditam e SABEM que somente Deus é a sua resposta e o seu provedor.

A minha busca pessoal, amar o Senhor e adorá-lo com toda a minha vida, é a mais alta prioridade para mim em minha vida espiritual... buscá-lo, amá-lo e servi-lo. Aprender a importância de um estilo de vida de adoração, o valor da Sua presença, e a Sua maravilhosa graça é um dom indescritível e certamente precisaremos de toda a eternidade para expressar um OBRIGA-DO adequado por tudo que Ele fez e continua a fazer. A disciplina aprendida de trazer uma canção de fé e exaltar Jesus em meio à batalha foi uma das grandes lições que me esforcei por aprender no fundo do meu coração, mas a lição duradoura é sobre o que mais o Senhor está realmente requerendo de nós através da adoração. E ouço continuamente as batidas do Seu coração através das Escrituras assegurando-me de que a adoração é mais do que as canções que cantamos, é nossas vidas derramadas, desesperadas para ser as Suas mãos e pés no planeta de hoje.

Há muitos anos, visitei algumas lindas crianças africanas em um abrigo para doentes de AIDS, todas órfãs, porém cheias com o entusiasmo de pessoas que tinham ESPERANÇA. Elas ficaram de pé e cantaram para mim... TODAS AS COISAS SÃO POSSÍVEIS, com o que fui tremendamente desafiada e inspirada enquanto suas pequeninas vozes enchiam a atmosfera de vida e alegria. Um momento inesquecível, e um lembrete inesquecível do poder da PALAVRA de Deus em nossas vidas.

Hebreus 13:15 diz: "Por meio de Jesus, pois, ofereçamos a Deus, sempre, sacrifício de louvor, que é o fruto de lábios que confessam o Seu nome". O versículo 16 então prossegue dizendo: "Não negligencieis, igualmente, a prática do bem e a mútua cooperação; pois, com tais sacrifícios, Deus se compraz".

Cantar uma canção de Deus, juntar-se ao grande hino da eternidade, é uma das grandes alegrias da vida aqui na Terra. Dando poder, definindo, somos alimentados na Sua presença para vivermos a grande comissão... alimentados com as nossas mãos estendidas para o céu... e depois preparados com nossas mãos apresentadas em posição de quem está pronto para servir. Como disse Agostinho: "As nossas vidas deveriam ser um ALELUIA DOS PÉS À CABEÇA".

Entretanto, a adoração somente em canção é apenas um ponto de partida quando se trata do que é requerido pelo Criador do céu e da terra. Mais de quarenta vezes somos instruídos a cantar novos cânticos, e ainda mais vezes somos convidados a trazer ofertas de obediência perante o Senhor, mas por cerca de 2.000 vezes há referências a estarmos ativamente envolvidos enquanto nossas vidas são apresentadas como oferta, cuidando daqueles que estão tendo dificuldades nas diversas áreas da vida. É bom lembrar, porém, que sem a prática da oração, da meditação na Palavra de Deus, e desses ternos e impactantes momentos de um relacionamento profundo com Cristo... os nossos atos de serviço podem facilmente estar "baseados nas obras", e a agenda que impele esse serviço pode dizer respeito a nós e não àqueles a quem estamos servindo.

Os momentos deliberados de adoração definitivamente posicionam o seu coração para ser confrontado, para se render e ser transformado na presença de Deus. Uma vez que toda a jornada da caminhada cristã é uma jornada do coração, podemos ver por que aprender a ADORAR com tudo que somos é um passo crucial nesse processo. Deus sempre desejou a VERDADE no que diz respeito a servi-lo... e a verdade é decidida na estrutura do seu coração, que é o motivo pelo qual o cuidado e o bem estar do nosso coração é de primordial importância no que diz respeito ao Senhor.

> "Guarda o teu coração com todo empenho,
> porque dele fluem as fontes da vida"
> *(Provérbios 4:23 NKJV)*

Jamais me esquecerei do desafio que o pastor Bill Hybels da Igreja Willow Creek Community, próxima de Chicago, nos propôs há alguns anos, dizendo que como cristãos e líderes cristãos, não basta falarmos sobre a injustiça e assistirmos DVDs a respeito, ele disse que devemos permitir que a pobreza nos toque, nos envolva... que os odores e a realidade da sobrevivência se tornem uma sensação da qual nunca nos esqueçamos por conveniência, ou para a qual apenas enviemos dinheiro achando que fizemos a nossa parte. Mas sermos chamados à ação pelo grande amor de Deus – para compartilharmos o Seu amor e a Sua vida, e para confiarmos nEle para fazer um caminho. Bem, esta é a jornada que fomos chamados para caminhar. E é aqui que entra em cena o nosso amor em ação, a nossa adoração com toda a nossa vida.

> "E quem receber uma criança, tal como esta,
> em meu nome, a mim me recebe".
> *(Mateus 18:5)*

"Quem vai cuidar dos meus bebês?" grita a mãe moribunda, sabendo que seus filhos em breve se juntarão aos outros milhões de crianças em toda a terra que procuram uma nova mãe. Vi amigos com câncer clamarem fazendo a mesma oração. Não consigo pensar em algo que parta mais o coração do que o profundo gemido que é pronunciado nos momentos mais tenebrosos. Quero gritar para ela: "NÓS". Esta é definitivamente uma área onde arregaçamos nossas mangas, engolimos em seco, oramos e CREMOS, e damos passos de fé. Você não precisa viver no terceiro mundo para encontrar órfãos que precisam de uma família, ou pessoas solitárias que estão em busca de amizade; cada um de nós vive em cidades onde as crianças são jogadas de lá para cá entre sistemas governamentais que tentam fazer o seu melhor para atender a uma necessidade que nós, a Igreja, podemos ajudar a atender.

Amo a Igreja... ela é tão diversificada e está realmente se levantando por todo o planeta com um novo sentimento de confiança e brilho. Mas a Igreja no seu melhor aspecto é quando ela, antes de mais nada, está amando a Deus com tudo o que ela é... e então a Igreja se levanta com os braços abertos para servir a uma comunidade sofredora e a um mundo falido, ligando pessoas a Jesus e a tudo que isso significa. Não julgando ou criticando os pobres, mas simplesmente AMANDO... e amar tem um custo; é um verbo e não um substantivo. Juntos, podemos realmente nos colocar na brecha por aqueles que não têm voz... para amarmos o Senhor nosso Deus de todo o nosso coração, alma, mente e força... E para amarmos o nosso próximo como a nós mesmos. É realmente impressionante!

Então, como lidamos com este desespero aparentemente gigantesco? Como fazemos para abrir uma porta para aqueles que estão presos nesta perigosa prisão?

NENHUM de nós pode cuidar disso sozinho. Mesmo os filantropos mais inteligentes e interessados do mundo PRECISAM dos outros e da perícia de equipes variadas de especialistas que trabalhem juntos para o bem comum, a fim de alcançar o máximo de benefício para o maior número de pessoas. Mas PRECISAMOS começar; podemos apadrinhar uma criança, ser uma voz para os derrotados das nossas comunidades, ajudar de alguma forma, se possível no sistema assistencial (atendimentos de emergência, assistência de curto ou longo prazo, sistemas de amigos de fim de semana), levantar fundos para alguma forma de caridade ou para uma necessidade que está no seu coração, apoiar as iniciativas da sua própria igreja e fazer com que a coisa funcione, viver de uma forma um pouco mais simples – lembrando-se de viver para dar e não só para gastar... a lista é interminável.

Mas igualmente importante é o fato de que devemos nos certificar de que os nossos corações e vidas sejam alimentados e estejam vivos para qualquer oportunidade que se apresente diariamente, tanto em nível global quanto local... exatamente como a história do bom Samaritano, que foi além do modo como as coisas funcionavam naquele tempo, e realmente saiu do seu caminho para levar ajuda e respostas onde outros simplesmente passaram ao largo. Este samaritano foi MOVIDO de compaixão... e não apenas emocionalmente, mas ele reagiu com ação.

E se você me permitir, eu diria que se você está passando por um período em que sente que precisa ser ministrado, em vez de ser aquele que dá, então se anime. Cerque-se de um ambiente de adoração e louvor, encha a sua casa de música que inspire o seu coração, encha o seu carro de CDs da Palavra de Deus, aproxime-se da família, da igreja, e da comunidade onde você sabe que será alimentado e encorajado... e permita que o Espírito do Senhor o encha continuamente de dentro para fora. Quer você precise de cura, ou de uma reviravolta financeira, ou de um milagre em seu relacionamento... o nosso Deus é capaz. Permita-se cair nos braços seguros do nosso Senhor e força nossa, pois Ele jamais o deixará ou o abandonará; confiar nEle é a maior alegria e esperança que você tem. Mas deixo você com este grande lembrete... AME o Senhor seu Deus de todo o seu coração, mente, alma e força E ame o seu próximo como você ama a si mesmo. VOCÊ é completamente precioso e valoroso. Nunca se esqueça disso!

De todo o meu coração,

Darlene Z.

A jornada do coração é um dos mistérios mais complexos que há – a euforia e a tristeza, a esperança e a espera, e para muitos, a impronunciável decepção que faz com que não queiramos sentir mais nada. Quando não entendemos o grande amor de Deus que nos é dado para que dependamos dele e encontremos forças nele, nosso coração encontra outras formas de suportar, conseguir sobreviver até a mais dura das realidades. E é aí que muitas pessoas se encontram hoje, das mais ricas às mais pobres, uma vez que a pobreza do coração não discrimina em sua busca para encontrar um lar.

Como Darlene Zschech nos lembrou, o profeta Isaías falou sobre uma Revolução de Amor radical em Isaías 61:11, quando descreveu um dia em que o amor resultaria no fato de que as pessoas encontrariam a sua devida justiça e Jesus faria um caminho em meio ao deserto: "Porque, como a terra produz os seus renovos, e como o jardim faz brotar o que nele se semeia, assim o Senhor Deus fará brotar a justiça e o louvor perante todas as nações".

Mais do Que Apenas Uma Boa Ideia

Uma Revolução de Amor não é apenas uma grande ideia, mas uma necessidade, se quisermos ver algumas das trágicas injustiças do mundo de hoje desaparecerem, inclusive a maior tragédia de todas – a tragédia do coração partido da humanidade. O Salmo 27:3 diz: "Ainda que um exército se acampe contra mim, não se atemorizará o meu coração; e, se estourar contra mim a guerra, ainda assim terei confiança". É isso que precisa acontecer no coração de toda a humanidade.

CAPÍTULO 2

A Raiz do Problema

> A chave para a felicidade não é ser amado,
> mas ter alguém para amar.
>
> *Autor Anônimo*

A raiz de uma coisa é a sua própria fonte – o seu começo, o seu apoio fundamental. As raízes geralmente ficam no subsolo. E por causa disso geralmente as ignoramos e só prestamos atenção ao que vemos na superfície. Uma pessoa que está com dor de dente geralmente precisa de um tratamento de canal. A raiz do dente não pode ser vista, mas você sabe que ela está lá porque a dor é forte. O mundo está sofrendo, e essa dor jamais cessará a não ser que cheguemos à raiz dos problemas que atormentam as pessoas e as sociedades. Creio que essa raiz é o egoísmo.

Tentei pensar em um problema que não tivesse sua raiz no egoísmo, e não consegui encontrar nenhum. As pessoas consideram normal destruir a vida de alguém para conseguir o que querem ou o que lhes é agradável. Resumindo, o egoísmo é a fonte de todos os pecados do mundo.

> Tentei pensar em um problema que não
> tivesse sua raiz no egoísmo, e não consegui
> encontrar nenhum.

O Egoísmo Tem Milhares de Faces

O egoísmo tem milhares de faces, e talvez seja precisamente por isso que não o reconhecemos pelo que ele é. Nós o vemos em bebês que gritam quando não conseguem o que querem e em crianças que pegam os brinquedos de outras crianças. Ele fica evidente no nosso desejo de termos uma aparência melhor que os outros, ou de nos sairmos melhor do que eles. O egoísmo tem a ver com ser o primeiro em tudo, e embora não haja nada de errado em querer fazer o nosso melhor, é errado se alegrar em ver os outros fracassarem para que possamos ter êxito.

Creio que todas as formas de egoísmo são más e causam problemas. Nesta seção, quero chamar a sua atenção para três tipos específicos de egoísmo comuns no mundo de hoje e para os resultados negativos que eles geram.

Abuso Sexual   Ann tem treze anos de idade. Seu pai lhe diz que ela é uma mulher agora, portanto é hora de fazer o que as mulheres fazem. Quando ele termina de mostrar a ela o que significa ser uma mulher, ela sente vergonha, sente medo, e se sente suja. Embora seu pai lhe garanta que o que ele faz é uma coisa boa, ela se pergunta por que ele exige que ela mantenha isso em segredo e por que isso a faz sentir-se tão mal. À medida que os anos passam e seu pai a molesta e a violenta repetidamente, Ann se fecha emocionalmente para não ter de sentir mais a dor. O pai de Ann roubou sua infância, sua virgindade, sua inocência, e, sem a intervenção de Deus, ele teria roubado sua vida – tudo para conseguir o que queria.

Ficamos enojados com os casos de incesto que ouvimos, mas a verdade é que cerca de 95 por cento de todos os casos de incesto não são relatados. Meu pai abusou sexualmente de mim durante muitos anos. Por duas vezes tentei contar a alguém o que estava acontecendo comigo, mas como essas pessoas não me ajudaram, sofri sozinha até me tornar adulta e finalmente começar a compartilhar minha história e receber cura de Deus. Meu pai morreu aos oitenta e seis anos de idade sem jamais ter sido punido formalmente por seu crime. As pessoas com quem ele trabalhava, e com quem frequentava festas e piqueniques, nunca souberam que ele violentava sua filha desde que ela era uma garotinha.

Vemos o que as pessoas fazem e somos rápidos em julgá-las, mas raramente sabemos as causas que são a raiz do comportamento delas. Muitas mulheres que julgamos ser "um problema para a sociedade" são vítimas de incesto. Por exemplo:

- 66 por cento de todas as prostitutas são vítimas de abuso sexual quando crianças.
- 36.7 por cento de todas as mulheres nas prisões dos Estados Unidos sofreram abuso quando crianças.
- 1/3 de todas as crianças que sofreram abuso e negligência mais tarde abusarão e negligenciarão seus próprios filhos.
- 94 por cento de todas as vítimas de abuso sexual estão abaixo dos doze anos na primeira vez que sofrem abuso.

A dor causada em nosso mundo pelo incesto e pelo abuso sexual por si só é chocante, e tudo isso começou porque as pessoas foram egoístas e não se importaram com quem iria sofrer desde que elas conseguissem o que queriam.

Naturalmente, você provavelmente não mataria, não roubaria, não mentiria, nem cometeria atos de violência contra crianças, mas é provável que você ainda seja egoísta de algumas maneiras.

Se ousarmos desculpar o nosso egoísmo apontando o dedo para aqueles cujos crimes são piores do que o nosso, jamais lidaremos com sucesso com os problemas da sociedade de hoje. Cada um de nós deve assumir a responsabilidade de lidar com o nosso comportamento egoísta, independente de em que nível esteja ou de como o expressamos.

Ganância O egoísmo frequentemente assume a forma de ganância. Ganância é o espírito que nunca está satisfeito e sempre quer mais. A nossa sociedade de hoje é definitivamente voltada para o consumo. Fico impressionada quando dirijo por aí e vejo todos os shoppings que existem e os que estão em construção. Por todos os lugares para onde olhamos, algo está sendo oferecido para compra. Coisas, coisas e mais coisas − e tudo é uma ilusão. Elas prometem uma vida mais fácil e mais felicidade, mas para muitas pessoas tudo o que elas criam é uma dívida opressiva.

A pressão e a tentação de comprar mais e mais apenas nos mantêm arraigados no egoísmo. Mas as boas novas são que podemos mudar se realmente quisermos. Vamos aprender a comprar o que precisamos e um pouco do que queremos e depois vamos aprender a dar muito do que temos, principalmente as coisas que não estamos mais usando, para alguém que tem menos do que nós. Vamos praticar o verbo dar até que ele seja a primeira coisa e a mais natural que façamos todos os dias de nossas vidas. Para a maioria das pessoas, essa seria realmente uma maneira revolucionária de viver.

A Bíblia diz que o amor ao dinheiro é a raiz de todos os males (ver 1 Timóteo 6:10). O único motivo pelo qual as pessoas amam o dinheiro e fazem quase qualquer coisa para consegui-lo é simplesmente porque elas acham que o dinheiro pode conseguir qualquer coisa que elas queiram. Elas acham que ele pode comprar a felicidade. As pessoas matam, roubam e mentem sem parar por dinheiro − e tudo isso tem sua raiz na doença do egoísmo. Recentemente li um artigo escrito por um ator famoso que disse que as pessoas acreditam que se tiverem todas as coisas que querem elas serão felizes, mas esta é uma promessa falsa. Ele prossegue dizendo que tinha tudo que um homem poderia desejar e que havia descoberto que tudo aquilo não o fazia feliz, porque quando uma pessoa atinge o seu objetivo de ter tudo o que o mundo oferece, ela ainda acaba ficando a sós consigo mesma.

Divórcio O egoísmo também é a raiz do divórcio. As pessoas geralmente se casam com as ideias erradas sobre o que o casamento deveria ser. Muitos de nós decidimos que o nosso cônjuge é alguém que deve nos fazer feliz, e quando isso não acontece, a guerra começa. Como as coisas seriam diferentes se nos casássemos e nos decidíssemos a fazer todo o possível para fazer o nosso parceiro feliz!

Agora mesmo você pode estar pensando: *Eu não vou fazer isto porque sei que seria passado para trás.* Na minha juventude, eu teria concordado. Mas depois de ter vivido quase toda uma vida, acredito que a Bíblia é verdadeira afinal. Ela ensina que o amor nunca falha (ver 1 Coríntios 13:8). Ela também diz que aquilo que o homem semeia, "aquilo e somente aquilo" é o que ele colherá (Gálatas 6:7). Se creio na Bíblia, e eu creio, então creio que estou no controle da colheita que recebo em minha vida, porque ela se baseia nas sementes que planto. Se semearmos misericórdia, colheremos misericórdia; se semearmos bondade, colheremos bondade.

Eu Estava Sempre em Minha Mente

Quando olho para trás, para os quarenta e dois anos durante os quais Dave e eu estamos casados, fico horrorizada em me lembrar o quanto fui egoísta, principalmente nos primeiros anos. Posso dizer sinceramente que eu não sabia ser diferente. Na casa onde cresci, tudo que eu via era egoísmo e não tinha ninguém para me ensinar nada diferente. Se eu soubesse como ser alguém que dá em vez de ser alguém que recebe, estou certa de que os primeiros anos de meu casamento teriam sido muito melhores do que foram. Por causa da presença de Deus em minha vida, vi as coisas se transformarem e velhas feridas serem curadas, mas perdi muitos anos que não posso recuperar.

Em um nítido contraste com o modo como fui criada, Dave cresceu em um lar cristão. Sua mãe era uma mulher de Deus que orava e ensinava seus filhos a dar. Como resultado de sua criação, Dave desenvolveu qualidades que eu nunca havia visto em toda minha vida quando o conheci. O seu exemplo tem sido tremendamente precioso para mim. Se ele não tivesse sido muito paciente, que é um dos aspectos do amor, tenho certeza de que nosso casamento não teria durado, mas agradeço a Deus por isso ter acontecido. E depois de quarenta e dois anos de casamento, posso dizer sinceramente que ele fica melhor a cada dia. Sou mais feliz agora do que jamais fui. Realmente aprecio ver Dave fazer as coisas que gosta, e isso é um enorme contraste comparado a todos os anos em que eu ficava zangada todas as vezes que não conseguia que as coisas fossem "do meu jeito".

Eu estava sempre em minha mente, e nada mudou até que fiquei cansada de toda a minha vida se resumir unicamente a mim, a mim, e a mais de mim. Jesus veio para abrir as portas das prisões e para libertar os cativos (ver Isaías 61:1). Ele me libertou de muitas coisas, e a maior delas foi libertar-me de mim mesma. Fui liberta de mim mesma! Continuo a crescer diariamente nesta liberdade, mas sou grata por entender que a verdadeira alegria não se encontra em conseguir que as coisas sejam sempre do meu jeito.

Talvez você, como eu, também tenha tido maus exemplos na vida e precise desaprender algumas coisas que você aprendeu nos seus primeiros anos. Seja sincero: Como você reage quando você não consegue o que quer? Você fica zangado? Você murmura e reclama? Você é capaz de confiar em Deus para cuidar de você ou vive com medo de que se você não cuidar de si mesmo, ninguém o fará? Acreditar que você tem de cuidar de si mesmo leva ao egoísmo, que leva a uma vida infeliz. Eu o encorajo a abandonar o egoísmo hoje e começar a valorizar, cuidar e realmente amar os outros.

O Egoísmo É Uma Escolha

A maioria de nós passa muito tempo pensando, falando e fazendo planos para nós mesmos. Embora eu ensine enfaticamente que devemos nos amar de forma equilibrada, não acredito que devemos ser tão apaixonados por nós mesmos a ponto de sermos o centro do nosso mundo e tudo que nos importa seja obtermos o que queremos. Devemos, a todo custo, cuidar de nós mesmos, pois somos extremamente valiosos para o plano de Deus na terra. Ele nos deu vida para que possamos desfrutar dela (ver João 10:10). Então devemos viver intensamente, mas não devemos deixar de entender que o verdadeiro caminho para a felicidade é entregar nossa vida em vez de tentar guardá-la para nós mesmos.

Jesus disse que, se quisermos ser Seus discípulos, devemos nos esquecer de nós mesmos, não nos preocuparmos com nós mesmos e com todos os nossos interesses e segui-lo (ver Marcos 8:34). Ora, admito que este é um pensamento muito assustador, mas tenho uma vantagem, porque vivi o bastante para ter realmente tentado e descobri que isso funciona. Jesus disse ainda que se desistirmos da vida "inferior" (a vida egoísta) podemos ter a vida "superior" (a vida altruísta), mas se guardarmos a vida inferior perderemos a vida superior (ver Marcos 8:35). Ele nos dá escolhas com relação a como viveremos. Ele nos diz o que funcionará bem e depois nos deixa decidir se o faremos ou não. Posso permanecer egoísta e você também, mas as boas novas são que não temos de fazer isso. Temos o poder de Deus disponível para nos ajudar a vencer a nós mesmos e a viver para tornar a vida de alguém melhor.

A Jornada

O egoísmo não é um comportamento aprendido; nascemos com ele. É uma parte inata da nossa natureza. A Bíblia se refere a ela como "natureza pecaminosa". Adão e Eva pecaram contra Deus fazendo o que Ele lhes disse para não fazer, assim o princípio do pecado que eles estabeleceram foi passado para sempre a cada pessoa que nasceria. Deus enviou o Seu Filho Jesus para morrer pelos pecados, e para nos libertar deles. Ele veio para desfazer o que Adão fez. Quando aceitamos Jesus como nosso Salvador, Ele vem para viver em nosso espírito e se permitirmos que essa parte renovada de nós mesmos governe as nossas decisões, poderemos vencer a natureza pecaminosa que está na nossa carne. Ela não vai embora, mas Aquele que é maior e que vive em nós nos ajuda a vencê-la diariamente (ver Gálatas 5:16). Isso não significa que nunca pecamos, mas podemos melhorar e progredir ao longo de nossa vida.

Certamente não posso dizer que venci completamente o egoísmo, e duvido que qualquer pessoa possa fazê-lo. Dizer isso seria dizer que nunca pecamos, pois todo pecado tem as suas raízes em algum tipo de egoísmo. Não venci o egoísmo completamente, mas tenho esperança de melhorar a cada dia. Estou em uma jornada e, embora possa não chegar, decidi que quando Jesus voltar para me levar para casa, Ele me encontrará prosseguindo para o alvo (ver Filipenses 3:12-13).

O apóstolo Paulo fez a seguinte declaração: "Já não vivo eu, mas Cristo (o Messias) vive em mim" (Gálatas 2:20). Paulo queria dizer que ele já não estava mais vivendo para si mesmo e para a sua própria vontade, mas para Deus e para a Sua vontade. Senti-me tremendamente encorajada um dia quando descobri através de estudos que Paulo fez esta declaração aproximadamente vinte anos depois da sua conversão. Aprender a viver de forma não egoísta foi uma jornada para ele, assim como é para todo mundo. Paulo também disse: "Dia a dia, morro!" (1 Coríntios 15:31). Em outras palavras, colocar os outros em primeiro lugar era uma batalha diária e exigia decisões diárias. Cada um de nós precisa decidir como viverá e para que viverá; e não há hora melhor para fazer isso do que agora. Você e eu temos uma vida para viver e uma vida para dar, então a questão é: "Como viveremos?" Acredito firmemente que se cada um de nós fizer a sua parte para colocar o bem estar de outros em primeiro lugar, então poderemos ver e ser parte de uma revolução que tem o potencial para transformar o mundo.

Nenhum Homem é Uma Ilha

Tenho certeza de que você ouviu a famosa frase de John Donne: "Nenhum homem é uma ilha". Essas palavras são simplesmente uma forma de expressar o fato de que as pessoas precisam umas das outras e afetam umas às outras, assim como a vida de meu pai afetou-me de várias formas negativas e a vida de Dave afetou-me de várias formas positivas, as nossas vidas podem afetar e afetam a vida das outras pessoas. Jesus nos disse para amarmos uns aos outros porque esta é a única maneira pela qual o mundo saberá que Ele existe (ver João 13:34-35). Deus é amor, e quando demonstramos amor em nossas palavras e atitudes, estamos mostrando às pessoas como Deus é. Paulo disse que somos embaixadores de Deus, Seus representantes pessoais, e que Ele está fazendo o Seu apelo ao mundo através de nós (ver 2 Coríntios 5:20). Cada vez que penso nesse versículo, tudo que posso dizer é: "Uau! Que privilégio e responsabilidade!"

Uma das lições que tive de aprender na vida foi que eu não podia ter privilégio sem responsabilidade. Este é um dos problemas da nossa sociedade de hoje. As pessoas querem o que elas não estão dispostas a fazer por merecer! O egoísmo diz: "Me dê isso. Eu o quero, e quero agora". A sabedoria diz: "Não me dê nada que eu não seja maduro o suficiente para saber lidar de forma adequada". O mundo sofre de falta de gratidão e, em grande parte, isso acontece porque não queremos mais esperar ou nos sacrificar para ter coisa alguma. Descobri que as coisas pelas quais sou mais grata são aquelas pelas quais tive de trabalhar mais arduamente e esperar mais. As coisas que conseguimos facilmente em geral não têm muito valor para nós.

Em muitos aspectos, estamos criando uma geração de filhos para serem egoístas, porque damos demais a eles, e cedo demais. Em geral compramos uma bicicleta a cada ano antes mesmo que eles possam andar nelas, ou um carro quando eles fazem dezesseis anos. Pagamos pela universidade deles, compramos casas para eles quando se casam, e enchemos essas casas com móveis caros. Depois, quando nossos filhos se metem em dificuldades financeiras, se tivermos condições, nós os tiramos daquela situação e estamos disponíveis para elas todas as vezes que eles precisam de nós. Fazemos estas coisas em nome do amor, mas estamos realmente amando nossos filhos ou estamos apenas mimando-os? Às vezes, fazendo estas coisas, os pais estão tentando "pagar" pelo tempo que não dedicaram a seus filhos quando eles eram menores. Dar muitas coisas a seus filhos atenua a culpa deles, e, se for possível, enchê-los de dinheiro é fácil quando os pais têm vidas ocupadas demais.

Todos nós amamos abençoar nossos filhos, mas devemos exercitar a disciplina no quanto devemos fazer por eles. O Rei Salomão nos avisa para usarmos "o ensino do bom proceder" (ver Provérbios 1:3). Às vezes, dizer "não" pode ser o melhor presente que podemos dar a nossos filhos, porque isso pode ajudar a ensinar-lhes as preciosas lições do privilégio e da responsabilidade.

Seja um Modelo de Generosidade

Seja modelo de uma vida de generosidade não apenas diante de seus filhos, mas também diante de todos aqueles com quem você mantém contato. Se a sua postura na vida é a de alguém que dá e não alguém que tira, não demorará muito até eles entendam que você é muito diferente das pessoas com as quais eles estão acostumados. Então, à medida que puderem testemunhar a sua alegria, eles poderão unir os pontos e perceber que dar torna uma pessoa mais feliz do que ser egoísta. As pessoas nos observam, e fico impressionado com o que elas percebem e se lembram.

Paulo disse que devemos deixar que todos os homens vejam e conheçam que somos livres do egoísmo, que temos consideração uns pelos outros, e que temos um espírito de moderação (Filipenses 4:5). Jesus nos encorajou a deixar que todos os homens vejam os nossos atos de bondade e benignidade para que eles reconheçam e glorifiquem a Deus (ver Mateus 5:16). Jesus não quis dizer que devemos ser exibicionistas e fazer as coisas com o propósito de sermos vistos; Ele estava nos encorajando a percebermos o quanto afetamos as pessoas ao nosso redor. Certamente, o comportamento negativo afeta as pessoas, como mencionei, mas a generosidade também afeta os que nos cercam de formas muito positivas e nos torna pessoas felizes.

E Quanto a Mim?

A esta altura, você pode estar pensando: *E quanto a mim? Quem vai fazer alguma coisa por mim?* Isso geralmente é o que nos impede de viver do jeito que Deus quer que vivamos. Tudo sempre acaba voltando para "mim". E eu, e eu, e eu? Estamos tão acostumados a garantir que os nossos desejos sejam satisfeitos que o simples pensamento de nos esquecermos de nós mesmos ainda que seja por um único dia é assustador. Mas se pudermos conseguir reunir a coragem para tentar, ficaremos impressionados com a liberdade e alegria que sentiremos.

Durante a maior parte da minha vida, acordava e ia deitar à noite todos os dias fazendo planos para mim mesma. Eu pensava no que queria e no que seria melhor para mim, e como poderia convencer minha família e amigos a cooperarem com os meus planos. Eu me levantava e passava o dia comigo mesma em mente, e todas as vezes que as coisas não aconteciam do meu jeito eu ficava angustiada, impaciente, frustrada e muito zangada. Achava que era infeliz porque não estava conseguindo o que queria, mas na verdade eu era infeliz porque tudo o que fazia era tentar conseguir o que queria sem qualquer preocupação real pelos outros.

Agora, que estou descobrindo que o segredo da alegria é entregar minha vida em vez de tentar guardá-la, as minhas manhãs são muito diferentes. Esta manhã, antes de começar a trabalhar neste capítulo, orei e depois dediquei algum tempo para pensar em todas as pessoas com quem eu sabia que iria entrar em contato hoje. Depois orei com base em Romanos 12:1, que fala em nos dedicarmos a Deus como sacrifícios vivos, oferecendo todas as nossas faculdades a Ele para o Seu uso. À medida que eu pensava nas pessoas com quem trabalharia ou que provavelmente veria hoje, pedia ao Senhor para me mostrar qualquer coisa que eu pudesse fazer por elas. Dispus minha mente a encorajá-las e a expressar admiração por elas. Certamente todos nós podemos encontrar uma coisa agradável para dizer a cada pessoa que encontramos. Simplesmente tentar fazer isso nos ajudará a tirar a nossa mente de nós mesmos. Confio no Senhor para me dirigir à medida que o meu dia transcorre.

Se você quer se dedicar a Deus para que Ele possa usá-lo para amar e ajudar outras pessoas, sugiro que você ore assim: "Senhor, ofereço a Ti meus olhos, meus ouvidos, minha boca, minhas mãos, meus pés, meu coração, minhas finanças, meus dons, meus talentos, minhas capacidades, meu tempo e minha energia. Usa-me para ser uma benção em todos os lugares onde eu for hoje".

> "Senhor, ofereço a Ti meus olhos, meus ouvidos, minha boca, minhas mãos, meus pés, meu coração, minhas finanças, meus dons, meus talentos, minhas capacidades, meu tempo e minha energia. Usa-me para ser uma benção em todos os lugares onde eu for hoje"

Você jamais conhecerá a alegria de viver assim se não tentar. Chamo isso de um "hábito santo", e como todos os hábitos, precisa ser praticado para se tornar habitual. Em alguns dias, ainda me vejo inteiramente envolvida comigo mesma e me esqueço de praticar o meu novo hábito, mas, quando perco minha alegria e entusiasmo pela vida, rapidamente me lembro que mais uma vez saí dos trilhos.

Tenho tentado viver assim há vários anos, e tem sido uma grande batalha. A "vida do eu" está profundamente impregnada em todas as fibras do nosso ser e não morre com facilidade. Li livros sobre o amor, li e reli o que a Bíblia diz a respeito disso, e orei a respeito disso também. Conversei com amigos sobre isso, preguei sobre isso, e fiz tudo o que podia para manter este modo de viver como prioridade em meu pensamento. Às vezes, quando percebo que fui egoísta novamente, não fico angustiada porque ficar angustiada comigo mesma só me mantém envolvida comigo. Quando falho, peço a Deus que me perdoe e começo de novo; e acredito que esta é a melhor política. Desperdiçamos tempo demais nos sentindo mal conosco por causa dos erros que cometemos – e isso é uma perda de tempo. Só Deus pode nos perdoar e Ele está inteiramente disposto a fazer isso se simplesmente pedirmos a Ele.

Sim, acredito firmemente que a raiz dos problemas do mundo é o egoísmo, mas é possível viver no mundo e ainda assim se recusar a ser como o mundo. Se você quiser se unir a mim para começar uma Revolução de Amor, se você quiser dar uma meia-volta completa na forma como tem vivido e começar a viver decididamente para amar em vez de viver para ser amado, então você pode ser parte da solução em vez de ser parte do problema. Você está pronto para começar?

CAPÍTULO
3

Nada de Bom Acontece por Acaso

> Eu velo sobre a Minha Palavra
> para a cumprir.
> *Jeremias 1:12*

Nenhuma das revoluções que transformaram o mundo aconteceu por acaso. Em alguns casos, elas começaram apenas com algumas pessoas discutindo mudanças que seriam necessárias. Se esses acontecimentos que fizeram história nasceram motivados por uma agitação casual ou por uma revolta bem planejada, não importa, mas eles nunca aconteceram do nada. Eles foram eventos deliberados, intencionais, apaixonados e estratégicos. Eles começaram porque alguém se recusou a não fazer nada; alguém se recusou a simplesmente permitir que "os acontecimentos de desenrolassem"; alguém se recusou a ficar passivo e ocioso enquanto a injustiça corria desenfreada. As revoluções acontecem porque alguém decide agir.

Aja Agora!

A Bíblia está cheia de instruções para sermos ativos. A direção para sermos ativos em vez de passivos é bem simples, mas milhões de pessoas a ignoram totalmente. Talvez elas pensem que as coisas melhorarão por si só, mas isso não acontecerá. Nada de bom acontece por acaso. Quando aprendi isto, minha vida mudou para melhor.

Desejar algo não produz os resultados que desejamos, mas devemos fazer com decisão o que precisa ser feito para alcançá-los. Jamais encontraremos um homem de sucesso que passou a vida desejando o sucesso e o alcançou. Nem encontraremos um homem que não fez nada e que de alguma forma tenha alcançado o sucesso. O mesmo princípio se aplica a ser parte da Revolução do Amor. Se quisermos amar as pessoas como Jesus nos instruiu, teremos de fazer isso de propósito. Isso não acontecerá por acaso.

A Bíblia diz que devemos *buscar* sermos bondosos e benignos (ver 1 Tessalonicenses 5:15). *Buscar* é uma palavra forte que significa "ansiar, aspirar e perseguir". Se buscarmos oportunidades, com certeza as encontraremos e isso nos protegerá de ficarmos ociosos e infrutíferos. Devemos perguntar a nós mesmos se somos alertas e ativos ou passivos ou inativos. Deus é alerta e ativo! Fico feliz que seja assim; do contrário, as coisas se deteriorariam rapidamente em nossa vida. Deus não apenas criou o mundo e tudo o que vemos e apreciamos nele; Ele também mantém essas coisas porque sabe que coisas boas não acontecem do nada; elas acontecem como resultado da ação correta (ver Hebreus 1:3).

A atividade equilibrada e inspirada por Deus nos impede de sermos ociosos e infrutíferos e, assim, serve como proteção para nós. Permanecer ativo fazendo as coisas certas nos impedirá de fazer coisas erradas. Parece que não precisamos nos esforçar muito para fazer o que é errado; a nossa natureza humana é levada nessa direção se não decidimos fazer o que é certo.

Por exemplo, não precisamos escolher a doença; tudo que temos de fazer é ficar por perto dela e podemos pegá-la. Mas precisamos escolher a saúde. Para ser saudável, tenho de fazer boas escolhas constantemente quanto a exercícios, sono e alimentação. Preciso escolher não me preocupar nem estar ansiosa porque sei que isso me deixará cansada e provavelmente gerará outros sintomas físicos. Para ser saudável, preciso investir ativamente em minha saúde, mas posso ficar doente facilmente não fazendo absolutamente nada para cuidar de mim mesma.

A Carne é Preguiçosa

O apóstolo Paulo nos ensina claramente que a carne é preguiçosa, lasciva e desejosa por muitas coisas pecaminosas (ver Romanos 13:14). Graças a Deus porque somos mais do que carne. Temos também um espírito e a parte espiritual do cristão é onde a natureza de Deus habita. Deus é bom e o fato de que Ele vive em nós significa que temos bondade em nós. Com nosso espírito podemos disciplinar e governar a carne – mas isso requer esforço. Requer cooperação com o Espírito Santo, que nos fortalece e nos capacita a fazer coisas boas. Paulo diz que não devemos dar margem à carne e creio que uma forma pela qual damos margem a ela é simplesmente não fazendo nada!

Não fazer nada vicia. Quanto mais não fazemos nada, mais não queremos fazer nada. Estou certo de que você já teve a experiência de ficar deitado pela casa o dia inteiro e descobriu que quanto mais ficava deitado ali, mais difícil era se levantar. Quando você se levanta, parece que tudo é rigidez e cansaço, mas quando você continua a se forçar a se movimentar a energia retorna.

Hoje acordei muito mal disposta. Trabalhei duro durante todo o fim de semana em uma conferência e ainda estou um pouco cansada. Além disso, tive uma decepção pessoal com relação a algo que eu estava esperando. Senti vontade de me deitar no sofá e sentir pena de mim mesma durante todo o dia, mas como tenho anos de experiência de fazer isso e descobri que é algo infrutífero, decidi fazer outra opção. Decidi seguir em frente e escrever este capítulo sobre atividade. Foi a minha maneira de guerrear contra o modo como a minha carne estava se sentindo! Quanto mais escrevo, melhor me sinto.

Nas situações em que a nossa carne nos tenta a sermos preguiçosos, podemos começar a vencê-la pedindo a Deus para nos ajudar e tomando determinadas decisões de sermos ativos em vez de ociosos. Então, à medida que seguimos em frente e agimos com base nas nossas decisões, descobriremos que os nossos sentimentos as acompanham. Deus me deu um espírito de disciplina e domínio próprio exatamente para dias como o dia de hoje, mas cabe a mim escolher se vou usar o que Ele me deu ou se vou simplesmente seguir o jeito da carne.

Paulo também escreveu sobre os "crentes carnais", que são pessoas que aceitaram Jesus Cristo como seu Salvador, mas que nunca trabalham com o Espírito Santo para desenvolver maturidade espiritual. Em 1 Coríntios 3:1-3 Paulo disse aos cristãos que ele tinha de falar com eles como a homens não espirituais em quem predominava a natureza carnal. Ele não podia sequer lhes ensinar coisas fortes, mas tinha de prender-se ao que chamava de "mensagens de leite". Ele lhes disse que eles não eram espirituais porque permitiam que os impulsos normais os controlassem. Você permite que os impulsos normais o controlem? Fui muito tentada hoje a deixar que os impulsos normais me controlassem e, para ser sincera, provavelmente terei de resistir à tentação durante o dia inteiro me mantendo ativa, fazendo alguma coisa que acredito que dará bons frutos. Não posso me dar ao luxo de ceder aos meus sentimentos porque não tenho um dia para desperdiçar.

Não Há Recompensas para a Passividade

Nenhum de nós pode se dar ao luxo de desperdiçar seu tempo ficando sentado sem fazer nada. Deus não recompensa a passividade. Pessoas passivas não usam o seu livre arbítrio para fazer o que sabem que é certo. Em vez disso, elas esperam para sentir vontade de fazer alguma coisa ou para serem motivadas por alguma força externa misteriosa. Elas desejam que algo de bom aconteça, principalmente com elas, e estão comprometidas a não fazer nada enquanto esperam para ver se isso acontece. Deus não aplaude esta atitude; na verdade, ela realmente é muito perigosa.

A decisão de não fazer nada ainda é uma decisão, e é uma decisão que nos torna cada vez mais fracos. Ela dá ao diabo cada vez mais oportunidades de nos controlar. O espaço vazio ainda é um lugar, e a Palavra de Deus ensina que se o diabo vem e o encontra vazio, ele logo ocupa esse lugar (ver Mateus 12:43-44). A inatividade indica que estamos de acordo com isso e que aprovamos o que está acontecendo. Afinal, se não estamos fazendo nada para mudar a situação, então devemos achar que o que está acontecendo está bem.

Faça Algo

Levamos diversas pessoas em viagens missionárias para ministrar a pessoas desesperadamente necessitadas, mas nem todas reagem do mesmo modo. Todos sentem compaixão quando veem as terríveis condições em que as pessoas vivem em vilarejos remotos da África, Índia, ou outras partes do mundo. Muitos choram; a maioria balança a cabeça e pensa que essas situações são terríveis, mas nem todos decidem fazer alguma coisa para mudar essas situações. Muitos oram para que Deus faça algo e ficam felizes porque o nosso ministério está fazendo alguma coisa, mas nunca pensam em buscar a Deus de forma decisiva para saber o que elas mesmas podem fazer. Eu me aventuraria a dizer que a maioria delas volta para casa, se ocupa com suas vidas novamente, e logo se esquece do que viu. Mas graças a Deus porque há algumas pessoas que estão decididas a encontrar formas de fazer a diferença. Lembre-se: a indiferença dá uma desculpa, mas o amor encontra um meio. Todo mundo pode fazer alguma coisa!

> Lembre-se: a indiferença dá uma desculpa, mas o amor encontra um meio.

Lembro-me de uma mulher que decidiu que tinha de ajudar de alguma maneira. Durante algum tempo, ela não conseguia imaginar o que fazer porque não tinha nenhum dinheiro extra para contribuir e não podia viver no campo missionário. Mas à medida que continuou a orar sobre a situação, Deus a encorajou a olhar para o que ela tinha, e não para o que não tinha. Ela percebeu que era muito boa fazendo bolos, tortas e biscoitos. Então ela pediu ao seu pastor se poderia fazer essas coisas durante a semana e vendê-las nos domingos após os cultos, desde que o dinheiro fosse para missões. Isso se tornou um caminho para ela e os outros membros da igreja estarem envolvidos em missões, e a manteve ativa fazendo algo para ajudar outras pessoas.

Também sei de uma mulher que estava tão desesperada para fazer algo que cortou seus lindos cabelos compridos e vendeu-os para ajudar os órfãos. Isso pode parecer muito radical, mas posso dizer com certeza que é muito melhor do que não fazer nada. Não fazer nada é perigoso porque abre portas para o diabo atuar em nossa vida.

Outra mulher que entrevistei é massoterapeuta. Depois de participar de uma de nossas conferências onde falei sobre a necessidade de estendermos a mão para ajudar a outros, ela organizou um dia especial em um spa e decidiu que toda a renda seria destinada a ajudar os pobres. Ela levantou mil dólares para missões e também testemunhou que o dia dado como oferta foi uma transformação de vida para ela e para aqueles que participaram.

Ela compartilhou o quanto todos estavam entusiasmados em trabalharem juntos para ajudar os pobres e necessitados.

Todos nós precisamos ser amados, mas creio que nossa alegria pessoal está fortemente ligada a amar os outros. Algo lindo acontece em nosso coração quando damos.

A Inatividade é um Convite para o Inimigo

Ficar deitado no sofá ou recostado na espreguiçadeira pedindo a Deus para cuidar de tudo que precisa ser feito é fácil, mas nos deixa ociosos e infrutíferos, abertos ao ataque do diabo. Se nossa mente estiver vazia de bons pensamentos, o diabo pode facilmente enchê-la de pensamentos maus. Se formos preguiçosos e inativos, ele pode facilmente nos tentar a fazer coisas erradas e até pecaminosas. A Bíblia nos diz com muita frequência para estarmos ativos, pois isso nos impedirá de ficarmos preguiçosos e infrutíferos. Se pensarmos decididamente sobre o que podemos fazer pelos outros, não haverá espaço em nossa mente para pensamentos errados.

As pessoas ociosas facilmente ficam desanimadas, deprimidas e cheias de autopiedade. Elas podem cair em todo tipo de pecado. O apóstolo Paulo até disse que se uma mulher jovem ficasse viúva, ela deveria se casar novamente. Do contrário, ela poderia se tornar uma fofoqueira ociosa e bisbilhoteira (ver 1 Timóteo 5:11-15). Paulo realmente chegou a ponto de dizer que algumas das viúvas mais jovens haviam se desviado para seguir Satanás por causa da inatividade. Qual é a importância de permanecer ativo? Creio que os escritos de Paulo afirmam que é muito importante.

Na verdade, ao longo das Escrituras, Deus nos encoraja a não ficarmos inativos. Nos tempos do Antigo Testamento, quando uma pessoa morria, só era permitido aos israelitas chorarem aquele ente querido por trinta dias (ver Deuteronômio 34:8). A princípio, isso poderia parecer uma insensibilidade, mas Deus criou

58   A REVOLUÇÃO DO AMOR

esta lei porque Ele sabe que o choro e a inatividade prolongados podem gerar problemas graves.

Precisamos permanecer ativos – não excessivamente envolvidos para não ficarmos esgotados – mas envolvidos o suficiente para continuarmos a seguir na direção certa. É muito importante ter equilíbrio. Não podemos passar todo o tempo ajudando outras pessoas, mas por outro lado, não dedicar nenhum tempo para fazer isso gera grandes problemas. Se você consegue pensar em alguém que conhece que está ocioso, inativo e passivo, provavelmente também perceberá que essa pessoa é muito infeliz, porque a inatividade e a falta de alegria caminham juntas.

Há vários anos, minha tia precisou se mudar para uma Residência Terapêutica. Durante os três ou quatro primeiros anos ela não queria fazer nada. Ela estava triste por ter de deixar sua casa e não tinha vontade de participar da nova vida que estava à sua disposição. Embora houvesse muitas atividades disponíveis e até oportunidades de ajudar outros, ela insistia em não fazer nada. Dia após dia, ela se sentava em seu apartamento e se sentia desanimada. Ela se sentia mal fisicamente e de um modo geral era alguém de difícil convivência. Finalmente, ela tomou a decisão de que não poderia simplesmente continuar sentada sem fazer nada, e se envolveu com o estudo bíblico e em visitar pacientes do anexo da instituição, dedicado ao asilo para idosos. Ela jogava, ia a festas, e fez muitos amigos. Logo ela estava me dizendo que era mais feliz do que jamais havia sido em toda a sua vida e que se sentia ótima fisicamente.

O estado de uma pessoa inativa vai de mal a pior, até que a inatividade começa a afetar cada área de sua vida. Ela se permite passivamente ser jogada de lá para cá pelo ambiente e pelas circunstâncias que a cercam. Ela permite que seus sentimentos a dirijam, e como nunca tem vontade de fazer nada, simplesmente observa e reclama enquanto sua vida desmorona. Ela quer fazer muitas coisas, mas é subjugada por um sentimento quase indescritível. Ela tem preguiça e não tem ideias criativas. Pode até começar a pensar que existe algo de errado fisicamente com ela e que é por isso que lhe falta energia. Para ela, a vida se tornou uma sucessão de problemas insuperáveis.

Depois que passamos por um problema ou por uma série de decepções, ou quando a tragédia nos atinge, geralmente acabamos por permitir que a inatividade tome conta de nós. Tratarei disso no final deste capítulo. Quando essas coisas acontecem, pode ser que queiramos desistir, mas quando fazemos isso, Satanás está esperando para atacar e tirar vantagem da situação. Não podemos, em hipótese alguma, permitir que a passividade dê ao inimigo acesso às nossas vidas.

Estar Ativa Me Ajuda a Superar um Dia Mau

Enquanto estou tendo o meu "dia difícil" hoje, há milhões de pessoas no mundo que achariam que o meu dia é uma festa se comparado ao que elas enfrentam. Durante mais de duas décadas, um exército rebelde na África Oriental tem escravizado crianças forçando-as a serem soldados em uma guerra iniciada por uma milícia guerrilheira que tem a audácia de se chamar de "Exército de Resistência do Senhor". Esses guerrilheiros aterrorizam a parte norte de Uganda; eles raptam crianças pequenas de sete anos e as obrigam a se tornarem soldados ou escravos sexuais, e a fazer outros trabalhos degradantes. Algumas estatísticas afirmam que cerca de quarenta mil crianças foram capturadas. O que começou como uma rebelião contra o governo vigente se transformou no massacre de pessoas inocentes por um comandante que afirma pretender criar uma sociedade baseada nos Dez Mandamentos, enquanto transgride todos eles.

Esse homem, Joseph Kony, um dia foi sacristão. Agora ele mistura o Antigo Testamento com o Alcorão e com rituais tribais tradicionais para criar a sua própria doutrina. Suas táticas têm sido brutais. Na época em que escrevo este livro, foi dada uma trégua e muitas das crianças estão sendo soltas, mas na maioria dos casos os pais delas foram massacrados, e assim elas não têm um lar para onde voltar. A maioria das crianças foi obrigada a usar drogas e se viciou nelas. Elas foram forçadas a cometer atos de violência inacreditáveis para um adulto, quanto mais para uma criança. Crianças pequenas foram obrigadas a atirar matando toda a sua família. O que elas podem fazer agora? Perambular pelas estradas cheias de ódio tentando encontrar um meio de esquecer o que fizeram. Elas precisarão de ajuda, e posso orar hoje e pedir a Deus que me use. Posso tirar o meu pensamento de mim mesma propositalmente e pensar em pessoas como essas que acabo de descrever – pessoas que têm problemas reais.

Posso me lembrar dos olhares sem esperança que vi no rosto das pessoas quando tive o privilégio de viajar para Uganda, e posso continuar fazendo todo o esforço possível para enviar ajuda para elas. Posso imaginar-me tentando colocar um sorriso em seus pequeninos rostos para substituir a raiva que vi quando cheguei. Posso imaginar como a vida delas pode ser depois que ajudarmos a construir uma nova aldeia onde elas possam ter pais adotivos, boa comida, amor e educação, assim como o ensino adequado sobre Jesus e o Seu plano para a vida delas.

Criança-soldado

"Por favor, Deus, chega de mortes. Hoje não. Não consigo mais ver". Esta foi a oração.

À distância, Allen pode ouvir os gritos, o barulho penetrante dos tiros, e o pânico provocado pelo terror total o atinge. Ele sabe muito bem o que significam aqueles sons. Como ele poderia se esquecer? Foram os mesmos sons que ele ouviu bem antes dos soldados atacarem a sua aldeia e sequestrarem seu pai e sua mãe, espancando-os brutalmente até a morte para intimidar e coagir os outros sequestrados.

Naquele dia terrível, os rebeldes realmente deixaram Allen para trás. Mas depois de se esconder nos arbustos durante semanas com cinco outros garotos, dormindo no chão sem comida ou água, os rebeldes os encontraram. Allen tinha apenas dez anos.

Desde o momento em que foi sequestrado, ele era espancado duas ou três vezes por dia e recebia pouca comida ou água. *"Levante-se, garoto. É hora de ver os seus amigos morrerem"*, o soldado rebelde gritou para Allen. Ele foi forçado a olhar, impotente, enquanto os soldados atingiam seus amigos na cabeça até que eles ficassem estirados e imóveis em uma poça horrível feita pelo seu próprio sangue. Sob ameaças de morte, os rebeldes também o forçaram a cometer atos abomináveis de maldade. Ele conseguia sentir o seu coração deslizando para as trevas...

Esta noite, quando mandarem Allen colher madeira para o fogo, ele planeja fugir. Ele vai correr muito... vai correr até cair se for preciso. A liberdade é o seu sonho. E talvez se correr para bem longe, ele possa viver por um dia sem mortes, e talvez começar a se curar.

Allen vive hoje em uma nova aldeia em Gulu, Uganda, destinada a alojar e ajudar crianças- soldado. O Ministério Joyce Meyer, em parceria com o Ministério Watoto, está desenvolvendo esta aldeia para alcançar crianças afetadas.

As estatísticas dizem:

- O Exército de Resistência do Senhor (LRA) sequestrou mais de trinta mil crianças para servirem como soldados ou escravos sexuais em Uganda.[1]
- Desde 2007, existiram aproximadamente 250.000 crianças–soldado em todo o mundo. [2]

Enquanto eu decidia se devia ficar deprimida o dia inteiro, recebi um e-mail de alguns amigos que serviram a Deus no ministério por mais de vinte e cinco anos. Era para informar sobre seu filho de vinte e dois anos, que tem um câncer de tireóide muito grave e fatal. Se eu olhar para além de mim mesma e perceber que muitas coisas estão acontecendo no mundo além de "mim", gradualmente começo a me sentir menos concentrada em meus problemas e mais grata pelas minhas bênçãos.

Fico impressionada quando penso em quantos dos nossos problemas estão ligados às coisas nas quais pensamos. Quando penso no que eu queria e não consegui, meu humor cai, cai e cai. Mas quando penso no que tenho e nas tragédias que as outras pessoas estão vivendo, percebo que na verdade não tenho problema algum. E vez de ser patética, posso ser grata!

Sou eternamente grata por Deus continuar a me lembrar de permanecer ativa fazendo algo de bom, porque, lembre-se: vencemos o mal com o bem (ver Romanos 12:21). Alguém tratou você injustamente? Por que não orar por ele ou ela? Isso fará você se sentir melhor. Você teve uma decepção? Peça a Deus para lhe mostrar outras pessoas que estejam mais decepcionadas que você e tente encorajá-las. Isso as ajudará e fará com que você se sinta melhor ao mesmo tempo.

O mundo está ficando mais violento o tempo todo. À medida que continuo escrevendo, recebo outra mensagem – uma mensagem de texto me informando que uma igreja de outra cidade passou por um tiroteio aleatório na noite passada. Duas pessoas morreram e cinco ficaram feridas. Lembro-me do que a Bíblia diz em Mateus 24 sobre os sinais do fim dos tempos, afirmando que em meio a toda a violência e tremenda necessidade, o amor da grande massa de pessoas se esfriará. É contra isso que precisamos lutar. Não podemos deixar que o amor desapareça porque, se o fizermos, estaremos entregando o planeta ao diabo.

Quando soube do tiroteio na igreja, eu poderia ter dito: "Ah, isso é muito triste". Eu poderia ter me sentido mal por alguns minutos e depois ter voltado para as minhas próprias decepções. Mas me recusei a fazer isso porque não vou viver com esse tipo de atitude. Depois de ouvir falar sobre a crise, pensei por alguns minutos e decidi pedir a meu filho para telefonar para o pastor e descobrir o que podíamos fazer para ajudá-los. Talvez as famílias que perderam os seus entes queridos precisassem de algo ou talvez o simples fato de saber que alguém se importa já ajude.

Fico impressionada quando penso em com que frequência passamos por maus tempos e ninguém sequer nos liga. Acho que as pessoas pensam que todos vão fazer isso, e então ninguém o faz.

De Quem É a Responsabilidade?

Esta é uma estória que ouvi anos atrás sobre quatro pessoas cujos nomes eram Todo Mundo, Alguém, Qualquer Um e Ninguém. Havia um trabalho importante a ser feito e Todo Mundo tinha certeza que Alguém o faria. Qualquer Um poderia tê-lo feito, mas Ninguém o fez. Alguém ficou zangado com isso porque era responsabilidade de Todo Mundo. Todo Mundo achou que Qualquer Um poderia fazê-lo, mas Ninguém percebeu que Todo Mundo não o faria. No fim, Todo Mundo culpou Alguém quando Ninguém fez o que Qualquer Pessoa poderia ter feito.

Certa vez li sobre um incidente chocante que demonstra os princípios desta estória em ação – tragicamente – na vida real. Em 1964, Catherine Genovese foi esfaqueada ate à morte por trinta e cinco minutos enquanto trinta e oito vizinhos assistiam. A reação deles foi descrita como fria e indiferente, um resultado da apatia e da alienação urbana. Mais tarde, um estudo revelou que ninguém havia ajudado simplesmente porque havia muitos observadores. Os observadores se entreolhavam procurando saber o que fazer. Como ninguém fazia nada, eles decidiram que ninguém deveria fazer nada.

À medida que o número de espectadores aumenta, torna-se menos provável que as pessoas recebam ajuda em momentos de necessidade. Um estudante que aparentava estar tendo um ataque epilético recebeu ajuda 85% das vezes quando havia apenas um espectador presente, mas quando havia diversas pessoas observando ele recebeu ajuda somente 31% das vezes.

Este estudo prova que quanto mais as pessoas não fazem nada, mais as pessoas não farão nada, mas se pelo menos um pequeno grupo de pessoas comprometidas começarem a estender a mão para ajudar os outros com cuidado e amor, sorrisos e elogios, apreciação e respeito, etc., esse movimento pode crescer e crescerá.

Estudos provaram que somos muito afetados pelo que as pessoas ao nosso redor fazem. Recorremos uns aos outros em busca de direção mesmo quando não temos consciência disso. A maioria das pessoas concordará com a maioria mesmo quando na verdade não concorda. Elas fazem isso só para estarem inseridas no grupo.

Se quisermos ser parte da Revolução do Amor, nós como cristãos precisamos nos tornar exemplo para os outros em vez de simplesmente nos misturarmos ao sistema deste mundo. Se alguém tivesse simplesmente sido corajoso o suficiente para tomar uma atitude ou amoroso o bastante para ajudar, a vida de Catherine Genovese poderia ter sido salva.

Você Está Fazendo Orações Que Deus Pode Responder?

Gostaria de sugerir algo para você incluir em suas orações diárias. Todos os dias, pergunte a Deus o que você pode fazer para Ele. Então, ao longo do dia, observe as oportunidades de fazer o que você acredita que Jesus faria se Ele ainda estivesse na Terra em forma humana. Se você é um cristão, Ele vive em você agora, e você é embaixador dEle, então, certifique-se de representá-lo bem. Desperdicei muitos anos em minhas orações matinais dizendo ao Senhor o que eu precisava que Ele fizesse por mim, mas só ultimamente acrescentei esta última parte: "Deus, o que posso fazer para Ti hoje?"

Recentemente, estava pedindo a Deus para ajudar uma amiga que estava passando por uma situação muito difícil. Ela precisava de algo, então pedi a Deus que providenciasse isso para ela. Para minha surpresa, a resposta dEle foi: "Pare de Me pedir para atender à necessidade; peça-me para lhe mostrar o que *você* pode fazer". Tomei consciência de que geralmente peço a Deus para fazer coisas para mim quando Ele quer que eu mesma faça essas coisas. Ele não espera que eu faça nada sem a Sua ajuda, mas Ele não fará tudo para mim enquanto eu fico sentada passivamente. Deus quer que estejamos abertos a nos envolver. Ele quer que usemos os nossos recursos para ajudar as pessoas, e se o que temos não é o bastante para atender às necessidades delas, então podemos incentivar outras pessoas a se envolverem para que juntos possamos fazer o que precisa ser feito.

> Deus quer que estejamos abertos
> a nos envolver.

Eu o encorajo a fazer orações que Deus possa responder. Você e Ele são parceiros, e Ele quer trabalhar *com* você e *através* de você. Peça a Ele para lhe mostrar o que você pode fazer, e dependa dEle para lhe dar não apenas a criatividade, mas também os recursos para fazer isso.

Não entre em pânico quando eu digo: "Use os seus recursos". Estou falando de mais do que dinheiro. Os nossos recursos incluem a nossa energia, o nosso tempo, nossos talentos e bens materiais, assim como as nossas finanças. Ajudar alguém pode envolver dinheiro, mas geralmente envolve tempo, e creio que estamos tão amarrados pelo tempo em nossa sociedade que geralmente achamos mais fácil preencher um cheque do que dedicar tempo para cuidar da pessoa necessitada. Cheguei à conclusão de que o que chamo de ministério de "estar disponível" é o que as pessoas mais precisam.

Uma amiga minha mora em uma grande cidade, onde o maior problema são os sem-teto. Certa noite de inverno, ela estava voltando para casa do trabalho e passou por um homem que estava pedindo dinheiro. Estava frio e escuro, ela havia tido um longo dia e estava ansiosa para chegar em casa. Não querendo abrir a carteira em uma situação nada segura, ela procurou no fundo da bolsa para ver se encontrava alguns trocados. Enquanto seus dedos procuravam em vão, o homem começou a dizer que seu casaco havia sido roubado no abrigo para sem-teto onde ele havia ficado na noite anterior e descreveu alguns outros problemas que estava tendo. Ainda tentando conseguir algumas moedas, ela assentia com a cabeça nos momentos certos e dizia de vez em quando "que pena". Quando finalmente encontrou o dinheiro, ela o colocou no copo do homem. Ele sorriu e disse: "Obrigado por conversar comigo". Minha amiga disse que percebeu naquela noite que os cinquenta centavos que havia dado ao homem foram bem recebidos, mas que o que significou mais para ele foi o fato de que alguém ouviu o que ele disse e respondeu.

Temos uma equipe de pessoas do nosso ministério que tenta ajudar pessoas que vivem nos túneis sob a ponte do centro. Elas descobriram que cada uma dessas pessoas tinha uma vida antes dos túneis e que todas elas têm uma história. Alguma tragédia aconteceu com elas que as levou à situação atual. Elas apreciam os sanduíches e as viagens à igreja, onde podem tomar um banho e conseguir roupas limpas, mas apreciam principalmente o fato de que alguém se importa o suficiente para realmente conversar com elas por tempo bastante para descobrir quem são e o que aconteceu com elas.

Deixe-me encorajá-lo a fazer tudo o que puder para ajudar as pessoas. Se elas simplesmente precisam que você esteja por perto, dedique tempo para fazer isso. Pergunte a Deus o que Ele quer que você faça – e Ele responderá à sua oração para que você possa fazê-lo.

Pratique uma Bondade Arrojada

Você acredita que o mundo está cheio de injustiça? Você acha que alguma coisa devia ser feita com relação às crianças que estão morrendo de fome? Será que alguém deveria ajudar os 1.1 milhões de pessoas que não têm água potável para beber? Será que as pessoas devem morar nas ruas ou debaixo das pontes? Será que uma família com quem você frequentou a igreja durante anos tem de passar por uma tragédia sem receber sequer um telefonema de alguém para descobrir por que eles não têm ido à igreja há três meses? Se uma igreja ou outra denominação da sua cidade sofre um incêndio, é adequado apenas orar sem fazer nada de prático para ajudar? Você acredita que alguém deveria fazer alguma coisa quanto à injustiça? De certo modo, creio que você respondeu a todas essas perguntas corretamente, então, tenho uma última pergunta. O que você vai fazer? Será você o "alguém" que fará o que precisa ser feito?

Quando pergunto o que você vai fazer, será que você sente medo por se perguntar o que significa "fazer algo"? Posso entender esse tipo de sentimento de pânico. Afinal, se eu realmente decidir me esquecer de mim mesma e começar a tentar ajudar de forma arrojada, o que acontecerá comigo? Quem cuidará de mim se eu não cuidar de mim mesma? Deus disse que faria isso, então creio que devemos descobrir se Ele falava sério quando o disse. Por que não se aposentar dos "cuidados consigo mesmo" e ver se Deus pode fazer um trabalho melhor do que você faria. Se cuidarmos dos negócios dEle, que é ajudar as pessoas que estão sofrendo, creio que Ele cuidará dos nossos.

Simplesmente Siga em Frente

Ao encerrar este capítulo, deixe-me dizer que entendo que acontecem coisas na vida que fazem com que desejemos nos retirar do mundo por um tempo. Entendo que ocorrem grandes mudanças na vida e que elas exigem um período de reajuste, e percebo que a perda e o trauma podem fazer com que as pessoas não queiram interagir com os outros ou estender a mão para ajudá-los. Sou solidária com essas coisas, e se você passou por alguma perda de algum tipo e isso o deixou amortecido e sem vontade de fazer nada, entendo como você se sente, mas quero encorajá-lo a se obrigar a seguir em frente. Satanás quer isolá-lo porque você pode não ter a força para derrotar as mentiras dele por si só. Sei que pode parecer quase ridículo dizer para você ir ajudar alguém, mas acredito de todo o meu coração que fazer isto é não apenas uma proteção para você, mas também uma resposta aos problemas do mundo.

Deixe-me dizer isto novamente: Acredito firmemente que precisamos de uma Revolução de Amor. Todos nós experimentamos o egoísmo e a depressão, o desânimo, e a autopiedade – e vimos os frutos disso. O mundo está cheio dos resultados dessas coisas. Vamos nos unir em concordância para vivermos a vida do jeito de Deus. Esteja atento para ser uma benção para os outros (ver Gálatas 6:10). Revista-se do amor (ver Colossenses 3:14). Isso significa ser ativo com o propósito de estender a mão para ajudar a outros. Vigie e ore por oportunidades; seja um espião de Deus! Jesus Se levantava todos os dias e andava por aí fazendo o bem (ver Atos 10:38). Parece tão simples. Eu me pergunto como deixamos de entender isso durante todo esse tempo.

CAPÍTULO 4

Interrompido por Deus

Esta é a melhor hora, não amanhã, não em alguma estação mais conveniente. É hoje que nosso melhor trabalho deve ser feito, não em um próximo dia ou no próximo ano.

W.E.B. DuBois

Frequentemente fico em hotéis durante minhas viagens ministeriais, e quando estou em meu quarto, sempre coloco o aviso "Não Perturbe" na porta para que ninguém me incomode. Colocar este aviso na minha porta de hotel é aceitável, mas carregá-lo em minha vida não é.

Você já percebeu que Deus nem sempre faz as coisas dentro do seu cronograma ou da forma conveniente? Paulo disse a Timóteo que como servo de Deus e ministro do evangelho, ele tinha de cumprir as suas obrigações quer fosse conveniente quer não (ver 2 Timóteo 4:2). Duvido que Timóteo fosse sequer de longe tão viciado em conveniência quanto nós somos hoje, mas ainda assim Paulo achou importante lembrar a ele que estivesse preparado para ser interrompido ou surpreendido no momento inconveniente por Deus. Se Timóteo precisava ouvir isso, estou certa de que nós também precisamos ouvi-lo com frequência, porque provavelmente somos mais ligados à conveniência do que Timóteo era. Tudo que tenho de fazer para reconhecer o quanto valorizo a minha conveniência é me ouvir reclamando quando até mesmo o mais insignificante aparelho que possuo não funciona adequadamente – a lavadora de louças, o microondas, ou inúmeras outras coisas.

Vejo as pessoas em nossas conferências nos Estados Unidos reclamando porque precisaram estacionar a algumas quadras de distância do local da conferência, mas na Índia as pessoas caminham três dias para chegarem a uma conferência evangélica. Vejo as pessoas nos Estados Unidos atrapalharem os que estão ao seu redor para irem ao banheiro ou para pegarem um copo de água ou receberem um telefonema, mas na Índia as pessoas se sentam no chão de terra durante literalmente a maior parte do dia quase sem pensarem na hipótese de se levantar. No meu país, eles reclamam se está frio demais ou quente demais, mas quando vou à Índia as únicas pessoas que ouço reclamarem do calor são as que levei comigo, inclusive eu mesma.

Acredito que somos viciados na nossa conveniência. Não estou sugerindo que nos desliguemos das nossas conveniências modernas, e certamente compreendo que desejemos aquilo a que estamos acostumados, mas realmente precisamos ter a mentalidade adequada com relação à conveniência. Se pudermos ter o que é conveniente, graças a Deus (literalmente). Mas não poder ter essas coisas jamais deve nos impedir de fazer qualquer coisa que Deus nos peça para fazer.

Lembro-me de uma vez há vários anos quando um casal cego queria vir aos nossos cultos de ensino das quartas-feiras à noite, que ocorriam em uma de festas em St. Louis. Eles geralmente pegavam o ônibus, mas o trajeto que costumavam fazer havia sido cancelado, de forma que a única maneira pela qual eles poderiam continuar comparecendo seria se alguém os apanhasse e os levasse para casa. Que oportunidade! Achei que as pessoas estariam fazendo fila para ajudar, mas ninguém estava disposto a fazer isso porque eles moravam em uma área considerada "fora de mão".

Em outras palavras, oferecer transporte para aquele casal teria sido inconveniente. Lembro-me de ter de fazer com que um de nossos empregados fizesse isso, o que significa que teríamos de pagar a essa pessoa. É impressionante o quanto estamos mais dispostos a "ajudar" se vamos receber dinheiro para fazer isso. Precisamos nos lembrar que o amor ao dinheiro é a raiz de todos os males. Não podemos permitir que o dinheiro seja a nossa principal motivação na vida. Todos nós precisamos de dinheiro, mas também precisamos fazer coisas pelos outros, e na verdade é bom para nós que às vezes esses atos de bondade sejam inconvenientes. Em geral, essas oportunidades são "momentos de teste" em que Deus verifica se somos comprometidos ou não. Se você está disposto a fazer algo de bom por alguém sem receber nada em troca e talvez nem mesmo o crédito por isso, este é um sinal positivo de que o seu coração espiritual está em boa forma.

Quando Deus quis ver se os israelitas obedeceriam às Suas ordens, Ele os levou pelo caminho longo e difícil no deserto (ver Deuteronômio 8:1-2). Às vezes, Ele faz o mesmo conosco. Estamos muitos dispostos a "obedecer" a Deus quando é fácil e quando do rapidamente somos recompensados por nossos esforços. Mas e quando é inconveniente, quando as coisas não estão de acordo com os nossos planos, e quando parece que não vamos ganhar nada em troca? Como fica a nossa obediência? Estas são perguntas que todos nós precisamos fazer a nós mesmos porque é muito importante ser sincero com relação ao nosso comprometimento. É fácil ir à igreja e cantar "Tudo Entregarei", mas o que fazemos quando a entrega é mais do que uma canção e na verdade passa a ser uma exigência?

Deus, Esta Simplesmente Não É Uma Boa Hora

A Bíblia nos conta a história de um homem que não seguiu a Deus porque fazer isso teria sido inconveniente. Esse homem, que se chamava Félix, pediu a Paulo que fosse pregar o evangelho para ele. Mas quando Paulo começou a falar com ele sobre viver retamente, sobre a vida de pureza e sobre o controle das paixões, Félix ficou alarmado e assustado. Ele disse a Paulo que fosse embora e que o chamasse em outra ocasião mais conveniente (ver Atos 24:25). Acho isso extremamente divertido, não porque seja realmente engraçado, mas porque retrata claramente como somos. Não nos importamos de ouvir sobre o quanto Deus nos ama e sobre os bons planos que Ele tem para nossas vidas, mas quando Ele começa e nos castigar ou corrigir de alguma forma, tentamos dizer a Ele que "agora" simplesmente não é uma boa hora. Duvido que Ele algum dia escolha uma hora que consideraríamos "uma boa hora", e creio que Ele faz isso de propósito!

Quando os israelitas estavam viajando pelo deserto, eles foram guiados por uma nuvem durante o dia e uma coluna de fogo durante a noite. Quando a nuvem se movia, eles tinham de se mover e quando ela parava, eles ficavam onde estavam. O mais interessante é que não havia um padrão ou um plano conhecido por eles com relação a quando a nuvem poderia se mover. Eles simplesmente tinham de se mover quando a nuvem se movia (ver Números 9:15-23). A Bíblia diz que às vezes ela se motiva durante o dia e às vezes durante a noite. Às vezes ela ficava parada por alguns dias e às vezes por um dia. Duvido que à noite todos eles pendurassem avisos de "Não Perturbe" na abertura de suas tendas para que Deus soubesse que eles não queriam que sua conveniência fosse perturbada. Quando Ele decidia que era hora de avançar, eles faziam as malas e o seguiam, e quando Ele decidir que é hora de passarmos ao próximo nível da nossa jornada, nunca devemos dizer: "Esta simplesmente não é uma boa hora!"

Não teria sido bom se Deus tivesse dado a eles um calendário mensal indicando todos os dias de mudança para que eles pudessem se preparar mental, emocional e fisicamente? Eu me pergunto por que Ele não fez isso. Será que foi simplesmente porque Ele nos interrompe de propósito apenas para ver como reagiremos?

Deus sabe mais do que nós, e o Seu tempo é sempre o tempo certo. O fato de eu não me *sentir* pronta para lidar com alguma coisa em minha vida não significa que não estou pronta. Deus é o presidente do comitê de "formas e meios". Os caminhos dEle não são os nossos caminhos, mas eles são mais altos e melhores que os nossos caminhos (ver Isaías 55:9).

Por que Não é Mais Fácil?

Se Deus quer que ajudemos às pessoas, por que Ele não torna isso fácil e economicamente compensador? Deixe-me responder a esta pergunta com outra pergunta. Jesus sacrificou alguma coisa para comprar a nossa liberdade do pecado e do cativeiro? Eu me pergunto por que Deus não tornou o plano de salvação mais fácil. Afinal, Ele poderia ter concebido qualquer plano que quisesse e simplesmente dizer: "Isso vai funcionar". Parece que na economia de Deus nada que é barato vale a pena se ter. O Rei Davi disse que ele não daria a Deus algo que não lhe custasse nada (ver 2 Samuel 24:24). Aprendi que dar verdadeiramente não é dar até que eu possa sentir isso. Dar todas as minhas roupas e objetos domésticos que são velhos e dos quais já estou cansada pode ser um bom gesto, mas não se iguala a dar de verdade. Dar verdadeiramente ocorre quando dou algo que desejo guardar. Tenho certeza de que você já passou por esses momentos de teste quando Deus lhe pede para dar alguma coisa de que você gosta. Ele nos deu o Seu único Filho porque nos ama, então, o que o amor fará com que nós façamos? Será que podemos ao menos passar por alguma inconveniência ou desconforto ocasionalmente para ajudar alguém que precisa?

Recentemente vi uma história na televisão sobre um jovem casal que estava muito apaixonado e que logo se casaria. Tragicamente, a mulher sofreu um acidente de carro que a deixou em coma durante meses. O homem com quem ela iria se casar ficou sentado ao seu lado dia após dia até vê-la finalmente despertar, mas ela havia sofrido danos cerebrais e ficaria aleijada para sempre e incapaz de fazer muitas coisas sozinha. O jovem nem sequer cogitou a hipótese de deixar de prosseguir com o casamento. Ela deslizou até o altar em uma cadeira de rodas, sem poder falar claramente devido às lesões, mas obviamente extremamente alegre. Durante o resto de sua vida, aquele jovem cuidou dela e eles desfrutaram de uma vida juntos. Com a ajuda e o encorajamento dele, ela chegou a participar das Olimpíadas Especiais e pôde realizar coisas espantosas.

Teria sido fácil e até compreensível para a maioria de nós se aquele jovem simplesmente tivesse se afastado. Afinal, ficar com ela significava que ele teria de sofrer muitas inconveniências e que precisaria se sacrificar diariamente. No entanto, ele não se afastou como tantos fazem quando têm de enfrentar situações desconfortáveis para eles. Ele permaneceu e muito provavelmente sentiu mais alegria na vida do que a maioria de nós sente.

Se você é como eu, realmente gosta de ler sobre pessoas que sacrificaram tanto por amor a outras, mas suspeito que Deus quer que você e eu façamos mais do que ler a história dessas pessoas. Talvez Ele queira que você tenha a sua própria história.

Sofrendo Inconveniência em Nome da Conveniência de Alguém

Deus interromperá uma pessoa e lhe pedirá para fazer alguma coisa inconveniente para tornar a vida mais conveniente para outra pessoa. Precisamos entender os caminhos de Deus ou resistiremos às coisas que deveríamos abraçar. A simples verdade é esta: Precisamos dar para sermos felizes, e dar não é verdadeiramente dar se não sentirmos o sacrifício que está envolvido nessa atitude.

Pedro, André, Tiago, João e os outros discípulos foram grandemente honrados. Eles foram escolhidos para serem os doze discípulos, os homens que aprenderiam com Jesus e depois levariam o evangelho ao mundo. Todos eles estavam ocupados quando Jesus os chamou. Eles tinham suas vidas, suas famílias, e seus negócios para cuidar. Sem qualquer aviso, Jesus apareceu e disse: "Sigam-me". A Bíblia diz que Pedro e André estavam lançando as redes ao mar quando Jesus os chamou, e eles deixaram suas redes e o seguiram (ver Mateus 4:18-21). Que interrupção! Ele não disse a eles que podiam orar a respeito, ou refletir a respeito, ou ir para casa e falar com suas esposas e filhos. Ele simplesmente disse: "Sigam-me".

Eles não perguntaram por quanto tempo ficariam fora ou o que estava incluído no pacote do salário deles. Eles não perguntaram sobre os benefícios, os pagamentos pelas horas de viagem, ou em que tipo de hotel ficariam. Eles nem mesmo perguntaram qual seria o cargo deles. Eles simplesmente abandonaram tudo e o seguiram. Quando leio sobre isso agora, devo admitir que parece um pouco severo, mas talvez quanto maior é a oportunidade, maior deve ser o sacrifício.

Lembro-me de um tempo em que eu estava reclamando de algumas coisas que Deus parecia estar exigindo de mim, porque eu sentia que outras pessoas não tinham as mesmas exigências sobre elas. Ele disse simplesmente: "Joyce, você me pediu muito. Você quer receber ou não?" Eu havia pedido para poder ajudar pessoas em todo o mundo, e estava aprendendo que o privilégio de fazer isso frequentemente seria inconveniente e desconfortável.

É impossível ter uma colheita sem plantar as sementes. O Rei Salomão disse que se esperássemos que as condições fossem favoráveis para semearmos, jamais colheríamos (ver Eclesiastes 11:4). Em outras palavras, devemos dar o obedecer a Deus quando não é conveniente e quando isso nos custa. Talvez aqueles doze homens tenham sido os escolhidos porque estavam dispostos a fazer o que outros não estavam dispostos a fazer. Embora a Bíblia não diga que Jesus chamou alguém que tenha recusado, talvez isso tenha acontecido. Talvez Ele tenha precisado falar com milhares para conseguir os doze. Pelo menos, creio que é assim que as coisas funcionam hoje. Poucas pessoas estão dispostas a se sacrificar, a sofrerem inconveniências, e a terem seus planos interrompidos. Muitos cantam o seu amor por Jesus, e isso é bom, mas devemos também lembrar que embora cantar seja divertido, não requer qualquer sacrifício. O verdadeiro amor requer sacrifício.

Acredito que não há muito amor verdadeiro no mundo porque isso requer esforço e sempre custa algo. Precisamos nos lembrar desta verdade se quisermos participar seriamente de uma Revolução de Amor. É sempre sábio calcular o custo antes de fazer qualquer tipo de compromisso, do contrário provavelmente não terminaremos o que começamos.

Interrompido por Deus

Quanto mais estudo os homens e mulheres da Bíblia que consideramos "grandes", mais vejo que todos eles fizeram enormes sacrifícios e que não havia nada de conveniente no que Deus pediu a eles para fazerem.

Abraão teve de abandonar o seu país, seus parentes e sua casa e ir para um lugar sobre o qual Deus nem quis lhe falar até ele se dirigir para lá. Talvez ele pensasse que acabaria vivendo em um palácio como rei ou algo assim, mas em vez disso, ele peregrinou de um lugar a outro, vivendo em tendas provisórias. Ele acabou no Egito – uma terra "opressora (poderosa e terrível)" – em meio à fome (Gênesis 12:10). Embora o sacrifício fosse grande, Abraão teve o privilégio de ser o homem com quem Deus fez uma aliança, e através dele todas as famílias da terra têm a oportunidade de serem abençoadas por Deus (ver Gênesis 22:18). Uau!

José salvou uma nação da fome, mas não antes que Deus retirá-lo violentamente do seu lar confortável onde ele era o predileto do papai e colocá-lo em um lugar inconveniente por muitos anos. Deus fez isso para colocar José no lugar certo na hora certa. Mas José só podia saber depois do fato ocorrido. Em geral, não entendemos por que estamos onde estamos, e dizemos: "Deus, o que estou fazendo aqui?" Sei que eu disse isso a Deus muitas vezes, e embora Ele não me tenha respondido naquele tempo, posso olhar para trás agora e entender que cada lugar onde estive tornou-se parte do lugar onde estou hoje.

Ester salvou os judeus da destruição, mas Deus certamente teve de interromper o plano de Ester para que ela pudesse fazer isso. Ela era uma jovem solteira que sem dúvida tinha planos para o seu futuro quando de repente, sem avisar, lhe pediram para que ela entrasse no harém do rei e ganhasse o favor dele para poder revelar o plano do mau Hamã, que pretendia exterminar os judeus.

Pediram a Ester que fizesse coisas que a fizeram temer por sua vida, mas seu tio sabiamente lhe disse: "Porque, se de todo te calares agora, de outra parte se levantará para os judeus socorro e livramento, mas tu e a casa de teu pai perecereis; e quem sabe se para conjuntura como esta é que foste elevada a rainha?" (Ester 4:14).

Se ela não tivesse feito o sacrifício, Deus teria encontrado outra pessoa, mas salvar o seu povo era o destino de Ester. Este foi o propósito da sua vida. Não perca o propósito da sua vida por não querer que Deus interrompa os seus planos.

A lista de pessoas que se sacrificaram para obedecer é muito longa. A Bíblia as chama de "homens de quem o mundo não era digno" (Hebreus 11:38).

Essas pessoas sobre as quais lemos sofreram inconveniências para que vida de outras pessoas pudesse ser mais fácil. Jesus morreu para que pudéssemos ter vida e a tivéssemos em abundância. Soldados morrem para que os civis possam permanecer em segurança em casa. Os pais vão trabalhar para que suas famílias possam ter vidas boas e as mães passam pela dor do parto para trazerem outra vida ao mundo. Parece muito óbvio que alguém tenha de sofrer dor ou inconveniência para que alguém possa ganhar alguma coisa.

Este capítulo é muito importante porque se por alguma razão fazer parte de uma Revolução de Amor é simplesmente uma ideia que lhe dá uma sensação agradável, você mudará de ideia sobre participar dela quando perceber que terá de fazer algumas coisas que preferiria não fazer para andar em amor. Você pode ter de tolerar alguém de quem preferiria se afastar porque o amor suporta as falhas e fraquezas dos outros. Você pode ter de ficar em um lugar que não é muito interessante simplesmente porque você é a única luz nas trevas. Você pode ter de sair de um lugar porque aquele ambiente está tentando você a pecar. Na verdade, Abraão estava vivendo em meio a adoradores de ídolos, inclusive sua família, então, não é de admirar que Deus tenha lhe pedido para se afastar daquele lugar e daquelas pessoas. Às vezes, Deus precisa nos separar das coisas com as quais estamos acostumados para nos mostrar o que Ele quer que nós vejamos.

Se você tomar a decisão de não se importar com a inconveniência ou com as interrupções, Deus poderá usá-lo. Você poderá fazer a diferença no mundo. Mas se continuar viciado no seu próprio conforto, Deus terá de deixar você de lado e convocar alguém que tenha o estômago mais forte para suportar as coisas duras da vida.

> Se você tomar a decisão de não se importar
> com a inconveniência ou com as interrupções,
> Deus poderá usá-lo.

Sodoma e Gomorra

Você provavelmente ouviu falar de Sodoma e Gomorra e da terrível maldade daquelas cidades. Mas o que eles fizeram exatamente que desagradou tanto a Deus? Em geral temos a ideia de que a perversão sexual foi a gota d'água que fez com que Deus os destruísse, mas na verdade foi uma situação bem diferente. Fiquei chocada quando vi a verdade que estava por trás dessa destruição. Descobri isso enquanto buscava nas Escrituras palavras sobre a necessidade de alimentar os pobres. "Eis que *esta foi a iniquidade* de Sodoma, tua irmã: soberba, fartura de pão e próspera tranquilidade teve ela e suas filhas; mas nunca amparou o pobre e o necessitado. Foram arrogantes e fizeram abominações diante de mim; pelo que, em vendo isto, as removi dali" (Ezequiel 16:49-50, ênfase do autor).

O problema de Sodoma e Gomorra foi que eles tinham demais e não estavam compartilhando com os necessitados. Eles eram ociosos e viviam estilos de vida excessivamente convenientes, que os levou a cometer atos abomináveis. Vemos claramente a partir daí que a ociosidade e o excesso de conveniência não é bom para nós e nos geram cada vez mais problemas. Deixar de compartilhar o que temos com aqueles que têm menos do que nós, não é bom para nós e na verdade é perigoso porque este tipo de estilo de vida egoísta abre a porta para que o mal avance. Estas coisas não apenas não são boas para nós, como também são ofensivas a Deus. Ele espera que sejamos canais através dos quais possa fluir, e não reservatórios que guardam tudo que têm para si mesmos.

Nós apreciamos todas as conveniências que temos à nossa disposição hoje em dia, mas de alguma forma creio que Satanás está usando essas coisas para destruir qualquer disposição de sofrermos inconveniências para obedecer a Deus ou para ajudar pessoas necessitadas. Nós nos viciamos com a facilidade e precisamos tomar muito cuidado. Como a maioria das pessoas, gosto de coisas boas e confortáveis. Gosto do que é conveniente, mas também tenho me esforçado para não reclamar quando as coisas não são do jeito que quero. Também percebo que a inconveniência é quase sempre parte de ajudar as pessoas e sei que fui chamada por Deus para ajudar pessoas, e para fazer isso com uma boa disposição.

Não gosto de ser interrompida quando estou escrevendo. É muito inconveniente para mim ser interrompida porque então tenho de me esforçar para voltar ao fluxo do que estava trabalhando. Há alguns minutos, fui testada. Meu telefone tocou e vi que era uma mulher que eu sabia que precisaria ouvir provavelmente por um bom tempo sobre o seu casamento com problemas. Eu não queria parar, mas sentia que devia porque esta mulher em particular é uma pessoa conhecida que não tem ninguém em quem possa confiar para conversar. O fato de uma pessoa ser conhecida no mundo não significa que ela não seja solitária. Ela é uma mulher solitária, internacionalmente conhecida, que tem um problema, e Deus queria que eu interrompesse o que estava escrevendo sobre o amor para realmente colocar esse amor em prática! Imagine isso... Deus quer que coloquemos em prática aquilo no qual dizemos acreditar.

CAPÍTULO 5

O Amor Encontra Um Meio

O fracasso nunca me alcançará se minha
determinação em vencer for suficientemente forte.
Og Mandino

O desejo é um motivador poderoso. Finalmente encarei a verdade de que se eu realmente quiser fazer alguma coisa, encontrarei um meio de fazê-la. As pessoas frequentemente me perguntam como faço tudo o que faço, e digo simplesmente: "Por que quero fazer". Entendo que Deus me deu graça e colocou desejos em meu coração, mas é o fato de *querer* fazer determinadas coisas que me motiva a fazê-las. Quero fazer o que Deus quer que eu faça; quero ajudar as pessoas e quero cumprir o meu destino, ou, como o apóstolo Paulo disse, "quero completar minha carreira".

Você pode perguntar: "E se eu não tiver esse desejo?" Você obviamente tem o desejo de fazer a vontade de Deus, ou teria deixado este livro de lado depois de ler o primeiro capítulo. Se você tem um relacionamento com Deus por meio de Jesus Cristo, então tem o desejo de fazer o bem por que Ele lhe deu o Seu coração e o Seu Espírito. Ezequiel 11:19 promete: "Dar-lhes-ei um só coração, espírito novo porei dentro deles; tirarei da sua carne o coração de pedra e lhes darei coração de carne". Podemos nos tornar preguiçosos, passivos ou egoístas e precisar lidar com esses problemas algumas vezes, mas como crentes é impossível ter o coração de Deus e não querer obedecer a Ele e ajudar as pessoas.

Acho que a questão é: O quanto você quer fazer isso? Você quer fazer a vontade dEle mais do que a sua vontade? Você quer isso o bastante a ponto de sacrificar outras coisas?

Recentemente um jovem me disse o quanto era infeliz. Ele contou que sabia que Deus o estava chamando para um lugar mais alto, mas sentia que não estava disposto a fazer o sacrifício necessário. Fiquei triste por ele, porque não quero que ele perca a alegria que se encontra do outro lado do sacrifício. Oro para que ele mude de ideia.

Se realmente quisermos fazer alguma coisa, encontraremos um meio de fazê-la. A não ser que admitamos isso, passaremos a nossa vida enganados pelas nossas próprias desculpas para não fazermos as coisas. As desculpas são muito perigosas, e acredito que elas são uma das principais razões pelas quais não avançamos como desejamos. Talvez você gostaria de se exercitar, mas dá uma desculpa para não fazer isso. Talvez você queira passar mais tempo com a sua família, mas tem uma desculpa para não fazer isso. Você pode perceber que precisa dar mais de si mesmo para ajudar outros e talvez queira fazer isso, mas sempre existem motivos (desculpas) para você não fazer essas coisas. Satanás é aquele que nos dá desculpas; até entendermos que as desculpas estão nos mantendo enganados e em desobediência, ficaremos presos em uma vida infrutífera e sem alegria.

Jesus disse: "Amarás o Senhor teu Deus, de todo o teu coração, de toda a tua alma, de todas as tuas forças e de todo o teu entendimento; e amarás o teu próximo como a ti mesmo" (Lucas 10:27). Ele prosseguiu dizendo ao intérprete da lei com quem

O Amor Encontra Um Meio

estava falando que se ele fizesse isso, viveria, o que significa que ele desfrutaria de uma vida ativa, abençoada e eterna no reino de Deus. Querendo se isentar de qualquer reprovação, o intérprete da lei disse: "Quem é o meu próximo?" Ele queria saber exatamente quem eram essas pessoas a quem ele devia demonstrar amor, e Jesus respondeu contando-lhe uma história.

Um homem que estava viajando foi atacado por ladrões que levaram seus pertences e que o espancaram, e depois o deixaram meio morto, caído ao lado da estrada. Passou por ali um sacerdote (um homem religioso) que viu o homem precisando de ajuda, mas passou direto pelo outro lado da estrada. Não sei se ele já estava do outro lado da estrada ou se atravessou a estrada para que o homem ferido não o visse e talvez pedisse ajuda, mas ele procurou não passar pelo homem ferido. Depois, outro religioso, um levita, também passou pelo outro lado da estrada. Talvez esses homens religiosos estivessem com pressa para chegar à igreja e não tivessem tempo para fazer o que a igreja realmente deveria lhes ensinar a fazer. As pessoas religiosas geralmente reagem à necessidade com palavras religiosas, mas sem qualquer oferta de ajuda prática. Acredito que este é um dos maiores problemas que temos hoje no Cristianismo. Temos orgulho do que supostamente "sabemos", mas em muitos casos não estamos fazendo muito com o conhecimento que temos. Falamos muito, mas nem sempre demonstramos às pessoas o que elas precisam ver – o amor em ação.

Depois que aqueles dois religiosos passaram pelo homem que precisava desesperadamente de ajuda, um samaritano, que não era um homem especificamente religioso, passou pela estrada. Quando percebeu o homem necessitado, foi movido de compaixão e solidariedade, indo até ele e cuidando dos seus ferimentos. Depois disso, colocou-o sobre seu cavalo e o levou até uma hospedaria. Ele deu ao dono do local dois dias de pagamento e lhe disse que cuidasse do homem até que ele voltasse, quando lhe pagaria por quaisquer despesas adicionais. Jesus então perguntou ao intérprete da lei qual dos três homens provara ser o próximo daquele homem quase morto (ver Lucas 10:27-37).

Diversos aspectos desta história chamam a minha atenção. Primeiramente, como já mencionei, os homens religiosos nada fizeram. Devemos nos recusar a não fazer nada! Ainda que o que pudermos fazer seja pouco, devemos decididamente encontrar um meio de fazer alguma coisa no que diz respeito a atender às necessidades que Deus traz ao nosso conhecimento. Admito que há momentos em que tudo o que podemos fazer é orar ou talvez oferecer algum encorajamento verbal, mas devemos ao menos ser arrojados o bastante para procurar um meio de ajudar. Devemos ao menos pensar no assunto e não apenas supor que não podemos fazer nada, ou, o que é pior, achar uma desculpa para não fazer nada simplesmente porque não queremos ser incomodados.

A próxima coisa que me afeta nesta história é que o samaritano teve uma boa dose de problemas para ajudar o homem. Imagino que isto atrasou consideravelmente a sua jornada. Ele obviamente estava indo para algum lugar onde precisava estar, porque deixou o homem ferido por tempo suficiente para ir cuidar de seus negócios antes de voltar. Ele investiu seu tempo e seu dinheiro, e estava disposto a sofrer inconvenientes para cuidar de alguém necessitado.

Vejo também que o samaritano não deixou que uma necessidade emergencial o distraísse do seu propósito original. Isto também é importante, porque às vezes as pessoas se deixam levar de tal forma pelas emoções da compaixão que não conseguem se manter concentradas nos seus objetivos para realizá-los. Nossa filha Sandra ama, ama, e ama ajudar pessoas e isso é bom, mas ontem mesmo ela me telefonou e me pediu que orasse para que ela tivesse equilíbrio e clareza quanto a quem ajudar e até que ponto. Ela tem filhas gêmeas para cuidar, é professora em uma classe de pais em sua igreja, e também tem alguns outros compromissos aos quais acha que precisa ser fiel, mas ela sempre ouve falar de pessoas com necessidade e sempre quer ajudar! Ela frequentemente se envolve em ajudar sem sequer pensar no que aquilo vai representar ou em como poderá ajudar sem ignorar suas outras prioridades. O resultado é que às vezes, em seu desejo de ajudar, ela acaba ficando frustrada e se sentindo confusa, o que não é absolutamente a vontade de Deus.

Incentivei Sandra a fazer o que o samaritano fez na história de Jesus, e eu o incentivo a fazer o mesmo. Esteja disposto a mudar o seu plano e a passar por algumas inconveniências, e esteja disposto a dedicar algum tempo e dinheiro se necessário para ajudar a atender à necessidade das pessoas. Mas não tente fazer tudo sozinho quando há outros que podem ajudar também. O samaritano chamou o dono da hospedaria para ajudá-lo a atender à necessidade do homem, para que ele pudesse permanecer concentrado no que tinha de fazer.

O diabo não parece se importar com o poço em que estamos, desde que não estejamos no meio do caminho. Em outras palavras, ou as pessoas não fazem nada, ou tentam fazer tudo e depois ficam desanimadas ou acabam achando que estão se aproveitando delas. Cada aspecto da nossa vida requer equilíbrio, mesmo na área de ajudar os outros. Aprendi do jeito mais difícil que não posso fazer tudo e fazer alguma coisa bem, e isso é verdade para todos nós. Mas não posso permitir que o medo de me envolver demais me impeça de me envolver.

Também vejo que o samaritano não impôs limites ao que estava disposto a permitir que esta necessidade lhe custasse. Ele disse ao dono da hospedaria que lhe daria qualquer valor que lhe custasse para cuidar do homem ferido quando voltasse. Raramente encontramos alguém que esteja disposto a fazer o *que quer que seja* preciso.

Como eu disse, às vezes precisamos colocar limites para proteger nossas outras prioridades, mas neste caso o homem aparentemente tinha muito dinheiro, por isso não precisou colocar limites. Ele agiu movido por uma atitude de generosidade, e não por uma atitude de medo. Pode ser que Deus não peça a nenhum de nós para fazermos tudo que é necessário para resolver um problema ou para atender a uma necessidade, mas Ele realmente quer que cada um de nós faça o que puder. E se Ele nos pedir para fazer tudo, então devemos fazer tudo! Dar o nosso tudo é desafiador e leva a nossa fé a novos níveis, mas também traz a liberdade de sabermos que nada neste mundo pode nos deter.

Lembro-me de um tempo em que Deus me pediu para dar tudo que eu havia economizado em minhas finanças pessoais, inclusive todos os vales-brinde. Este novo nível de sacrificar *tudo* foi difícil porque eu estava economizando aquele dinheiro há muito tempo e tinha planos de fazer compras no momento certo. Por mais estranho que pareça, o mais difícil foi abrir mão dos vales-brinde. Eu tinha alguns bons vales que ganhara de aniversário e gostava simplesmente de saber que estavam à minha disposição caso eu quisesse usá-los. Eu estava acostumada a dar, mas dar *tudo* era um nível novo. Depois de argumentar com Deus por algum tempo e de dar todas as desculpas em que podia pensar, finalmente obedeci. A dor de abrir mãos dos bens foi momentânea, mas a alegria da obediência e o conhecimento de que os bens não tinham poder sobre mim foram eternos.

Aquela foi a primeira vez que fui testada dessa maneira, mas não foi a última. Deus escolhe a hora do teste e ele é necessário para o nosso bem. Ele nos impede de ficarmos presos demais às coisas. Deus quer que desfrutemos do que Ele nos dá, mas Ele também quer que nos lembremos que somos mordomos, e não proprietários. Ele é o Mestre e o nosso trabalho é servi-lo com alegria de todo o nosso coração e com todos os recursos que temos.

Quem É o Meu Próximo?

Quem você deve ajudar e quem é o seu próximo? É quem estiver no seu caminho com uma necessidade. Pode ser alguém que precisa que você ouça, ou talvez alguém que precise de um elogio ou de encorajamento. Pode ser alguém que precisa de um pouco do seu tempo, ou talvez alguém cuja necessidade financeira você possa resolver, ou ajudar a resolver. Talvez o seu próximo seja alguém que se sente só e precise apenas que você seja amável. Dave recentemente me contou que Deus havia tratado com ele sobre dedicar tempo a ser amável. Sempre o achei muito amável, mas ele acha que Deus quer que ele dedique ainda mais tempo a isso. Ele pergunta às pessoas diversas coisas pessoais para demonstrar que se importa com elas como indivíduos. Muitas das pessoas com quem ele passa tempo são pessoas que ele não conhece, e que provavelmente nunca mais verá. Às vezes são idosos ou pessoas de outro país que não falam inglês muito bem e que podem se sentir um pouco deslocadas. Ele recentemente me contou sobre um homem deficiente para quem as pessoas estavam olhando em uma cafeteria. Dave dedicou tempo para conversar com o homem, embora a deficiência dificultasse a sua fala.

Geralmente evitamos pessoas que são diferentes de nós de algum modo porque elas fazem com que nos sintamos desconfortáveis ou incapazes. Talvez devêssemos pensar mais em como elas se sentem em vez de fazermos o que é conveniente para nós.

A lista de maneiras pelas quais podemos mostrar a nós mesmos que somos bons próximos provavelmente é interminável, mas se realmente quisermos ajudar as pessoas e ser uma benção, encontraremos um meio. Lembre-se, a indiferença dá uma desculpa, mas o amor encontra um meio.

Pequenas Coisas Têm Um Grande Impacto

Jesus não desperdiçou o Seu tempo, então podemos supor que tudo que Ele fez foi muito significativo e contém uma grande lição a ser aprendida. Vamos pensar no momento em que Ele decidiu lavar os pés dos Seus discípulos (ver João 13:1-17). O que queria dizer tudo aquilo? Ele tinha em mente diversas lições que queria ensinar aos Seus discípulos, entre elas a necessidade de servirmos uns aos outros. Jesus era e é o Filho de Deus. Na verdade, Ele é Deus manifesto na segunda pessoa da Trindade. Então, basta dizer que Ele é realmente importante e certamente não teria de lavar os pés de ninguém, principalmente daqueles que eram Seus alunos. Mas Ele fez isso porque queria ensinar-lhes que eles podiam estar em posição de autoridade e ainda assim ser servos ao mesmo tempo. Muitos hoje em dia fracassaram em aprender esta importante lição.

Nos dias de Jesus, os pés das pessoas eram muito sujos. As pessoas viajavam em estradas poeirentas e usavam sapatos que não passavam de algumas tiras com uma sola. O costume daquele tempo era lavar os pés dos convidados quando eles entravam em uma casa, mas eram os servos que tinham o hábito de executar essa tarefa, e não o senhor da casa. Jesus realmente tirou suas vestes e colocou uma toalha de servo. Este foi outro gesto destinado a ensinar uma lição. Ele queria mostra que podemos deixar a nossa "posição" na vida de lado por tempo suficiente para servir a outra pessoa, sem ter medo de perdê-la.

Pedro, o discípulo mais articulado, recusou-se veementemente a permitir que Jesus lavasse seus pés, mas Jesus disse que se não lavasse os seus pés, eles dois não podiam ser verdadeiros amigos. Em outras palavras, eles tinham de fazer coisas um para o outro para que o relacionamento deles fosse saudável e forte. Quantos casamentos poderiam ser salvos ou pelo menos enormemente aperfeiçoados se os casais aplicassem este princípio?

Há alguns anos decidi que não estava disposta a ter mais nenhum relacionamento unilateral – o tipo de relacionamento no qual eu só dava e a outra pessoa só recebia. Esse tipo de interação não é um relacionamento real, e no fim sempre gera ressentimento e amargura. Não apenas devemos fazer coisas uns para os outros, como também *precisamos* fazer coisas uns para os outros. Isso faz parte de manter bons relacionamentos.

> Não apenas devemos fazer coisas uns para os outros, como também *precisamos* fazer coisas uns para os outros.

Fazemos muito por nossos filhos, mas eles também fazem coisas por nós. O que eles fazem pode ser algo que poderíamos facilmente fazer sozinhos, mas eles também precisam nos dar e receber de nós, e nós precisamos que eles façam isso.

Dar nem sempre precisa ser uma reação a uma necessidade desesperada. Podemos ser levados a fazer alguma coisa por pessoas que não parecem absolutamente ter necessidade daquilo que podemos fazer por elas. Se não há necessidade, então por que fazer algo? Simplesmente porque dar o que quer que seja encoraja as pessoas e faz com que elas se sintam amadas, e todos precisamos nos sentir amados, independente de quantas "coisas" possamos ter. Use os recursos que você tem para ser uma benção e os seus recursos jamais se esgotarão.

Lavar os pés era uma tarefa subalterna reservada aos servos, mas ela continha uma grande lição: Humilhe-se e esteja disposto a fazer pequenas coisas que podem exercer um enorme impacto.

Coisas Pequenas Significam Muito

Levamos a banda Delirious? à Índia conosco em uma viagem missionária e Stu, baterista deles na época, recebeu uma pequena faixa de couro de uma menina pobre que a usava como pulseira. Aquele pequeno gesto de amor de alguém que tinha tão pouco transformou a vida de Stu. Ele disse publicamente que enquanto viver, jamais se esquecerá da lição que aquilo lhe ensinou. Se alguém que tinha tão pouco estava disposto a dar, o que ele poderia fazer? Sim, pequenas coisas podem exercer um enorme impacto.

Que pequena coisa você poderia fazer? Jesus lavou pés e disse que seríamos abençoados e felizes se seguíssemos Seu exemplo. A seguir há uma lista parcial de algumas coisas que a Bíblia diz que podemos e devemos fazer uns pelos outros:

- Cuidar uns dos outros
- Orar uns pelos outros
- Estar atento para ser uma benção
- Procurar expressar bondade para com os outros
- Ser amáveis e hospitaleiros
- Ser pacientes uns com os outros
- Suportar as falhas e fraquezas dos outros
- Dar aos outros o benefício da dúvida
- Perdoar uns aos outros
- Consolar uns aos outros
- Ser fiéis
- Ser leais
- Edificar uns aos outros – encorajar os outros, lembrando-lhes seus pontos fortes quanto se sentirem fracos
- Nos alegrarmos pelas pessoas quando elas forem abençoadas
- Dar a preferência uns aos outros (deixar alguém passar na nossa frente ou dar a alguém o melhor de alguma coisa)
- Considerar uns aos outros
- Guardar os segredos dos outros e não divulgar os erros deles
- Acreditar no melhor uns dos outros

Como eu disse, esta é uma lista parcial. O amor tem muitas faces ou pode ser visto de muitas maneiras. Discutiremos várias delas à medida que este livro prosseguir. As ideias que relacionei aqui são coisas relativamente simples que todos podemos fazer se estivermos dispostos. Não temos de fazer planos especiais para a maioria delas, mas podemos executá-las ao longo do dia à medida que tenhamos oportunidade.

Por isso, enquanto tivermos oportunidade,
façamos o bem a todos...
Gálatas 6:10

O *Amor Deve Se Expressar*

Geralmente pensamos no amor como uma coisa, mas a palavra amor também é um verbo. O amor precisa fazer algo para permanecer o que é. Parte da natureza do amor é que ele requer expressão. A Bíblia pergunta se virmos uma necessidade e fecharmos o nosso coração para não sentirmos compaixão, como pode o amor de Deus viver e permanecer em nós (ver 1 João 3:17). O amor enfraquece cada vez mais se não puder ser demonstrado; na verdade, ele pode se tornar totalmente inativo. Se permanecermos ativos propositalmente à medida que fazemos algo pelos outros, podemos impedir que nos tornemos egoístas, ociosos e infrutíferos. O ato perfeito de amor é Jesus ter entregado a Sua vida por nós. E nós devemos entregar as nossas vidas uns pelos outros. Isso parece radical, não é? Felizmente, a grande maioria de nós jamais será chamada a dar a nossa vida física por alguém. Mas temos oportunidades todos os dias de "entregar" a nossa vida por alguém. Todas as vezes que você põe de lado a sua própria vontade ou necessidade e a substitui por um ato de amor por alguém, você está entregando a sua vida por um instante, uma hora, ou um dia.

Se estivermos cheios do amor de Deus, e nós estamos porque o Espírito Santo enche os nossos corações de amor no novo nascimento, então devemos deixar o amor fluir para fora de nós. Se ele ficar estagnado pela inatividade, para nada servirá. Deus amou o mundo de tal maneira que deu o Seu Filho unigênito (ver João 3:16). Você está conseguindo captar a ideia? O amor de Deus provocou-o a dar! É inútil dizer que amamos as pessoas se não fazemos nada por elas. Coloque um enorme cartaz em sua casa, talvez em vários lugares, perguntando: "O que fiz para ajudar alguém hoje?" Isso servirá para lhe lembrar do seu objetivo enquanto você desenvolve novos hábitos e se torna um revolucionário do amor.

Amor tem a ver com ação. Não é uma teoria ou simplesmente palavras. As palavras são importantes e podemos realmente usar nossas palavras como um método de amar as pessoas, mas devemos usar todos os meios possíveis para continuarmos demonstrando amor entre nós.

O que você pode fazer para demonstrar amor a alguém hoje? Dedique tempo para pensar nisso e faça um plano. Não deixe passar um dia sequer sem aumentar a alegria de alguém.

CAPÍTULO 6

Vença o Mal com o Bem

Tudo que é necessário para que o mal triunfe
é que os homens bons nada façam.
Edmund Burke

Não fazer nada é fácil, mas também é muito perigoso. Onde não há oposição ao mal, ele se multiplica. Todos nós costumamos cair na armadilha de reclamarmos das coisas que estão erradas na nossa sociedade e na vida, mas reclamar não serve de nada a não ser nos desanimar ainda mais. A reclamação não muda nada, porque não tem nenhum poder positivo.

Imagine que confusão o mundo seria se tudo que Deus fizesse fosse reclamar de tudo que saiu errado desde que Ele o criou. Mas Deus não reclama. Ele sabe que pode vencer o mal com o bem! O mal é poderoso, com certeza, mas o bem é ainda mais poderoso.

Precisamos parar e entender que Deus opera através do Seu povo. Sim, Deus é bom o tempo todo. Mas Ele escolheu trabalhar nesta terra através dos Seus filhos – você e eu. É humilhante perceber que Ele poderia fazer muito mais se nos comprometêssemos a amar e a fazer o bem em todo o tempo. Precisamos receber a instrução de Jesus em Mateus 5:16: "Assim brilhe também a vossa luz diante dos homens, para que vejam as vossas boas obras e glorifiquem a vosso Pai que está nos céus".

O Bem é Poderoso

Quanto mais reagimos ao mal com o mal, mais ele aumenta. Lembro-me de um filme chamado *El Cid,* a história do homem que unificou a Espanha e se tornou um grande herói usando este princípio. Durante séculos, os cristãos haviam lutado contra os mouros. Eles se odiavam e se matavam. El Cid capturou cinco mouros em batalha, mas recusou-se a matá-los porque entendia que toda aquela matança jamais havia produzido qualquer coisa boa. Ele acreditava que demonstrando misericórdia, o coração dos seus inimigos seria transformado, e assim os dois grupos poderiam viver em paz. Embora ele tenha sido inicialmente rotulado de traidor por seus atos, finalmente eles demonstraram que funcionavam, e ele foi honrado como herói.

Um dos mouros que ele capturou disse: "Qualquer pessoa pode matar, mas somente um verdadeiro rei pode demonstrar misericórdia para com os seus inimigos". Por causa do seu ato de bondade, os inimigos de El Cid se ofereceram a ele como amigos e aliados daquele dia em diante. Jesus é o verdadeiro rei e Ele é bom, benigno e misericordioso para com todos. Podemos fazer menos do que seguir o Seu exemplo?

Agora mesmo, você consegue pensar em alguém a quem poderia demonstrar misericórdia? Existe alguém que o tenha tratado mal com quem você possa agir com bondade? Ser misericordioso e bom, principalmente com os seus inimigos, pode ser uma das coisas mais poderosas que você já fez.

A Oração Funciona

Nos últimos anos, temos visto o mal avançar rapidamente através das coisas más exibidas na televisão e retratadas nos filmes. Fiquei horrorizado anos atrás quando os videntes começaram a ter programas de televisão. Eles se ofereciam para dizer o futuro das pessoas mediante um pagamento em dinheiro. Qualquer pessoa disposta a pagar vários dólares por minuto poderia ligar e obter uma "leitura". Eu costumava reclamar disso, fazendo comentários do tipo: "Acho terrível permitirem coisas deste tipo na televisão. Tantas pessoas estão desperdiçando seu dinheiro e sendo enganadas". Ouvi muitas pessoas dizerem basicamente a mesma coisa. Um dia, Deus colocou este pensamento em meu coração: *Se você e todos os demais que reclamam tivessem usado esse tempo para orar a respeito dos videntes, Eu já poderia ter feito algo a respeito disso.* Comecei a orar e a pedir a várias pessoas que fizessem o mesmo. Em pouco tempo, a maioria, se não todos esses tipos de programa foram expostos como fraudulentos e tirados do ar.

Geralmente temos a tendência de reclamar sobre o que "eles" estão fazendo, como fiz quando "eles" começaram a veicular programas de televisão com os videntes, mas não fazemos nada para melhorar a situação. A oração é algo bom que realmente tem o poder de vencer o mal, de modo que devemos orar por todas as coisas das quais somos tentados a reclamar. Deus considera a reclamação e a murmuração um mal, mas as orações cheias de fé são poderosas e eficazes. A oração abre a porta para que Deus opere e faça algo bom.

Reaja ao Mal da Forma Adequada

Enquanto tentavam fazer a sua jornada pelo deserto para chegar à Terra Prometida, os israelitas passaram por provações e dificuldades e reagiram reclamando, murmurando e resmungando. Eles cederam a imoralidades de todo tipo e um dos pecados deles foi a reclamação. Isso deu ao destruidor acesso à vida deles e muitos morreram (ver 1 Coríntios 10:8-11). Se eles tivessem reagido às suas provações permanecendo gratos a Deus, adorando-o e louvando-o, e sendo bons uns com os outros, creio que teriam atravessado aquele deserto em muito menos tempo. Em vez disso, a maioria deles caiu à beira do caminho e nunca chegou ao seu destino. Eu me pergunto quantas vezes deixamos de ver os bons resultados que desejamos simplesmente porque reagimos às coisas más que acontecem com reclamações em vez de reagirmos orando, louvando, dando graças, e continuando a estender as mãos às pessoas necessitadas.

Fé e Amor

Durante muitos e muitos anos uma grande parte dos ensinamentos que ouvi na igreja e nas conferências era sobre fé, e os livros que li eram sobre fé. Parecia que o tópico principal dos ensinamentos em todo o mundo cristão era: "Confie em Deus e tudo ficará bem".

Sem fé não podemos agradar a Deus (ver Hebreus 11:6), de modo que definitivamente precisamos colocar a nossa fé nEle e confiar nEle, mas há algo mais na Palavra de Deus que acredito que completa o quadro que precisamos ver. Vou compartilhar isto com você, mas primeiro deixe-me falar sobre algumas de minhas experiências nos primeiros anos da minha caminhada com Deus.

Recebi Jesus como meu Salvador aos nove anos, mas não entendia o que eu tinha nEle ou como um relacionamento com Ele poderia transformar minha vida, porque não tinha nenhum "estudo" no que se refere a assuntos espirituais. O lar onde cresci era disfuncional, para dizer o mínimo. Meu pai era um alcoólatra, era infiel a minha mãe com diversas mulheres, e era muito violento e nervoso. Como mencionei anteriormente, ele também abusava de mim sexualmente regularmente. A lista é interminável, mas estou certa de que você conseguiu captar o quadro.

Agora, vamos dar um avanço rápido para minha vida aos vinte e três anos. Casei-me com Dave e comecei a frequentar a igreja com ele. Eu amava a Deus e queria aprender, então frequentei aulas que finalmente me permitiram ser confirmada na denominação e ia à igreja regularmente. Eu realmente aprendi sobre o amor e a graça de Deus, assim como aprendi muitas doutrinas da igreja que eram importantes para formar as bases da minha fé.

Aos trinta e dois anos, estava muito frustrada porque meu cristianismo não parecia estar me ajudando em minha vida prática diária. Eu acreditava que ia para o céu quando morresse, mas estava desesperada para ter alguma ajuda para atravessar cada dia na terra com paz e alegria. Minha alma estava cheia de dor por causa do abuso sofrido na infância, e eu manifestava essa dor diariamente em minhas atitudes e com a incapacidade de manter bons relacionamentos.

A Palavra de Deus nos diz que se o buscarmos diligentemente, o encontraremos (ver Provérbios 8:17). Comecei a buscar a Deus por conta própria para encontrar o que me faltava, e tive um encontro com o Senhor que me aproximou muito mais dEle. De repente, Ele parecia estar muito presente em minha vida diária e comecei a estudar diligentemente para conhecê-lo melhor. Parecia que todo lugar para onde eu me voltava, ouvia falar sobre fé. Aprendi que poderia aplicar minha fé em muitas circunstâncias, o que abriria a porta para que Deus se envolvesse e me ajudasse.

Acreditei de todo coração que os princípios que estava aprendendo estavam corretos, mas ainda sentia muita frustração por não conseguir fazer com que eles funcionassem a meu favor, pelo menos não no grau que eu precisava desesperadamente que eles funcionassem. Naquela época, Deus estava me usando no ministério, e o meu ministério era realmente muito grande. Eu havia feito definitivamente um grande progresso, mas ainda sentia no fundo do meu coração que algo estava faltando, então, mais uma vez comecei a buscar a Deus seriamente. Em meio à minha busca e estudo em profundidade, aprendi que me faltava a principal lição que Jesus veio nos ensinar: amar a Deus, amar a nós mesmos, e amar as pessoas (ver Mateus 22:36-39). Eu havia aprendido muito sobre fé à medida que andava com Deus, mas não havia aprendido sobre o poder do amor.

Confie em Deus e Faça o Bem

Durante os vários anos da minha jornada de aprendizado sobre este maravilhoso assunto, entendi que a fé só opera através do amor. De acordo com Gálatas 5:6, a fé é na verdade "ativada, energizada e expressada" através do amor.

O Espírito Santo me levou a estudar o Salmo 37:3: "Confia no Senhor e faze o bem". Eu estava surpresa por perceber que eu só tinha metade do que precisava saber para me conectar adequadamente com Deus. Eu tinha a parte da fé (confiança), mas não a parte do "fazer o bem". Eu queria que coisas boas acontecessem comigo, mas não estava muito preocupada em ser boa para os outros, especialmente quando estava sofrendo ou passando por um momento de provação.

O Salmo 37:3 abriu meus olhos para ver que eu estava confiando em Deus, mas não estava me concentrando em fazer o bem. Eu não apenas tinha uma grande falta nessa área, como também percebi que a maioria dos outros cristãos que eu conhecia estava provavelmente nessa mesma situação. Todos nós estávamos ocupados "crendo" em Deus para termos as coisas que desejávamos. Orávamos juntos e liberávamos a nossa fé por meio da oração de concordância, mas não nos reuníamos para discutir o que podíamos fazer pelos outros enquanto esperávamos que as nossas necessidades fossem atendidas. Tínhamos fé, mas ela não estava sendo energizada pelo amor!

Não quero que minhas palavras deem a impressão de que eu era uma pessoa totalmente voltada para mim mesma, porque esse não era o caso. Estava trabalhando no ministério e queria ajudar as pessoas, mas misturadas ao meu desejo de ajudar havia uma série de motivações impuras. Estar no ministério me dava uma sensação de autoestima e de importância. Era algo que me dava uma posição e uma certa influência, mas Deus queria que eu fizesse tudo o que fazia com uma motivação pura, e eu ainda tinha muito a aprender. Havia momentos em que fazia atos de bondade para ajudar as pessoas, mas ajudar os outros não era a minha motivação principal. Eu precisava ser muito mais agressiva e determinada com relação a amar os outros; isso precisava ser a coisa principal em minha vida e não uma ocupação secundária.

Pergunte a si mesmo o que o motiva mais do que qualquer coisa, e responda sinceramente. É o amor? Se não é, você está disposto a mudar o seu foco para o que é importante para Deus?

Oro de todo o coração para que Deus faça com que estas palavras saltem desta página para o seu coração. Aprender a verdade sobre o poder do amor foi tão transformador para mim que quero que todos também aprendam. Não estou sugerindo que você não sabe nada sobre isso, pois a verdade é que você pode saber muito mais sobre amar os outros do que eu. Mas caso não saiba, oro para que o que estou compartilhando acenda um fogo em você e o incentive a ser parte de uma Revolução de Amor, pois acredito que ela tem o poder para transformar o mundo!

Mantenha-se Animado e Anime a Outros

Imagine como o mundo seria diferente se cada um de nós que afirma conhecer Cristo fizesse uma coisa boa por alguém todos os dias. Os resultados seriam surpreendentes. Agora, imagine o que aconteceria se todos nós estabelecêssemos o alvo de fazer duas coisas gentis, amáveis e benéficas por alguém todos os dias. Estou certa de que você está conseguindo captar a ideia. Os resultados seriam impressionantes. O mundo mudaria rapidamente, porque realmente poderíamos vencer o mal com o bem se todos nos comprometêssemos a viver da maneira que Jesus nos diz para vivermos.

Talvez você seja tentado a perguntar: "Isto nunca acontecerá, então, por que tentar?" Não se deixe derrotar pelos pensamentos negativos antes mesmo de começar. Já decidi que vou fazer a minha parte e orar para que outras pessoas façam a sua. Também pretendo falar com as outras pessoas e encorajá-las a fazer tanto quanto possível pelos outros. Seria tremendo se muitas das nossas conversas estivessem centradas nas maneiras pelas quais podemos ajudar as pessoas e em termos ideias criativas sobre as coisas que poderíamos fazer por elas.

Tenho três amigas que adotam este estilo de vida admirável, e quando saímos para almoçar ou para tomar café juntas, geralmente usamos o nosso tempo para falar sobre coisas que Deus colocou no nosso coração para fazermos pelos outros, ou sobre ideias criativas e novas formas de sermos uma benção. Creio que conversas deste tipo são muito agradáveis a Deus e certamente são melhores do que ficar sentado reclamando de tudo que está errado no mundo. Eu gostaria de desafiá-lo a exercer um papel de liderança na Revolução do Amor. Aliste as pessoas que você conhece e convide-as para uma sessão de planejamento de formas práticas de atender a necessidades de outros. Compartilhe os princípios deste livro com elas e descubra um alvo. Encontre alguém que precisa de ajuda e faça um esforço em grupo para ajudar essa pessoa.

A ideia de encorajar outros a serem determinados em fazer o bem não é nova. O escritor de Hebreus falou sobre ela: "Consideremo-nos também uns aos outros, prestando atenção continuamente para cuidarmos uns dos outros, estudando formas pelas quais podemos provocar (estimular e incitar) uns aos outros ao amor, às boas obras e a atividades nobres" (Hebreus 10:24, *Amplified Bible*).

Observe que este versículo diz que devemos cuidar continuamente uns dos outros e realmente estudar e pensar sobre como podemos estimular outros a praticarem boas obras e gestos amorosos e úteis. Ele encorajou aqueles a quem escreveu a fazerem o mesmo que estou incentivando você a fazer hoje. Você imagina como o diabo detestaria o fato de nos reunirmos para encontrar formas criativas de sermos bons uns para com os outros? Ele preferiria que fossemos julgadores, críticos, fofoqueiros, murmuradores e que apontássemos os erros dos outros. Acredito que fazer a coisa certa exigirá a formação de novos hábitos e o desenvolvimento de atos arrojados de amor, mas os resultados serão maravilhosos.

Seja Rico em Boas Obras

Paulo instruiu Timóteo, um jovem pregador, a motivar as pessoas a "fazerem o bem, a serem ricas em boas obras, a serem liberais e generosas de coração, prontas a compartilhar [com os outros]" (1 Timóteo 6:18). É óbvio que Paulo sentia que as pessoas precisavam ser lembradas de fazerem estas coisas. A instrução para ser arrojado em boas obras é algo que vale a pena lembrar as pessoas hoje em dia. Encorajo você não apenas a lembrar aos outros, mas a também encontrar meios de lembrar a si mesmo. Mantenha uma boa biblioteca de livros e mensagens sobre o tema do amor e leia-os ou ouça-os com frequência. Faça o que for preciso para certificar-se de que você não esquecerá daquilo que é mais importante para Deus.

Creio que o mundo está observando os cristãos e que o que eles nos veem fazer é muito importante. Pedro encorajou os crentes a se conduzirem adequadamente e de forma honrosa entre os gentios, os incrédulos daqueles dias. Ele disse que mesmo se os incrédulos estivessem inclinados a difamar os crentes, eles finalmente acabariam por glorificar a Deus se vissem as suas boas obras e os seus gestos de amor (ver 1 Pedro 2:12).

102   A REVOLUÇÃO DO AMOR

Se os seus vizinhos sabem que você vai à igreja todos os domingos, posso lhe assegurar que eles também observam o seu comportamento. Quando eu criança, nossos vizinhos iam à igreja obrigatoriamente. Na verdade, eles iam várias vezes por semana, mas também faziam muitas coisas que não deviam fazer. Lembro-me que meu pai sempre dizia: "Eles não são melhores do que eu; eles ficam bêbados, falam palavrões, contam piadas sujas e têm mau humor, então, eles são apenas um bando de hipócritas". Meu pai estava procurando uma desculpa para criticá-los de qualquer maneira, e o comportamento deles só colocou mais lenha na fogueira.

Certamente entendo que como cristãos, não nos comportamos perfeitamente e que as pessoas que querem uma desculpa para não crerem em Jesus ou para não praticarem o Cristianismo sempre vão nos observar e criticar, mas devemos fazer o máximo possível para não lhes dar motivo de nos julgarem.

Procure Formas de Abençoar

Sempre tento estar aberta para que Deus me mostre qualquer coisa que Ele deseje que eu faça para testemunhar a outros ou para ser uma benção para alguém. Há alguns dias, eu estava fazendo as unhas. Uma jovem que estava no salão estava grávida de seu primeiro filho, e sua gestação já estava bem avançada. Ela estivera de cama, em repouso, por dois meses por causa de dores de parto prematuras e aquela viagem até o salão era a sua primeira oportunidade de sair de casa depois de muito tempo. Seu bebê na verdade estava para nascer dentro de uma semana, e ela estava indo fazer as mãos e os pés. Conversamos um pouco, e comecei a sentir que abençoá-la pagando pelos serviços que ela receberia naquele dia seria um gesto amável. Esperei um pouco apenas para ver se aquele desejo persistiria, e como ele persistiu, quando paguei pelos meus serviços paguei também pelos dela. É claro que ela ficou surpresa, mas abençoada. Não considerei isso nada de especial, apenas o fiz. Talvez algum dia ela me veja na televisão ou veja um de meus livros e se lembre que eu realmente fiz o que digo que acredito.

Não faço coisas assim para ser vista, mas o que as pessoas realmente veem fala muito mais alto a elas do que simples palavras. Todos naquele salão sabem que sou uma professora da Bíblia e uma ministra do evangelho. Embora eu não tenha dito nada a respeito de mim mesma àquela jovem, estou certa de que outras pessoas o fizeram depois que saí. Então, um pequeno gesto de bondade cumpriu com vários propósitos. Ele me fez feliz; fez com que ela ficasse feliz; foi um exemplo para as pessoas que estavam observando; e foi um testemunho que glorificou a Deus. Eu tinha outra opção. Poderia ter ficado com meu dinheiro e não ter feito nada. Isso teria sido fácil, mas nem de longe seria tão satisfatório para a minha alma.

Não Se Preocupe Com o Que as Pessoas Pensam

Talvez você pense: *Joyce, eu me sentiria realmente estranha me oferecendo para pagar a conta de alguém que nem sequer conheço.* Se você se sente assim, posso entender inteiramente. Eu também sinto o mesmo. Fico imaginando o que a pessoa vai achar ou como ela reagirá, mas depois me lembro que nada disso é problema meu. Só estou preocupada em ser um embaixador de Cristo.

Um dia, tentei pagar uma xícara de café para uma mulher que estava na fila atrás de mim na Starbucks e ela recusou terminantemente. Na verdade, ela fez uma cena tão grande que fiquei constrangida e a princípio pensei: *Bem, nunca mais farei isso de novo.* Dave estava comigo, e ele me lembrou que era exatamente isso que o diabo queria, então mudei de ideia. Ocasiões como essa não são fáceis, mas aquele incidente me conscientizou de uma forma triste acerca de quantas pessoas não sabem como receber uma benção – provavelmente porque isso nunca lhes acontece.

Às vezes faço as coisas de forma anônima, mas outras vezes não consigo esconder o que faço, então decidi que desde que meu coração esteja correto, isto é tudo que importa. Cada ato de bondade é a minha maneira de obedecer a Deus e de vencer o mal no mundo. Não sei que tipo de coisas más aconteceram às pessoas e talvez os meus atos de bondade ajudem a curar as feridas das suas almas. Também creio que a bondade para com os outros é uma forma de dar o troco ao diabo pela dor que ele causou em minha vida. Ele é maligno ao máximo; ele é o perpetrador de todo o mal que experimentamos no mundo, de modo que cada ato de amor, de bondade e de amabilidade é como uma punhalada em seu coração maligno e mau.

Se você foi tratado injustamente e sempre desejou uma maneira de dar o troco ao diabo pela dor que ele lhe causou, seja bom para tantas pessoas quanto puder. Este é o jeito de Deus, e ele funciona porque o amor nunca falha!

Comprei Uma Alma Com Amor

A Bíblia diz que Deus nos comprou por um precioso preço – o sangue de Seu Filho, Jesus Cristo (ver 1 Coríntios 6:20; 1 Pedro 1:19, Apocalipse 5:9). Este impressionante ato de bondade reverteu o mal que o diabo havia feito e abriu o caminho para que todos os homens tivessem seus pecados perdoados e desfrutassem de um relacionamento pessoal com Deus.

Como mencionei, meu pai abusou de mim sexualmente durante muitos anos e os seus atos de maldade danificaram a minha alma e me deixaram ferida e incapacitada de funcionar normalmente, até que Jesus me curou. Superar o que ele fez comigo e ser capaz de perdoá-lo completamente foi um processo. A princípio, tomei a decisão de não odiá-lo mais porque Deus me conscientizou de que o amor por Ele e o ódio por meu pai natural não podiam habitar no mesmo coração. Pedi a Deus que me ajudasse e Ele realmente tirou o ódio do meu coração. Entretanto, eu ainda não queria nada com meu pai e me mantinha tão distante dele quanto possível.

A saúde mental de minha mãe estava em decadência havia anos, e no ano em que me casei com Dave ela teve um esgotamento nervoso em decorrência de saber o que meu pai tinha feito comigo e não saber como lidar com isso. Ela o havia surpreendido abusando de mim quando eu tinha quatorze anos, mas, como eu disse, ela não sabia o que fazer, então, não fez nada. Não fazer nada acabou sendo uma decisão muito ruim para todos nós. Durante dois anos, ela recebeu tratamentos de choque e eles apagaram sua memória do abuso sexual, e eu não queria fazer nada que fizesse com que ela se lembrasse novamente, e assim, embora fosse difícil para mim estar perto de meu pai, minha família nos visitava nos feriados e em outras ocasiões, somente quando era absolutamente necessário.

Finalmente, meus pais se mudaram da cidade e voltaram para a pequena cidade onde haviam nascido. Ela ficava a cerca de 320 quilômetros de onde eu morava, e fiquei feliz porque a mudança deles significava que eu os veria ainda menos. Eu havia conseguido perdoar meu pai em algum momento durante aqueles anos, mas não o havia perdoado completamente.

À medida que meus pais envelheciam e a saúde e o dinheiro deles diminuíam, Deus começou a tratar comigo quanto a trazê-los de volta para St. Louis, Missouri, onde vivemos, e cuidar deles até sua morte. Aquilo significava comprar uma casa para eles, móveis, um carro, e providenciar alguém para limpar a casa deles, fazer as compras de mercado para eles, cortar a grama, e fazer reparos domésticos. A princípio, achei que esta ideia fosse o diabo tentando me atormentar, mas finalmente entendi que era o plano de Deus e posso dizer que foi uma das coisas mais difíceis que fiz em toda minha vida.

106   A REVOLUÇÃO DO AMOR

Em primeiro lugar, Dave e eu tínhamos uma pequena quantia em dinheiro economizada e colocar meus pais em uma casa acabaria com quase tudo. Em segundo lugar, eu não achava que eles mereciam minha ajuda, já que nunca realmente fizeram nada por mim exceto cometerem abuso e me abandonarem. À medida que Dave e eu conversávamos e orávamos a respeito, eu entendia cada vez mais que o que Deus estava me pedindo para fazer não era apenas a coisa mais difícil que Ele já havia me pedido, como também seria uma das coisas mais poderosas que eu já havia feito.

Eu lia cada Escritura que podia sobre amar nossos inimigos, ser bom para com eles e fazer favores a eles. Esta foi uma que realmente me impactou:

> Mas amem os seus inimigos e sejam gentis e façam o bem [fazendo favores para que alguém se beneficie com eles] e emprestem, sem esperar nada em troca, mas não considerando nada como perda em sem desesperar de nada; e então a sua recompensa será grande (rica, forte, intensa e abundante), e vocês serão filhos do Deus Altíssimo, pois Ele é bom e benigno para com os ingratos e para com os egoístas e maus.
>
> *Lucas 6:35, AMP*

Este versículo diz que não devemos considerar nada como perda e não desesperar por nada. Antes de entender este princípio, eu olhava minha infância como anos perdidos, e agora Deus estava me pedindo para vê-la como uma experiência que eu podia usar para ajudar outras pessoas. Lucas também disse que devemos pedir bênçãos e orar por aqueles que abusaram de nós e nos maltrataram (ver Lucas 6:28). Isso parece extremamente injusto, mas desde então aprendi que quando perdoo estou fazendo um favor a mim mesma. Quando perdoo, eu me liberto de todos os resultados do mal que me foi feito e então Deus pode lidar com toda a situação. Se meu inimigo não é salvo, posso simplesmente comprar uma alma.

Meu pai ficou totalmente chocado com a oferta que Dave e eu fizemos, e embora ele nunca tenha dito isto, sei que ele se perguntou por que motivo neste mundo faríamos tanto por ele depois do que ele havia me feito.

Três anos se passaram e não vi qualquer mudança nele. Ele ainda era mau, se irava com facilidade e era muito egoísta. Na verdade, havia momentos em que ele parecia estar piorando no que diz respeito ao seu temperamento. Três anos depois de termos feito o que Deus nos pediu para fazer, meu pai se arrependeu em meio a lágrimas e aceitou Jesus como Seu Salvador. Foi uma experiência maravilhosa. Ele deu início a todo o processo. Ele pediu que Dave e eu fôssemos à sua casa, e pediu perdão. Ele pediu que nós o perdoássemos e mencionou o quanto havíamos sido bons para ele. Perguntamos se ele queria convidar Jesus para entrar em sua vida e ele não apenas fez isso, como também perguntou se Dave e eu poderíamos batizá-lo. Tive o privilégio de ver meu pai, que abusou de mim, vir a conhecer o Senhor. Então entendi que eu havia pensado anteriormente que estava comprando uma casa, móveis e um carro, mas na verdade eu havia comprado uma alma com um gesto de bondade imerecida.

Durante esse tempo, Dave e eu também vimos o nosso ministério crescer de forma surpreendente, capacitando-nos a ajudar muito mais pessoas. Acredito que esse crescimento foi parte da colheita da semente de obediência que havíamos plantado. Quando Deus nos pede para fazermos coisas difíceis, Ele sempre faz isso para o nosso bem e para o bem do Seu Reino. Como você pode ver, realmente podemos vencer o mal com o bem. Assim como disse John Wesley: "Faça todo o bem que puder, em todo o tempo que puder, a todas as pessoas que puder, por tanto tempo quanto puder".

Viúvas da Guerra

Jennifer ouve os gritos das crianças e vai correndo socorrê-las. Como fez tantas vezes antes, ela diz que tudo vai ficar bem. Como mãe delas, ela fica dizendo isso até que elas acreditem.

Ela sabe o que é ter medo, ser mantida refém e sofrer abuso. Quando tinha apenas doze anos, Jennifer foi levada à força de casa, arrancada de sua família e de sua aldeia por soldados rebeldes envolvidos na guerra mais longa da África. Depois de espancamentos e estupros contínuos e de trabalho intenso, a vontade de viver de Jennifer lhe deu a coragem para fugir. E com ela, conduziu outros à segurança.

Mas quando voltou para casa, sua família havia desaparecido. Sozinha e desesperada por uma nova vida e um lar que pudesse chamar de seu, ela se casou com um homem que já tinha uma esposa. No dia do seu casamento, ele a espancou e cortou-a diante de seus amigos. Mas o golpe mais cruel ainda estava por vir. Em um dia especial que deveria fazer com que ela se sentisse como uma princesa, preciosa e amada, ele disse a todos que estavam reunidos que ela era uma inútil e uma desgraça. As palavras penetraram fundo, causando uma dor muito maior que a dor dos espancamentos que prosseguiam.

Finalmente, seu marido morreu de AIDS, e mais uma vez, ela estava só. Viúva e com dois filhos, ela perguntou a Deus: *"Você está aí? Minha vida não será nada mais além de tormento, sofrimento e vergonha?"* Deus provou a Sua fidelidade a Jennifer e ela está em processo de restauração total.

Hoje, Jennifer vive em segurança em uma nova aldeia sustentada pelo ministério Watoto, em parceria com os Ministérios Joyce Meyer. Com a dignidade restaurada e um propósito para sua vida, ela agora cuida de crianças que ficaram órfãs por causa da guerra. Infelizmente, muitas outras ainda estão desesperadamente necessitadas de cura e restauração.

A Palavra de Deus nos diz continuamente para cuidarmos das viúvas e dos órfãos. Parece que Deus tem um lugar especial no Seu coração para eles e nós devemos fazer o mesmo.

As estatísticas dizem:

- Em muitos países, as viúvas cujos maridos morreram de AIDS são expulsas de suas casas e sujeitas a formas extremas de violência. [1]
- Os lares dirigidos por viúvas geralmente representam um dos subgrupos mais pobres da África. [2]

CAPÍTULO 7

Justiça para os Oprimidos

A justiça não consiste em ser neutro entre o certo e o errado, mas em descobrir o certo e sustentá-lo, onde quer que ele se encontre, contra o errado.

Theodore Roosevelt

Deus é um Deus de justiça. Na verdade, a justiça é uma das minhas qualidades favoritas de Deus. Simplificando, significa que Ele transforma as coisas erradas em certas. A Bíblia diz que o direito e a justiça são o fundamento do Seu trono (ver Salmo 89:14). Um fundamento é aquilo sobre o qual uma edificação está colocada, de modo que poderíamos dizer que toda a atividade de Deus na terra repousa sobre o fato de que Ele é reto e justo. Como servos de Deus, somos instruídos a amar a retidão e a justiça e a trabalharmos para estabelecê-los na terra.

A ausência de justiça em uma sociedade sempre gera problemas. De 1789 a 1799 a França passou por uma revolução. Foi uma guerra sangrenta na qual os camponeses se levantaram contras os aristocratas e os líderes religiosos daquele tempo. Enquanto o rei e a rainha da França trataram o povo retamente e com justiça, o reino deles floresceu; entretanto, quando permitiram de forma egoísta que a desnutrição, a fome e a doença se espalhassem, enquanto cobravam impostos e continuavam com seu estilo de vida suntuoso, o povo finalmente se revoltou contra eles. Quando trataram os cidadãos injustamente, o fundamento do trono deles rachou e finalmente foi destruído.

A verdade é simples: sem justiça, as coisas não funcionam de forma adequada. A nossa sociedade de hoje está cheia de injustiça e embora algumas pessoas trabalhem duro para combatê-la, a maioria das pessoas ou não se importa, ou, quando se importa, simplesmente não sabe o que fazer a respeito.

É Nossa Obrigação

Quem cuida dos órfãos, das viúvas, dos pobres e dos oprimidos? Deus cuida deles, mas e nós? Quando as pessoas são oprimidas, elas têm um fardo que não é razoável. Isso as subjuga, as domina e as deprime. Esse fardo geralmente faz com que elas percam a esperança. Deus é Pai dos órfãos e defensor das viúvas (ver Salmo 68:5). Ele parece ter um lugar especial em Seu coração para as pessoas que estão sós e que não têm ninguém que cuide delas. Deus ajuda os aflitos, e garante a justiça para os pobres e necessitados (ver Salmo 140:12). Estou certa de que você está feliz por Deus ajudar essas pessoas sofredoras, mas eu o encorajo a se lembrar que Deus faz a Sua obra através de pessoas que são submissas a Ele. Agora, pergunte a si mesmo o que você está fazendo por elas de uma forma pessoal.

> Quem cuida dos órfãos, das viúvas, dos pobres e dos oprimidos?

Como mencionei antes, mais de dois mil versículos na Bíblia falam sobre a nossa obrigação para com os pobres e necessitados. Se Deus inspirou tantos versículos, certamente deve haver uma mensagem que Ele está tentando garantir que entendamos. Qual é a importância de nos envolvermos de alguma forma em ajudar as pessoas aflitas? Provavelmente é mais importante do que muitos de nós pensamos.

A Verdadeira Religião

O apóstolo Tiago disse que a verdadeira religião que é expressa em atos externos é "visitar os órfãos e as viúvas nas suas tribulações" (Tiago 1:27). Isso significa que se a nossa religião é real, nós nos envolveremos em ajudar aqueles que são oprimidos pelas circunstâncias de suas vidas. Só posso concluir com este versículo que se não estou ajudando essas pessoas, então a minha religião não deve ser verdadeira. Ela pode ser uma forma de religião, mas certamente não é completamente o que Deus pretende que ela seja.

Aprendi que nem todos que se sentam em uma igreja no domingo são verdadeiros cristãos, segundo o entendimento de Deus. Seguir normas, regulamentos e doutrinas não faz de alguém um verdadeiro crente em Jesus Cristo. Como posso dizer isso? Porque quando recebemos Cristo como nosso Salvador, recebemos o coração de Deus e recebemos o Seu Espírito (ver Ezequiel 11:19); nesse caso, precisamos aprender a nos interessarmos por aquilo que Deus Se interessa – e Ele se interessa em ajudar as pessoas que sofrem.

Que bem faria a meus filhos, que administram a maior parte dos negócios diários dos Ministérios Joyce Meyer, dizer que eles têm o meu coração se eles não fizerem o que eu faria em uma determinada situação? A razão pela qual colocamos nossos filhos nas posições que ocupam é porque eles nos conhecem intimamente e têm o mesmo coração que nós com relação às pessoas que sofrem.

Amem Uns aos Outros

Acredito muito firmemente que precisamos amar uns aos outros, o que significa aqueles com quem estamos em contato em nossa vida pessoal, e também aqueles que podemos nunca encontrar pessoalmente, que vivem em lugares distantes (ver Atos 2:44-45, Atos 4:31-32, 2 Coríntios 8:1-4). Eu gostaria que você mantivesse esses dois grupos de pessoas em mente à medida que prosseguimos com este livro. Por exemplo, você poderia contribuir financeiramente para sustentar um órfão em um país do terceiro mundo através de um ministério que cuida deles e também poderia convidar uma viúva de sua igreja para almoçar e enquanto estiver com ela, fazer-lhe algumas perguntas para certificar-se de que as necessidades dela estão sendo atendidas de forma adequada. Se ela mencionar que tem alguma necessidade que você pode atender, faça isso com alegria, porque Deus ama ao que dá com alegria (2 Coríntios 9:7).

A maioria de nós ajudaria nossa família ou as pessoas que conhecemos intimamente se elas estivessem passando alguma necessidade, mas quanto mais distantes as pessoas estão do nosso círculo pessoal, é menos provável que nos importemos com elas ou que estejamos dispostos a nos envolvermos em ajudá-las. Creio que Deus quer mudar isto. Entendo que como indivíduo não posso atender plenamente todas as necessidades das quais tomo conhecimento, mas certamente posso estar aberta a permitir que Deus me mostra se existe algo que eu possa fazer. Estou decidida a não supor mais que não posso fazer nada quanto às necessidades que chegam ao meu conhecimento. Cheguei à conclusão de que esta é uma forma passiva de ver as necessidades das pessoas, e não é a forma que Deus quer que eu as veja.

O Mundo Precisa que a Igreja Seja a Igreja

Jesus perguntou a Pedro três vezes se ele o amava, e todas as três vezes, quando Pedro respondeu: "Sim", Jesus respondeu dizendo:

"Então apascenta as minhas ovelhas" (ver João 21:15-17). Jesus não estava falando de alimentar animais; Ele estava falando em ajudar o Seu povo. Em diversas ocasiões, Ele se referiu a si mesmo como um Pastor e ao Seu povo como ovelhas, de modo que Pedro sabia exatamente do que Ele estava falando.

Parece-me que Jesus está dizendo nestes três versículos que se nós o amamos devemos ajudar outras pessoas, não simplesmente nos reunindo em algum prédio no domingo de manhã para seguirmos regras e rituais. Naturalmente, devemos querer ir à igreja para termos comunhão, para adorar a Deus e aprender, mas a igreja também deve ser um lugar *onde* ajudamos os outros. Se uma igreja não está envolvida em alcançar os perdidos por todo o mundo e em ajudar as pessoas oprimidas, inclusive as viúvas, os órfãos, os pobres e necessitados, então não estou absolutamente certa de que ela tenha o direito de se chamar de igreja.

Dezenas de milhares de pessoas pararam de ir à igreja, e líderes espirituais no mundo inteiro estão preocupados com o declínio na frequência às igrejas. Creio que a razão para este declínio é em grande parte porque muitas igrejas se tornaram centros religiosos destituídos de vida. O apóstolo João disse que sabemos que passamos da morte para a vida se amamos os nossos irmãos, e que aquele que não ama permanece continuamente na morte espiritual (ver 1 João 3:14). Se uma igreja não está transbordando com o amor genuíno de Deus, como ela pode ser cheia de vida?

Ouvi dizer que quase toda semana uma catedral ou prédio de igreja é fechado na Europa e que muitas delas estão sendo compradas por grupos muçulmanos e transformadas em mesquitas. Certamente este não é o destino que Deus pretende para a igreja de Jesus Cristo. Muitas igrejas grandes estão fazendo exatamente o que deveriam estar fazendo e estão crescendo e estão cheias de vida por causa disso. Mas é seguro dizer que elas são a exceção e não a maioria das igrejas.

A igreja primitiva, sobre a qual lemos no livro de Atos, era uma igreja muito poderosa. Ela abalou o mundo conhecido do seu tempo e a sua influência ainda é sentida em todo o mundo de hoje. Ela era unificada e todas as pessoas que faziam parte delas estavam ocupadas ajudando as pessoas que sabiam que estavam passando necessidade. Elas ajudavam os que conheciam pessoalmente e os que viviam em outras cidades e aldeias, e de quem ouviam falar através dos apóstolos que iam visitá-los e ensinar-lhes.

A igreja primitiva cresceu rapidamente e tinha uma reputação maravilhosa porque estava cheia de pessoas que se amavam genuinamente. O que o mundo precisa é de amor, e não de religião! Ele precisa de Deus; e Deus é amor. Se todos concordarmos e nos envolvermos, podemos começar uma Revolução de Amor, um movimento que abalará o mundo mais uma vez para a glória de Deus!

Aprenda a Fazer o Bem

É simplesmente errado ver ou ouvir falar de alguém que está passando necessidade e não fazer absolutamente nada. O profeta Isaías disse: "Aprendei a fazer o bem! Atendei à justiça, repreendei ao opressor; defendei o direito do órfão, pleiteai a causa das viúvas" (Isaías 1:17).

O propósito do ensino e da instrução é nos ajudar a aprender o que é certo e nos encorajar a fazê-lo. Há alguns anos, eu não tinha ideia do quanto Deus queria que eu trabalhasse para levar justiça aos oprimidos, mas quando aprendi isso, comecei a fazê-lo.

Deus tem instruído as pessoas a como tratarem os órfãos, as viúvas, os oprimidos e os pobres desde que Ele deu a lei, nos tempos do Antigo Testamento. Falando através de Moisés, Ele disse: "A nenhuma viúva nem órfão afligireis" (Êxodo 22:22). Deus não é parcial. Ele "faz justiça ao órfão e à viúva e ama o estrangeiro, dando-lhes pão e vestes" (Deuteronômio 10:18). Deus disse ao povo que se eles alimentassem o estrangeiro, o residente temporário, a viúva e os órfãos, Ele abençoaria a obra das mãos deles (ver

116   A REVOLUÇÃO DO AMOR

Deuteronômio 14:29). Observe que todos estes grupos – viúvas, estrangeiros, órfãos – provavelmente contariam com pessoas muito solitárias. Deus se importa com os solitários!

Solitários e Esquecidos

Não consigo imaginar o quanto se sente solitária e esquecida uma menina órfã que foi forçada a entrar para a prostituição para sobreviver.

As estatísticas dizem:

- Dois milhões de meninas entre os cinco e os quinze anos são introduzidas no mercado do sexo a cada ano.
- 89 por cento das prostitutas querem sair dessa vida.
- Pelo menos duzentas mil mulheres e crianças trabalham na prostituição na Tailândia e 1/3 delas têm menos de dezoito anos. Meninas de até seis anos de idade trabalham como prostitutas.
- Uma vez, um médico presenciou trinta e cinco homens usarem uma menina em uma hora.

Todas essas meninas são órfãs? Não, nem todas elas são órfãs oficialmente, em termos de não terem nenhum dos pais. Mas elas são órfãs aos olhos de Deus porque ou não têm pais, ou seus pais não podem ou não querem cuidar delas.

Prostituição de Adolescentes

Venda o seu corpo para o prazer de homens maus ou morra de fome. Esta é uma escolha terrível que ninguém deveria ter de fazer. Embora tenha apenas dezenove anos, Birtukan fez esta escolha desde os quatorze. E com cada escolha, seu coração é partido um pouco mais e sua alma é destruída. Com tudo o que ela passou, é um milagre que ainda sinta alguma coisa.

Ela encontra força quando olha nos olhos de sua filha de sete meses, Aamina. *"Fiz esta escolha porque não quero que minha filha faça o mesmo"*. Seu nome etíope, Aamina, significa "segura", e Birtukan decidiu que fará o que for preciso para cumprir a promessa de manter sua filha em segurança.

Ela não vende seu corpo por ganância ou por prazer. Ela vende seu corpo para sobreviver. Ela vive e faz o seu trabalho em um quarto de 1,5m por 3,0m. Birtukan trabalha há cinco anos – sem folga... sem férias... sem descanso. Ela fecha os olhos e pensa em Aamina, enquanto quinze homens por dia abusam de seu corpo para satisfazer seus desejos malignos. A dor é incalculável, mas é a única maneira que ela conhece para lhe dar comida e um lugar para dormir. Quando pensa no quanto ama Aamina, ela não consegue compreender como sua própria mãe pôde tê-la abandonado quando ela tinha apenas cinco anos.

Antes de vir para o conhecido bairro da luz vermelha em Addis Ababa, ela estava morrendo de fome. *"Eu tinha esperança, mas essa esperança agora parece estar longe de mim. Sei que Deus está comigo e me ama. Não conheço nenhuma outra maneira de viver"*. Resta-lhe um vislumbre imperceptível de esperança de um dia em que a sobrevivência não lhe custará um pedaço do seu coração, da sua alma, e do seu corpo arruinado.

Hoje, essas esperanças terão de esperar. O seu próximo cliente acaba de chegar.

> As estatísticas[1] dizem:
>
> - A idade média em todo o mundo de entrada na prostituição é entre treze e quatorze anos.
> - 75% das prostitutas têm menos de vinte e cinco anos.

Vendo Um Novo Nível de Degradação
e Fazendo Alguma Coisa a Respeito

Quando fui à Índia, ao bairro da luz vermelha – uma área de prostituição em uma das favelas -, fui apresentada a um novo nível de degradação. Toda aquela área não apenas era extremamente suja, como também cheia de bordéis. Fui levada até um deles, que consistia de três quartos pequenos com três camas em cada quarto. Nenhuma das áreas dessas camas dispunha de qualquer privacidade. As meninas ou mulheres serviam aos homens nesses pequenos quartos principalmente à noite, esperando ganhar dinheiro suficiente para comer e alimentar seus filhos, caso tivessem algum, e muitas delas tinham. Onde estavam os filhos enquanto elas trabalhavam? Ou brincavam no corredor, onde podiam facilmente ter acesso aos quartos onde suas mães estavam, ou lhes davam álcool para fazê-los dormir e assim não incomodarem suas mães. Alguns deles haviam ouvido falar sobre o nosso programa de alimentação e escola, que podíamos cuidar deles durante essas horas para que não tivessem de testemunhar o que estava se passando em casa. Casa! Essas pequenas crianças moram em bordéis!

Sem ajuda, a maioria das crianças do sexo feminino – garotinhas – simplesmente entrará para a vida de prostituição logo que tiver idade suficiente. Essas mulheres não vivem assim porque querem; elas não têm outra escolha. Elas não tiveram educação e cresceram em meio a uma pobreza que a maioria de nós sequer poderia começar a entender. Algumas delas na verdade são propriedade de cafetões que, para todos os fins e propósitos, as mantêm prisioneiras e as espancam se elas não ganharem dinheiro suficiente.

Fico feliz em dizer que iniciamos um programa para ajudar a resgatá-las. Primeiramente, temos trabalhado nesta área por pelo menos três anos ao lado de alguns outros ministérios locais, e o número de prostitutas caiu de três mil para trezentas. Algumas pessoas precisam apenas de um pouco de ajuda ou de esperança; precisam que alguém lhes diga que elas podem mudar as coisas e que lhes mostre como fazer.

Nosso ministério comprou várias centenas de acres de terra a cerca de três horas do bairro da luz vermelha, e construímos uma aldeia completa com um centro de treinamento para ensinar a essas mulheres uma forma de comércio que as capacitará a sustentarem a elas e às suas famílias sem recorrerem à prostituição. Fizemos a mudança das primeiras cem mulheres e crianças para o Centro de Restauração em fevereiro de 2008, e pretendemos fazer a mudança de todas as que quiserem mudar de vida.

Meu coração foi tomado por um calor maravilhoso quando ouvi aquelas garotinhas e principalmente as adolescentes rirem alto quando lhes mostrei os banheiros e chuveiros que elas teriam. Imagine que elas nunca haviam tomado um banho que não fosse derramando um balde de água sobre seus corpos atrás de um prédio em algum lugar. Poder contribuir para colocar um sorriso naqueles rostos e lhes dar esperança é um sentimento impressionante. Definitivamente é uma sensação muito melhor do que a maneira egoísta e egocêntrica que vivi um dia. Os sócios do nosso ministério são grandemente responsáveis por esta campanha na Índia, porque são as suas contribuições fiéis que pagam por isso, e nós somos profundamente gratos.

Eu poderia acrescentar que algumas das mulheres mais velhas presas na prostituição são viúvas. Seus maridos morreram ou foram mortos, deixando-as sem meios de se sustentarem, então mais uma vez elas recorreram à única coisa em que podem pensar para ganhar dinheiro.

Podemos aprender a fazer o que é certo para ajudar os oprimidos em todo o mundo. Tudo que precisamos é informação e determinação, e podemos fazer uma diferença positiva na vida de muitas pessoas. Se cada um de nós fizer a sua parte, podemos iniciar uma revolução de amor.

A Injustiça Está Em Todo Lugar

A injustiça impera não somente nos países do terceiro mundo, mas também na nossa vizinhança e nas nossas cidades em toda parte. Há pessoas com quem trabalhamos que estão tendo necessidades desesperadoras. Passamos por elas nas ruas e as encontramos no mercado. A injustiça tem muitas faces. Ela pode ser vista no rosto de uma mulher com três filhos pequenos cujo marido a deixou por outra mulher. Ela pode estar no rosto de uma menina ou menino que sofreu abuso sexual ou físico enquanto crescia por parte de seus pais ou de outros adultos. Ela pode ser vista no rosto de um pai criado no gueto, que é a terceira geração de membros da família que vive da assistência social. Ele gostaria de viver melhor, mas sinceramente nem de longe sabe o que fazer. Ele tem pouca instrução e nunca viu ninguém viver diferente dele, a não ser, talvez, na televisão.

Algumas pessoas realmente vencem e se levantam da tragédia da injustiça, mas muitas não conseguem. Talvez elas precisem que você, eu ou alguém que conhecemos invista nelas. O nosso ministério da periferia trabalha nas escolas públicas para ajudar as crianças a aprenderem a ler e escrever. Pedimos voluntários para ajudar a educar as crianças e é desanimador pensar em como são poucas as pessoas que estão dispostas a dar até mesmo uma hora por semana para fazer algo assim. Naturalmente, pensamos:

"Alguém" deveria com certeza ajudar estas crianças, mas de alguma maneira não somos aqueles que vão aparecer e oferecer ajuda! Temos as nossas desculpas e elas aplacam a nossa consciência, mas será que elas são aceitáveis para Deus? Durante anos, dei desculpas sobre tudo o que eu não queria fazer, mas descobri uma verdade que se tornou um dos meus ditados favoritos: "A indiferença dá desculpas; o amor encontra um meio".

> A indiferença dá desculpas; o amor
> encontra um meio.

O Padrão da Retidão

Na Bíblia, a começar no Antigo Testamento, vemos um exemplo após o outro de pessoas que estavam muito envolvidas em ajudar os pobres e necessitados. Jó era uma dessas pessoas. Ele disse que se fazendo de olhos para os cegos, pés para os coxos, e pai para os pobres e necessitados, ele havia se coberto de justiça (ver Jó 29:14-16). A expressão "cobrir" tem um significado específico que não queremos deixar passar. Pense nela da seguinte forma: Quando coloco minhas roupas, faço isso de propósito. Eu não fico passivamente em meu closet e espero que elas saltem dos cabides sobre o meu corpo. Eu escolho cuidadosamente cada peça e não apenas as coloco, como também me certifico de que elas me dão uma boa aparência.

Deus disse que Jó era um homem justo e Jô disse que ele "se cobria" de justiça. Em outras palavras, ele fazia isso de propósito. O padrão de justiça nos dias de Jó tinha a ver com ajudar as viúvas, os órfãos, os pobres e necessitados, e todos que eram oprimidos.

Na nossa sociedade atual, não nos restaram muitos padrões. Parece que a maioria das pessoas simplesmente faz o que sen-

122 A REVOLUÇÃO DO AMOR

te vontade de fazer, e o egoísmo impera. Precisamos de padrões que produzam homens e mulheres íntegros, verdadeiros, honestos, honrados, fiéis, leais, e que se importem verdadeiramente pelas pessoas que sofrem. Se mais pessoas tivessem essas qualidades, o nosso mundo seria um lugar completamente diferente. Talvez você reaja assim: "Sim, eu gostaria que tivéssemos isso hoje em dia", mas não se esqueça que desejar não ajuda em nada. Precisamos tomar uma atitude. O nosso mundo só será transformado quando as pessoas que estão nele mudarem – e essa mudança precisa começar com cada um de nós. Precisamos levar a tocha e dizer: "Sou a Revolução do Amor!"

Ester, a jovem judia solteira sobre quem falamos no capítulo quatro, que finalmente se tornou rainha, ordenou que fossem enviados presentes aos pobres quando ela e seus conterrâneos celebravam a sua libertação. Parte da nossa celebração das boas coisas que Deus fez por nós deve ser lembrar-nos de estender a mão para ajudar aqueles que ainda estão tendo necessidades. Uma amiga minha está em um comitê em sua igreja que ajuda abrigos para sem-teto no Natal. A igreja consegue uma lista de todas as crianças que vivem em um determinado abrigo, indicando a idade das crianças e os tamanhos de suas roupas. Os membros da igreja que podem fazer isso, escolhem o nome de uma criança e compram um presente de Natal somente para aquela criança. Em Dezembro, uma festa de Natal é organizada no abrigo, onde há muita comida, música de Natal, histórias sobre o nascimento de Jesus e o Seu amor por cada criança, e naturalmente, os presentes são dados a cada criança.

Depois da festa, os membros da igreja se sentem bem por ajudarem as crianças sem lar, mas muitos também disseram que quando voltam para casa depois da festa, eles ficam mais gratos por suas casas e por suas bênçãos do que estavam antes da festa.

É muito bom para nós vermos e experimentarmos as necessidades de outras pessoas em primeira mão, porque isso nos dá uma nova consciência do quanto somos abençoados. Felizmente,

Justiça para os Oprimidos

isso também nos faz entender o quanto poderíamos estar fazendo se nos esforçássemos. As pessoas têm a tendência de serem mais generosas no Natal, e muitas pessoas realmente tentar ajudar outras, mas precisamos entender que os pobres e marginalizados estão necessitados o tempo todo, e não apenas uma vez por ano.

Enquanto escrevo hoje, Dave e eu estamos em um hotel que possui um banheiro e um chuveiro extremamente pequenos. Ele é tão pequeno que a cabeça de Dave toca no teto. A princípio, ele murmurou só um pouquinho do desconforto, mas então se lembrou das pessoas que conheceu que não têm água e que precisam caminhar horas só para levar para casa água suja o bastante para ajudar suas famílias a sobreviverem. Essas pessoas raramente tomam banho, e quando tomam não é em um banheiro com chuveiro. Ambos descobrimos que estender a mão para ajudar as pessoas necessitadas é uma benção para nós porque nos ajuda a não murmurar e reclamar, mas a dar graças em todas as coisas como Deus quer que façamos.

Boaz, um homem rico e líder de sua comunidade, deixou algumas espigas propositalmente (Rute 2:16) nos seus campos para que Rute as encontrasse e as recolhesse, e com elas se alimentasse e também à sua sogra. Tanto Rute quanto Noemi eram viúvas e pobres. A lei naqueles dias ordenava que nem todos os grãos fossem colhidos dos campos. As pessoas tinham de deixar alguns para que os pobres pudessem ir revolver os campos para que eles também tivessem o que comer. Vemos repetidamente que Deus sempre providenciou recursos para os pobres. Mas a Sua provisão não caía do céu ou aparecia milagrosamente; Ele a entregava através de pessoas.

Amor em Ação

No Ministério Joyce Meyer, temos uma conta que se chama "Amor em Ação". O ministério e os funcionários podem deposi-

124 A REVOLUÇÃO DO AMOR

tar dinheiro nela, e este dinheiro será usado especificamente para suprir as necessidades dos seus colegas que podem estar passando por tempos de dificuldade financeira por algum motivo. Talvez a enfermidade os tenha deixado com uma sobrecarga, ou uma necessidade especial com um filho possa tê-los levado a um tempo de privação. Decidimos que queríamos estar preparados para ajudar aqueles entre nós que tinham necessidades reais e que não podiam ajudar a si mesmos.

Se você tem um grupo de estudo bíblico ou mesmo um grupo de amigos interessado em ser parte da Revolução do Amor, uma coisa que você pode fazer é escolher um tesoureiro ou abrir uma conta bancária especial e deixar que todos doem para aquele fundo especial toda semana ou todo mês. Você pode chamar essa conta de "Amor em Ação", se quiser, ou pode escolher o seu próprio nome, mas use-a para suprir as necessidades que surgirem. Em geral, ouvimos falar sobre as necessidades das pessoas e gostaríamos de ter mais dinheiro. Por que não começar a economizar para estar preparado para dias como esses? Se você não puder encontrar um grupo de pessoas interessadas, então encontre uma ou duas pessoas e, se tiver de fazer isso sozinho, faça-o, mas recuse-se e não fazer nada!

Para Que Preciso do Meu Braço
Se Não o Uso Para Ajudar Alguém?

Uma das declarações chocantes que descobri enquanto estudava a maneira como Jó se relacionava com os pobres, foi a observação de que se ele não usasse o seu braço para ajudar os que sofrem, então alguém deveria arrancá-lo do seu corpo (ver Jó 31:21-22). Isso me fez entender a seriedade de Jó com relação a ajudar as pessoas. Será que estou disposta a ter a mesma seriedade? E você?

Existe algum propósito real em estarmos vivos se tudo que vamos fazer é levantar cedo todos os dias e viver somente para nós mesmos? Já experimentei isso e descobri que esse estilo de vida me deixou vazia e irrealizada. Não creio que isso seja absolutamente o que Deus tem em mente para nós como Seus representantes aqui na terra.

Parei de escrever este livro por um instante para reler todas as passagens bíblicas que pude encontrar sobre o amor aos outros. Agora estou ainda mais convencida de que este é o verdadeiro propósito na vida. Eu o encorajo a dedicar todo o seu ser a fazer o bem. Ofereça a Deus as suas mãos, os seus braços, a sua boca, os seus pés, os seus olhos, e os seus ouvidos, e peça a Ele que os use para tornar a vida de alguém melhor. Use os seus braços para estendê-los a alguém que esteja faminto, sofrendo, ou sozinho.

A Colheita de Amor

Dar e viver uma vida sem egoísmo realmente produz uma colheita em nossas vidas. Não há nada de errado em desejar e esperar uma colheita. A nossa motivação para ajudar as pessoas não deve ser obter nada para nós, mas Deus realmente nos diz que colheremos o que plantamos, e podemos esperar receber esse benefício. Um versículo que expressa esta verdade muito linda encontra-se no livro de Lucas 6:38: "Dai sempre, e recebereis sobre o vosso colo uma boa medida, recalcada, sacudida, transbordante; generosamente vos darão. Portanto, a medida que usardes para medir o vosso próximo, essa mesma será usada para vos medir". (KJV).

Deus promete recompensar aqueles que o buscarem diligentemente (ver Hebreus 11:6). A palavra *recompensar* no texto original em grego do Novo Testamento significa "salários recebidos nesta vida". Na linguagem hebraica, na qual foi escrito o Antigo Testamento, a palavra *recompensa* significa "frutos, ganhos, produto, preço ou resultado". A palavra *recompensa* é usada 68 vezes na versão *Amplified* da Bíblia. Deus quer que esperemos receber recompensas por nossa obediência e boas escolhas.

Se nos importamos com os que são pobres e oprimidos, Deus promete que não teremos falta de nada, mas se escondermos os nossos olhos da necessidade deles seremos "cumulados de maldições" em nossas vidas (Provérbios 28:27). O escritor de Provérbios chega a dizer que quando damos aos pobres estamos emprestando a Deus (ver Provérbios 19:17). Não consigo imaginar que Deus não pague com altos juros aquilo que é emprestado a Ele.

Eu encorajo você a trabalhar para fazer justiça aos oprimidos. Isso significa simplesmente que quando você vê algo que sabe que não está certo, deve trabalhar para consertá-lo.

Vivendo na Luz

Todos nós provavelmente queremos mais vida em nossas vidas. Isso significa mais claridade, melhor entendimento, e menos confusão. O profeta Isaías declarou que se dividíssemos o nosso pão com o faminto e levássemos o pobre sem teto para o nosso lar, cobríssemos o nu e parássemos de nos esconder das necessidades que nos cercam, a nossa luz romperia como a alva (ver Isaías 58:7-8). Ele também disse que a nossa cura e restauração, e o poder de uma nova vida, rapidamente brotariam. Isso me parece bom, e estou certa de que você também pensa assim.

Isaías escreveu sobre a justiça e disse que ela iria adiante de nós e nos conduziria à paz e à prosperidade, e que a glória do Senhor seria a nossa retaguarda. Se estivermos ajudando ativamente os oprimidos, Deus vai adiante de nós e Ele também guarda as nossas costas! Gosto deste sentimento de segurança e certeza.

Isaías disse ainda que se derramássemos aquilo com que sustentamos as nossas vidas dando-o ao pobre e satisfizéssemos as necessidades dos aflitos, a nossa luz romperia nas trevas e qualquer escuridão em nossa vida seria comparável ao sol do meio-dia (ver Isaías 58:10). O sol é muito brilhante ao meio-dia, por isso me parece que ajudar as pessoas é o caminho para viver na luz.

Justiça para os Oprimidos

O Senhor nos guiará continuamente e até nos tempos de seca Ele nos satisfará. Ele fortalecerá os nossos ossos e as nossas vidas serão como um jardim regado (ver Isaías 58:11). Tudo isso acontece como resultado de vivermos para levar justiça aos oprimidos.

Espero que você esteja vendo o que eu estou vendo através destas promessas. Creio que a maioria de nós desperdiça muito da vida tentando conseguir o que Deus nos dará com prazer se simplesmente fizermos o que Ele está nos pedindo que façamos. Cuide do pobre, do faminto, do desprovido, dos órfãos, das viúvas, dos oprimidos e necessitados. Viva sua vida para ajudar os outros, e Deus satisfará você de todas as maneiras possíveis.

O REVOLUCIONÁRIO DO AMOR

Martin Smith

O Nosso Amor Gira em Torno de Quê?

Lembro-me claramente de tudo. Foi no dia 10 de janeiro de 2008. A rua lateral – cheia de buracos e sem calçada – era grande apenas para o nosso ônibus se espremer por ela. Descemos para o calor e o caos, e o cheiro de mil pneus usados queimando já se misturava ao odor de combustível barato e do lixo de um mês atrás. Tendas de mercado, oficinas, barracos e casas. Sáris, sandálias, pés descalços e um barulho de entorpecer os sentidos.

Mas tudo isso não era nada comparado ao que estava por vir...

Estávamos em Mumbai, Índia, em uma favela, ou, para ser mais preciso, estávamos no bairro da luz vermelha, em uma das muitas favelas da cidade. Não havia luz vermelha para se ver, e todos ali pareciam estar ocupados de alguma maneira – fazendo, vendendo, varrendo, carregando.

Estávamos ali para ver Prem Kiran – um projeto dedicado a trabalhar com os filhos das prostitutas e suas famílias. Dave e Joyce haviam nos convidado. Eles nos disseram que era um projeto que realmente precisávamos ver com os nossos olhos.

Não creio que eu jamais tenha encontrado tanta vida em um único cômodo. Era como se as paredes fossem incapazes de segurar tudo aquilo. Setenta rostos sorridentes, todos voltados para os visitantes como girassóis voltados para o sol do entardecer. Do lado de fora, eu podia ver a rua, a favela e as vielas onde tanta dor, luta e morte estavam à espreita. Mas estar dentro daquele cômodo era uma experiência mais poderosa do que qualquer outra que jamais experimentei.

Havia uma criança em especial que me senti incapaz de deixar. Farin (pronuncia-se *fa-reen*) era o seu nome e havia algo nela que me disse que eu teria dificuldades em me afastar.

Descobri mais sobre ela na hora seguinte. Como a maioria das outras crianças, a mãe de Farin era uma prostituta. Prem Kiran havia chegado ali e ajudado a melhorar muito sua vida – oferecendo comida, roupas, educação, e o apoio de cristãos amorosos, dedicados e voltados a se sacrificarem por elas. Mas a minha mente estava atormentada por perguntas.

Quantas vezes Farin teve de se esconder debaixo da cama enquanto sua mãe trabalhava?

A quantos perigos ela havia sido exposta nas ruas da favela depois que escurecia?

Como eu poderia me afastar?

Como poderia?

Aquela tarde em Mumbai mudou tudo.

Na manhã seguinte estávamos tocando em um concerto na cidade. O que mais podíamos fazer além de levar as crianças e suas mães para se unirem a nós no palco? Assim elas vieram, e foi maravilhoso tê-las ali em cima conosco – seus sorrisos tímidos, os pulos cheios de adrenalina e o choque cultural. E então algo maior aconteceu. Tocamos, e as mães simplesmente começaram a dançar. As mães da noite, as operárias do sexo com seu batom vermelho e seus sáris desbotados dançaram com liberdade, graça e amor diante de uma multidão de milhares de pessoas. Girando como folhas que caem, mãos que contavam histórias e pés que pisavam com cuidado; a sua dança capturou algo que eu jamais havia visto.

E foi então que algo me atingiu: Onde deveria estar a justiça? Onde os proscritos deveriam ser bem-vindos? Onde deveriam aqueles cujas vidas são sobrecarregadas pela pobreza encontrar liberdade e esperança? Onde o nosso amor deve se gastar sem duvidar?

Eu havia sido criado na igreja, mas em algum momento do caminho deixei de entender algumas lições. Eu não havia aprendido que quando se trata da nossa reação à pobreza e à injustiça – e do nosso papel como cristãos e adoradores – Deus não quer as coisas divididas de forma organizada. Há anos eu teria ficado chocado com a sugestão de que teríamos um grupo de mulheres que eram obrigadas a se prostituir dançando no palco onde adorávamos. Agora, isso me parece um sinal dos tempos. Parece que Deus está movimentando a igreja como nunca antes e nos fazendo saber que é exatamente este tipo de pessoa que precisa receber de nós as boas-vindas.

Então, no que diz respeito a lidar com a ideia de como estamos necessitados de uma Revolução de Amor, fui deixado com uma pergunta: O nosso amor gira em torno de quê?

Voltei para casa da viagem a Mumbai e tudo estava um caos. Minha cabeça havia parado de funcionar do jeito costumeiro, e eu estava profundamente perturbado. Sentia um peso sobre mim no que dizia respeito a Farin – se nós não fizéssemos algo a sua vida estaria fadada a um futuro encurtado pelo sofrimento, pela pobreza, pelo abuso e pela doença. Eu sentia como se ela tivesse se tornado outra filha e nossa família estivesse incompleta sem ela.

Acontece que os planos de Deus eram diferentes dos meus.

Um ano e alguns meses depois, enquanto escrevo sobre esta experiência, as coisas não estão absolutamente do jeito que imaginei que estariam. Farin não deixou a cidade. Ela ainda está com sua família, mas sua mãe não trabalha mais como prostituta. Elas se mudarão em breve para outro lugar, a algumas horas de Mumbai, para viverem em uma comunidade para pessoas como elas – ex-operárias do sexo que querem encontrar uma nova vida longe do caos e do perigo do passado. A vida de Farin está parecendo mais plena do que eu poderia esperar.

Justiça para os Oprimidos

E a minha?

De certo modo, eu estava mais ou menos certo sobre me tornar pai novamente. Mas não de Farin. Em algum momento deste ano, minha esposa, Anna, e eu, demos à luz outro filho – uma obra de caridade, chamada CompassionArt.

A CompassionArt existe para levantar fundos por meio de projetos ligados à arte (como álbuns e livros) que usam as vendas e os royalties para combater a pobreza em todas as suas formas, aquele tipo radical de pobreza que rouba a vida das pessoas e um outro tipo que pode ser mais difícil de detectar, mas que rouba a esperança das pessoas. Ambos nos lembramos de termos falado com Joyce e Dave sobre este projeto quando ele foi concebido, o que creio que faz deles os avós da CompassionArt ou algo assim. Foi a paixão e a sabedoria deles que nos ajudaram a dar esses primeiros passos.

Mas mais do que isso, a CompassionArt tem a ver com cultivar a fórmula. Tem a ver com desafiar a matemática que sugere que quando deixamos de nos importar com os outros a nossa fé permanece dentro da rota. Isso não acontece. A verdade, é claro, é que ela apenas enfraquece. Quando nossa paixão, nosso propósito e amor giram em torno da nossa própria agenda, nós simplesmente entendemos tudo errado.

Quando o nosso amor estende a mão para ir além de nós mesmos, nós ficamos mais estreitamente alinhados ao caminho reto ascendente de Deus.

Ultimamente, sempre que tenho um microfone nas mãos, um palco e uma multidão, e me pergunto o que virá em seguida, tenho sentido a necessidade de ler alguma passagem de Isaías 58. De algum modo, tenho sido incapaz de resistir à simplicidade e à força dessas palavras, e muito embora elas tenham sido enviadas diretamente aos israelitas há pouco menos de três mil anos atrás, tratam de questões eternas tão relevantes nos dias de hoje.

Fico envolvido pelas palavras de abertura: "Grite alto, não se contenha! Levante a voz como trombeta" (Isaías 58:1, NVI).

O que vem a seguir merece ser proclamado em alta voz, e não sussurrado ou arquivado para outro dia. Este é um assunto atual que precisa capturar a atenção de todos, em todo lugar: "Pois dia a dia me procuram; *parecem* desejosos de conhecer os meus caminhos, *como se* fossem uma nação que faz o que é direito e que não abandonou os mandamentos do seu Deus. Pedem-me decisões justas e parecem desejosos de que Deus se aproxime deles" (vs. 2, NVI, ênfase do autor). O problema está nas palavras *parecem* e *como se*. Está claro que o coração deles não está correto e que eles estão prestes a cair.

Deus responde aos israelitas a pergunta sobre por que Ele parece ter ignorado todos os seus atos religiosos da melhor qualidade: "No dia do seu jejum vocês fazem o que é do agrado de vocês, e exploram os seus empregados... Vocês não podem jejuar como fazem hoje e esperar que a sua voz seja ouvida no alto" (vs. 3-4, NVI).

Então vêm novamente as lições, a recapitulação, de modo que até aqueles entre nós que têm ficado cochilando no fundo finalmente entendam: "O jejum que desejo não é este: soltar as correntes da injustiça... pôr em liberdade os oprimidos... partilhar sua comida com o faminto, abrigar o pobre desamparado – vestir o nu que você encontrou, e não recusar ajuda ao próximo?" (vs. 6-8, NVI). Realmente não pode ser mais claro, não é? Os perseguidos, os que sofrem abusos, os famintos, os desabrigados, os pobres – essas são as pessoas em torno de quem o nosso amor deve girar, e não em torno de nós mesmos ou das nossas ideias fracassadas de sermos religiosos que impressionam.

Deus é bem claro a respeito dos resultados de tudo isso: "Aí sim, a sua luz irromperá como a alvorada, e prontamente surgirá a sua cura... Aí sim, você clamará ao Senhor, e ele responderá; você gritará por socorro, e ele dirá: aqui estou" (vs. 8-9, NVI).

Durante anos, buscamos a intimidade em nossa adoração. Cantamos músicas que falam sobre Deus estar próximo e sobre a nossa vida pertencer a Ele. Buscamos esses momentos quando sabemos que Deus está perto; temos buscado a Sua voz e os Seus planos. E ao mesmo tempo temos deixado de perceber a verdadeira chave para a intimidade: "Se você eliminar do seu meio o jugo opressor, o dedo acusador e a falsidade do falar; se com renúncia própria você beneficiar os famintos e satisfizer o anseio dos aflitos... O Senhor o guiará constantemente; satisfará os seus desejos numa terra ressequida pelo sol e fortalecerá os seus ossos. Você será como um jardim bem regado, como uma fonte cujas águas nunca faltam" (vs. 9-11, NVI).

E se fizermos isto, mais do que a recompensa de ouvirmos a voz de Deus e levarmos o Seu amor àqueles que mais precisam dele, mais do que esta fantástica imagem de sermos como um jardim bem regado embebido na própria vida, Isaías deixa claro que o povo de Deus começará a ocupar o seu lugar na história: "Seu povo reconstruirá as velhas ruínas e restaurará os alicerces antigos; você será chamado reparador de muros, restaurador de ruas e moradias" (vs. 12, NVI).

E ainda tem mais: "Então você terá no Senhor a sua alegria, e eu farei com que você cavalgue nos altos da terra e se banqueteie com a herança de Jacó, seu pai" (vs. 14, NVI).

E tudo isto como resultado de pararmos de tentar impressionar Deus com as nossas tentativas de sermos "espirituais" e termos bons cultos que impressionam os que nos cercam. Tudo isto por alimentarmos alguém que está faminto, por darmos roupas aos pobres, por defendermos os que não têm nenhuma força, e por falarmos em defesa dos fracos. Tudo isto – toda esta história – é feita com os atos mais simples. Se somente – se somente - pudermos aprender a amar mais do que a nós mesmos.

134 A REVOLUÇÃO DO AMOR

Há uma outra verdade por trás de tudo isto. O fato é que pode ser difícil estar vigilante e tentar fazer com que o nosso amor gire em torno dos outros. É mais fácil quando se trata de nós. Por quê? Em parte porque sempre foi assim – desde a história dos casais provando do fruto proibido até os reis nos telhados espiando futuras viúvas, e de profetas mal humorados se dirigindo à Espanha por não poderem suportar a ideia de Deus conceder misericórdia a qualquer pessoa além do seu próprio povo. Este é o jeito que as coisas sempre foram conosco, a luta contínua quando nos colocamos no trono em lugar de Deus e da Sua abordagem *Altrospectiva* da vida.

Parece que talvez seja um pouco mais difícil do que nunca nos dias atuais. Ao redor de nós existem forças nos impulsionando a obedecer à nossa sede, a cedermos aos nossos impulsos porque "nós merecemos", a agarrarmos a vida e a fazê-la à nossa própria imagem. O nosso propósito é querer – e tentar ter – tudo; desde a aparência, as roupas, os rendimentos, a casa, os relacionamentos, a carreira. Tudo destinado a nos refinar e a tornar a nossa vida muito melhor.

Mas nós conhecemos a verdade a respeito da vida, não é? Sabemos que apesar da pressão para nos conformarmos, uma vida que gira em torno de nós mesmos não pode nos levar à verdadeira felicidade.

Sempre gostei quando tocávamos e cantávamos sobre sermos alguém que faz a história. Com o passar dos anos na banda, cantamos isto centenas de vezes, sentindo que a letra tinha uma espécie de poder de deixar as pessoas inspiradas, infladas e saciadas para seguirem em frente e viverem uma vida notável que faria a história. Mas existe mais; tem de haver mais.

Se quisermos ser pessoas que fazem história – e o futuro de milhões de vidas depende de que haja cada vez mais pessoas como nós lá fora que estejam se voluntariando para fazer isso

– então, para a maioria de nós, será por um conjunto bem específico de razões. Faremos história escolhendo viver nossa vida como uma série de pequenos atos de um viver sem egoísmo. Como disse Madre Teresa, "Não existem coisas grandes; só coisas pequenas feitas com um grande amor". Se conseguirmos imprimir isto no nosso DNA, os 2 bilhões de cristãos do mundo poderiam acabar com a pobreza mundial em questão de semanas. Este é o tipo de história que quero nos ver fazendo. Esqueça o foco voltado para dentro; e assim como aquelas palavras antigas de Isaías 58 prometem, ouviremos a Deus com mais clareza e estaremos a uma distância mais próxima do Seu poder e do Seu propósito se pararmos de fazer com que tudo se resuma a nós mesmos e começarmos a simplesmente consertar os problemas e suprir as necessidades que nos cercam. É tão simples assim.

O que sei com certeza é isto; as coisas grandes sempre serão poderosas, mas as coisas pequenas são extremamente belas. Esta Revolução de Amor tem o poder de ser maciça, mas só será feita daqueles pequenos atos de amor sacrificial sem egoísmo. Assim, os nossos grandes palcos e a grande vendagem de álbuns e grandes músicas – bem, tudo isso é ótimos, mas não há nada tão empolgante quanto o poder de uma vida vivida contra a corrente.

Um último ponto. Como a música se encaixa em tudo isto? A tentação de deixar tudo que é criativo para trás e ir viver em uma caixa de papelão é forte. Parece que esta seria uma maneira de finalmente fazer algo de "real" com nossas vidas. Mas esta nunca é a história completa. O bem estar de um ser humano está ligado ao todo – corpo, alma e espírito. Tenho visto em primeira mão o poder da música, e estou convencido de que ela é a arma secreta de Deus. A música pode trazer união onde há guerra, ela pode aliviar a dor no quebrantamento, pode quebrar o coração mais duro – e aliviar o mais quebrantado – desde as vítimas do genocídio em Ruanda até os habitantes de Nova Iorque que perderam sua família nas torres gêmeas, assim como aqueles cujo ódio deflagrou tanto sofrimento.

Traga Deus para dentro da equação – não que você possa realmente deixá-lo de fora, mas você sabe o que quero dizer, certo? – e você poderá reunir uma multidão debaixo dos céus da Índia cantando músicas para Deus, adorando o Todo-Poderoso com os anjos. Abra seus olhos e você verá a cura vir. Talvez isto não coloque comida imediatamente na boca de crianças desesperadas, mas é um momento em que o céu toca a terra, e nesse momento a restauração acontece. É aí que temos uma sensação de aceitação, sentimos que não estamos sós. Incrivelmente, sentimos que o próprio Deus não nos abandonou.

A música pode fazer isto e Deus não está nos chamando para deixá-la de lado e irmos viver em uma caixa de papelão. Ele está nos chamando para usarmos a nossa música, que é o dom que Ele colocou em nós para ajudarmos os pobres que vivem em situações desesperadoras. Se adotarmos estas lições que nos foram ensinadas tão claramente pelas palavras de Isaías, estou convencido de que nos dias vindouros veremos grandes milagres antes que uma única nota seja sequer cantada.

É uma Revolução de Amor e de música.

Steven Curtis Chapman, um compositor e líder de adoração e um homem que nos inspira a cada respirar e que lidera com humildade e graça, certa vez colocou as coisas em uma grande perspectiva para mim. Ele pode ter vendido milhões de álbuns e ter recebido incontáveis apertos de mão em entregas de prêmios, mas pergunte a ele o que lhe dá mais orgulho ou o que o mortifica mais e ele lhe dirá que é isto – a forma como sua família se inclinou a adotar crianças que precisavam de um lar.

"Este é o sinal mais claro de que Deus está operando em minha vida", diz ele.

Quando olhamos para além de nós mesmos, quando o nosso amor pelos outros nos empurra para além do nosso conforto. Quando colocamos o nosso tesouro na reconstrução de vidas, é então que nos vemos vivendo entre os mais claros sinais de que Deus está agindo em nossas vidas.

Então esta é uma revolução que não será televisionada. Se entendermos bem, ela não precisará ser transmitida; a evidência do amor em ação será inflamada em toda nossa vida, transformando nossas vizinhanças e enchendo a atmosfera de esperança.

É tão simples assim.

CAPÍTULO
8

O *Amor* é Inclusivo, e não Exclusivo

Se você julgar as pessoas, não terá tempo de amá-las.
Madre Teresa

Jamie entrou na igreja na esquina da Spruce Avenue com a Rua 23 em Harbor, Illinois. Ela estava desesperada em busca de ajuda. Ela havia visto o prédio da igreja há muito tempo e observava a fila de pessoas entrando e saindo duas ou três vezes por semana. Jamie muitas vezes se sentava na cafeteria do outro lado da rua em frente à igreja, tomava um café com leite, e se perguntava como seria aceita se um dia criasse coragem para assistir a um dos cultos.

Jamie havia frequentado a Escola Dominical algumas vezes quando criança junto com um vizinho, mas ela certamente sabia muito pouco a respeito de como era frequentar uma igreja. Ela não sabia se conseguiria se encaixar ou ser aceita, então apenas tomava o seu café com leite e ficava observando. Ela tentava ver se as pessoas da igreja pareciam mais felizes quando saíam do que quando entraram, mas todos saíam tão depressa que ela não podia

O Amor é Inclusivo, e não Exclusivo   139

ver claramente. Algumas vezes, alguém que saía da igreja ia até a cafeteria depois do culto. Alguns deles se sentavam sozinhos, e, sinceramente, eles pareciam tão solitários quanto ela. Outros vinham com outras pessoas, riam e pareciam felizes, o que lhe deu esperança de que ela um dia pudesse ter coragem suficiente para ir a um culto.

Jamie cresceu em um lar onde recebeu muito pouco afeto. Seus pais eram alcoólatras e embora eles não cometessem nenhum abuso contra ela abertamente, causavam um grande dano à sua autoimagem por sua rapidez em criticá-la e em apontar seus erros. Eles a comparavam frequentemente a seu irmão, que parecia ser mais inteligente e mais talentoso do que ela em todos os aspectos. Ela sempre sentiu que não era amada, que era feia, tola, e que não tinha valor algum.

Aos treze anos, Jamie havia se envolvido com a turma errada e estava bebendo e usando drogas. Sua dor emocional era tão profunda que ela procurava amenizá-la abusando de substâncias tóxicas. Ela desenvolveu também um distúrbio alimentar chamado bulimia. Jamie comia quantidades normais de alimentos, exagerava ocasionalmente, mas sempre se forçava a vomitar depois de comer para não engordar.

Ela nunca se esqueceu do dia do seu décimo segundo aniversário, quando sua mãe olhou para ela com desgosto e disse: "Não tive tempo de fazer um bolo de aniversário para você, mas você não precisa de um de qualquer jeito. Você já está bastante gorda!" Ela nunca havia se achado gorda até aquele dia, mas desde então, ela se olhava no espelho e via uma garota que parecia pesar 15 quilos a mais do que pesava realmente. A imagem que tinha de si mesma era distorcida pelas coisas más e destituídas de amor que sua mãe lhe dizia repetidamente.

As notas de Jamie na escola não eram muito boas e ela achava que não dava para os estudos, então, quando se formou na escola secundária, conseguiu um emprego enchendo prateleiras e empacotando compras em uma mercearia local. Ela jamais conseguiria

140   A REVOLUÇÃO DO AMOR

dinheiro suficiente para se mudar de casa e morar sozinha, mas podia comprar suas roupas, suas bebidas, e algumas drogas quando queria realmente apagar. Na maior parte do resto do tempo, ela evitava ficar em casa sentando-se na cafeteria ou andando pela vizinhança e imaginando como eram todas as outras famílias que viviam ali. Ela não tinha nenhum amigo de verdade – pelo menos, não ninguém em quem confiasse ou com quem achasse que podia contar. As pessoas na sua vida eram do tipo que toma, e não do tipo que dá, e ela tinha medo da maioria delas.

Um dia ela finalmente se sentiu corajosa o bastante para entrar na igreja enquanto as outras pessoas estavam entrando em bandos. Ela se misturou à multidão, em parte esperando não ser notada, mas em parte desesperada para que alguém lhe desse as boas-vindas e dissesse: "Estamos muito felizes por você está aqui hoje". Ela realmente percebeu que as pessoas a olhavam e que algumas delas até estavam cochichando, mas ninguém parecia amigável. Jamie se vestia de um modo um pouco selvagem para o gosto da maioria das pessoas, e seu cabelo tinha cerca de três cores diferentes. Ele era basicamente preto, com faixas vermelhas e louras. Ela usava jeans largos, e uma camiseta larga. Ela não fazia isso porque gostava de conforto; estava tentando esconder o que achava ser o seu corpo acima do peso. Ela estava usando uma sandália do tipo havaianas, que, naturalmente, ninguém usava para ir à igreja – pelo menos não naquela igreja!

Jamie sentou-se na última fileira e basicamente não entendeu nada que estava acontecendo. As pessoas ficavam se levantando e lendo coisas de um livro que estava colocado impecavelmente em uma prateleira nas costas do banco diante delas; depois elas se sentavam novamente. Havia um pouco de canto, oração, órgão tocando, e um prato para coleta era passado e algumas pessoas colocavam dinheiro nele. Um homem que parecia muito infeliz e um pouco zangado pregou um sermão de trinta minutos, que ela realmente não entendeu. Ela achou que ele fosse o pastor, mas não tinha certeza. Finalmente, o culto parecia estar chegando ao fim porque todos se levantaram novamente e cantaram mais uma música.

Ela achou que talvez alguém fosse dizer-lhe alguma coisa na saída. Com certeza, alguém diria alguma coisa! O pastor ficou na porta apertando a mão das pessoas enquanto elas faziam fila para sair da igreja e quando Jamie chegou até ele, ele não sorriu nem fez nenhum contato olho a olho com ela. Ela entendeu que ele estava simplesmente fazendo a sua obrigação e não podia esperar até aquilo tudo terminar.

Quando desceu as escadas, percebeu que uma mulher parecia estar esperando por ela no último degrau. Ela ficou um pouco entusiasmada pensando que alguém afinal a houvesse notado. A mulher a havia observado, sim, mas observara tudo que achava que havia de errado com a aparência de Jamie, então, ela disse: "Meu nome é Margaret Brown. Qual é o seu nome?" Jamie respondeu dizendo o seu nome e Margaret prosseguiu dizendo: "Você é sempre bem-vinda aqui, mas achei que poderia ajudá-la avisando-lhe que quando vamos à igreja aqui no Holiness Tabernacle, nós nos arrumamos. Nada de jeans nem de sandálias havaianas, e você deveria considerar a hipótese de adotar um estilo de cabelo que chame menos atenção. Você sabe, queridinha, que Jesus nos ensina a sermos humildes e a não atrairmos a atenção para nós mesmos". Ela deu um sorriso forçado para Jamie e repetiu: "Você é bem-vinda a qualquer momento".

Jamie não podia ir à cafeteria naquele dia; ela tinha de ir a algum lugar para ficar sozinha e chorar. Ela sentia que agora Deus também a havia rejeitado, e passou o resto do dia pensando em suicídio. Ela estava no fundo do poço e sentia que não tinha nenhum motivo para viver.

Esses nomes são fictícios. Mas o mundo está cheio de Jamies, de Holiness Tabernacles e de mulheres religiosas como a Sra. Brown. Ele está cheio de cristãos que fazem fila para entrar e sair

142 A REVOLUÇÃO DO AMOR

das igrejas todas as semanas. Muitas delas detestam ter de ir e não podem esperar até que o culto termine. Elas são críticas, julgadoras e muito elitistas!

Deus Ama a Todos Igualmente

Jesus provavelmente não estava no Holiness Tabernacle no dia em que Jamie foi, porque Ele também não teria se sentido à vontade ali. Mas se estivesse ali, Ele estaria observando as Jamies que poderiam entrar lá naquele dia. Ele ou teria se sentado ao lado dela ou a encaminhado para se sentar mais à frente com Ele, e teria perguntado se ela era uma visitante. Quando descobrisse que ela estava visitando pela primeira vez, Ele teria se oferecido para explicar qualquer coisa que ela não entendesse. Ele teria sorrido para ela todas as vezes que ela olhasse para Ele e, conhecendo-o, Ele a teria cumprimentado por seu corte de cabelo exclusivo porque o fato é que Ele gosta da diversidade! Ele até a teria convidado para atravessar a rua para tomar um café com o grupo com quem costumava sair e quando Jamie fosse embora, ela teria ficado aguardando com ansiedade o seu retorno na semana seguinte. Mas naturalmente, Jesus não estava lá naquele dia, porque nenhuma das pessoas agiu como Ele agiria. Ninguém o representou de forma adequada; e ninguém o estava imitando.

Deus Não Faz Acepção de Pessoas

A Bíblia diz em diversas partes que Deus não faz acepção de pessoas (ver Atos 10:34, Romanos 2:11; Efésios 6:9). Em outras palavras, Ele não trata algumas pessoas melhor do que outras por causa do modo como elas se vestem, pelo seu nível de rendimentos, pela posição que ocupam, ou por quem elas conhecem. Ele não apenas trata todos igualmente, mas parece que sai do Seu caminho para tratar aqueles que estão sofrendo de uma forma especial. Deus deu a Moisés muitas instruções para libertar os israelitas com relação a como tratar os estrangeiros que estavam no meio deles e a Sua instrução principal basicamente era sempre: "Façam com que eles se sintam confortáveis e à vontade e sejam amigáveis com eles. Não os oprimam de forma alguma" (ver Êxodo 22:21, Êxodo 23:9, Levítico 19:33). O apóstolo Pedro disse:

> Pratiquem a hospitalidade uns com os outros (os irmãos na fé) [Sejam hospitaleiros, amai os estranhos, com amor fraternal pelos convidados desconhecidos, pelos estrangeiros, pelos pobres e por todos os outros que cruzarem o caminho de vocês que são do corpo de Cristo]. E [em cada caso] façam isso com generosidade (cordialmente e graciosamente, sem reclamações, mas como representantes de Deus).
>
> *1 Pedro 4:9, AMP*

Antes que você passe correndo para outra parte, faça uma lista das formas como você pode ser amável com as pessoas que não conhece, e principalmente com aquelas que são completamente diferentes de você. Algumas pessoas são naturalmente amáveis e extrovertidas por seu temperamento, mas aquelas entre nós que parecem não ter sido dotadas com o "gene da amabilidade" precisam simplesmente tomar a decisão de fazer isso porque a Bíblia nos diz para fazê-lo.

O apóstolo Tiago admoestou a igreja a não prestar atenção especial a pessoas que usavam roupas esplêndidas para irem à sinagoga nem a dar a elas os lugares de preferência quando elas entrassem. Ele disse que se as pessoas agissem assim e quisessem receber tratamento especial, estavam discriminando e suas motivações não eram corretas. Ele disse que não deveríamos sequer tentar praticar a fé do nosso Senhor Jesus Cristo aliada ao esnobismo (ver Tiago 2:1-4). Em outras palavras, devemos tratar todas as pessoas como dignas de respeito.

144 A REVOLUÇÃO DO AMOR

Jesus pôs um fim à distinção entre pessoas e disse que todos somos um nEle (ver Gálatas 3:28). Precisamos simplesmente ver pessoas preciosas, e não negros, vermelhos, ou brancos, não as etiquetas das suas roupas, seus cortes de cabelo, o carro que elas dirigem, suas profissões ou títulos – apenas pessoas por quem Jesus morreu.

Uma Lição Aprendida na Cafeteria

Creio que todos precisamos pensar nos nossos círculos de amigos e expandi-los. Precisamos ampliá-los o bastante para incluir todo tipo de pessoa. Estive recentemente com Paul Scanlon, que é pastor em Birmingham, Inglaterra, e estávamos tomando café em uma cafeteria com várias pessoas. Lembro-me de olhar para o corte de cabelo da moça que estava nos atendendo, e, para ser sincera, era absolutamente a coisa mais estranha que eu já havia visto. A cabeça dela estava raspada, com exceção de uma parte que chamamos de Moicano, que descia pelo meio da cabeça, e essa parte era preta, azul, vermelha e branca. Ela também tinha piercings no nariz, na língua, no lábio, e em vários lugares das orelhas. Lembro-me de ter me sentido um pouco desconfortável porque ela não era em nada parecida comigo. Éramos tão diferentes que eu nem sequer podia pensar em alguma coisa para dizer com a qual ela pudesse se identificar. Eu só queria pedir meu café e tentar não fincar olhando.

Paul, por outro lado, começou a conversar com ela e a primeira coisa que ele disse foi: "Gosto do seu cabelo. Como você consegue fazer com que ele fique levantado assim?" Ele continuou a conversa com ela e o ar que estava tenso subitamente se relaxou. Logo estávamos todos à vontade e eu podia sentir que todos estávamos começando a participar da conversa e a incluí-la em nosso círculo. Aprendi uma enorme lição naquele dia – que não sou tão "moderna" quanto gostaria de pensar que sou. Ainda tenho um certo pensamento religioso que precisa ser tratado e preciso chegar a um novo nível para fazer com que todas as pessoas, inclusive as que são um pouco diferentes, se sintam confortáveis e incluídas.

Talvez para aquela garota na cafeteria, eu fosse a pessoa incomum e diferente. Por que sempre nos colocamos como o padrão para o que é aceitável e presumimos que qualquer pessoa que é diferente deve ter algum problema? Qual é o corte de cabelo correto, ou o estilo de roupa correto? Um dia comecei a pensar em qual deve ter sido a aparência de Moisés quando ele voltou do Monte Sinai, onde passou quarenta dias e noites recebendo os Dez Mandamentos de Deus. Aposto que o cabelo dele estava despenteado; sua barba com certeza precisava ser feita; e suas vestes e suas sandálias estavam um pouco sujas.

Sei que João Batista era um tanto estranho. Ele viva no deserto sozinho e usava peles de animais e comia mel e gafanhotos. Quando ele saía, gritava em alta voz: "Arrependei-vos, pecadores, pois o Reino de Deus é chegado!"

A Bíblia nos ensina que devemos ter cuidado com a forma como tratamos os estrangeiros porque podemos estar recebendo anjos sem saber (ver Hebreus 13:2). Ela diz que devemos ser gentis, cordiais, amáveis, e cheios de graça para com eles e compartilhar com eles o conforto de nossos lares. A maioria das pessoas na sociedade de hoje nem sequer fala com estranhos, quanto mais são amáveis com eles.

Eu sei, eu sei; você deve estar dizendo: "Joyce, vivemos em um mundo diferente hoje! Nunca se sabe com que estamos falando!" Entendo que precisamos usar de sabedoria, mas não deixe que o medo faça com que você seja antipático e frio. Com certeza você pode procurar uma pessoa que é nova na igreja, no trabalho, na escola, ou na vizinhança e dizer olá!

Com certeza, você pode falar com a mulher idosa no consultório médico enquanto espera ser chamado para sua consulta. Ela parece tão solitária; por que não lhe dar dez minutos da sua atenção especial e simplesmente deixar que ela lhe conte tudo acerca de si mesma? Você provavelmente nunca mais a verá de novo, mas ela se lembrará de você. Ah, e por falar nisso, Deus ficará satisfeito com o que você fez por ela. É verdade, não foi nada demais, mas você fez com que ela se sentisse incluída!

Em seguida a este capítulo, você lerá um capítulo escrito por Paul Scanlon, nosso autor convidado, que conta a história de sua experiência em conduzir sua igreja de uma igreja religiosa e morta para uma igreja que experimenta o avivamento e que está cheia de amor. A história de Paul pode nos ensinar muito e nos levar a fazer a nós mesmos algumas perguntas difíceis de responder. Se o verdadeiro avivamento chegasse à nossa igreja, você ficaria realmente entusiasmado ou iria embora porque muitas das pessoas seriam como Jamie ou ainda piores? Elas poderiam vir dos abrigos para sem-teto e não cheirar bem, ou poderiam cheirar a álcool ou a outras coisas desagradáveis. As pessoas que estão sofrendo no mundo nem sempre têm a melhor apresentação e nem sempre cheiram bem. Às vezes sim, mas nem sempre, e precisamos parar de julgar pela capa e estar dispostos a ler o livro. Esteja disposto a olhar além das aparências das pessoas e a descobrir quem elas são.

Saia da Sua Zona de Conforto

Sair da sua zona de conforto para fazer com que alguém se sinta confortável é uma maneira de demonstrar o amor de Deus pelas pessoas. Muitos cristãos amam orar por avivamento; eles até choram quando oram por todas as "almas perdidas no mundo", mas para ser sincera, algumas dessas mesmas pessoas iriam embora se um avivamento realmente chegasse na igreja delas, pois isso levaria o seu estilo de vida normal ao caos, e elas não iam gostar disso.

> Sair da sua zona de conforto para fazer com
> que alguém se sinta confortável é
> uma maneira de demonstrar o amor de
> Deus pelas pessoas.

Preguei recentemente em uma igreja onde todos os pacientes de cadeiras de rodas dos asilos locais estavam sentados na frente. Como era a palestrante, fui colocada na primeira fila, mas as cadeiras de rodas estavam alinhadas na frente da primeira fila. O homem que estava sentado diretamente diante de mim cheirava muito mal, e tenho o estômago muito fraco quando se trata de mau cheiro (Quando nossos filhos eram pequenos, eu pedia a Dave para trocar as fraldas malcheirosas sempre que ele estava em casa).

Sentada ali, reconheci o senso de humor de Deus; Ele me colocara exatamente onde queria que eu ficasse... eu estava me preparando para me levantar e pregar uma mensagem à igreja sobre amor e inclusão! Eu tive de orar muito enquanto estava aguardando para regar, e devo ter parecido muito espiritual porque mantive meu nariz levantado no ar o máximo possível, de modo que provavelmente parecia que eu estava olhando para o céu. Sei que Deus preparou as coisas para que eu me sentasse ali e que na verdade eu *precisava* estar ali. Foi muito bom para mim experimentar ter de fazer o que eu estava me preparando para dizer aos outros que estivessem dispostos a fazer. Nem sempre temos de estar confortáveis onde quer que estejamos! Aquele homem provavelmente não tinha ninguém para lhe dar banho regularmente e não podia fazer nada quanto ao seu mau cheiro. E por falar nisso, esse pode ser um bom ministério para alguém que está procurando por um. Vá até o asilo local e ofereça-se como voluntário para manter os pacientes limpos!

Jamie, Tente Outra Vez

Ao encerrarmos este capítulo, deixe-me terminar de compartilhar a história de Jamie com você. Depois da sua triste experiência com a igreja, ela jurou nunca mais fazer aquilo (ir à igreja). Ela foi trabalhar na segunda-feira, obviamente deprimida, quando uma de suas colegas percebeu e perguntou a ela o que havia de errado. Jamie normalmente guardava tudo para si mesma, mas ela estava tão magoada que começou a chorar. Sua colega, Samantha, perguntou ao gerente se elas poderiam tirar o intervalo mais cedo e levou Jamie até a sala dos funcionários para tentar ajudá-la a se sentir melhor. Depois que Jamie abriu seu coração com Samantha, chegando a contar sobre a sua terrível experiência ao tentar ir à igreja, Samantha convidou-a para ir até sua casa para jantar para que elas pudessem continuar conversando. Aquela noite mudou a vida de Jamie.

Samantha era uma verdadeira cristã – quero dizer, o tipo de pessoa que realmente se importa em ajudar. Ela começou a se encontrar com Jamie duas vezes por semana e começou não apenas a cuidar dela, mas a gradualmente ensinar-lhe a respeito de Jesus e sobre o quanto Ele a amava. Depois de cerca de três meses, Samantha perguntou se Jamie queria experimentar ir à igreja mais uma vez com ela naquele domingo. Jamie não ficou muito entusiasmada, mas sentiu que devia aquilo a Samantha depois do tempo que ela havia gasto com ela.

A visita de Jamie à Ressurrection Church foi muito diferente da experiência que ela havia tido na igreja anterior. Ela foi recebida calorosamente e lhe deram um lugar especial para se sentar na frente porque ela era uma convidada. Tudo que aconteceu naquele culto parecia ser exatamente para ela. Ela entendeu tudo porque dizia respeito à sua vida real. As canções que cantaram tinha significado e cada uma delas fez com que ela se sentisse melhor. Ela foi convidada para tomar um café após o culto desta vez, e acabou encontrando várias pessoas que mais tarde vieram a se tornar suas amigas mais chegadas. Nesta igreja, havia muitas pessoas de todas as idades e culturas. Algumas usavam terno e gravata, enquanto outras usavam jeans e camiseta. Todos eram livres para ser eles mesmos.

Jamie entregou sua vida a Jesus e não quer mais perder os cultos. Ela é casada, tem dois filhos, e toda sua família faz parte do programa de evangelismo da periferia, que ministra a pessoas que vivem nas ruas. Jamie gosta de fazer isso porque entende que poderia muito bem estar entre elas!

Não teria sido trágico se Jamie tivesse dado fim à sua vida como pensou em fazer naquele dia que teve uma experiência tão triste na igreja? Detesto quando as pessoas tentam ir à igreja achando que estão experimentando Deus, e depois desistem dEle porque a igreja que experimentaram não o representou adequadamente. Vamos assegurar que incluiremos todo tipo de pessoas em nosso círculo. Nunca exclua ninguém por não ser igual a você. Todos nós temos pessoas que consideramos nossos melhores amigos e isto não é errado, até Jesus tinha três entre os doze discípulos com quem Ele passava mais tempo do que com os outros. Mas Ele nunca esnobou ninguém nem fez com que ninguém se sentisse nada menos do que totalmente valioso.

O REVOLUCIONÁRIO DO AMOR

Pastor Paul Scanlon

A igreja local é a melhor ideia que Deus já teve! Somos a comunidade da "corrente do bem" de Deus, somos o transbordar de Deus, a Sua expressão, o Seu sorriso, e o Seu endereço na cidade. Infelizmente, muitas igrejas não entendem isto, e o resultado é que milhões que estão ao alcance da casa de Deus morrem na tristeza de suas próprias casas, sem nunca reconhecerem Jesus através do disfarce de religião e de irrelevância que muitas igrejas usam.

Travessia

Há dez anos, nossa igreja passou por uma reestruturação total e a dor foi agonizante. Chamamos esse processo de "travessia" e história dele agora se tornou um livro com o mesmo nome, que conta a nossa história em detalhes. A igreja de tamanho médio no Reino Unido, onde estamos localizados, geralmente possui cerca de 20 pessoas, e 98 por cento da população não apenas não frequenta igrejas como na verdade é "anti-igreja". Então, de acordo com os padrões britânicos, éramos uma igreja bastante grande com mais de 450 pessoas naquela época, com sede em um prédio que estava quase pago. Éramos unidos, felizes e prósperos. Tínhamos pregações maravilhosas e éramos uma igreja muito bem dotada na esfera musical e criativa. Mas apesar de tudo isso, algo imenso estava faltando. Algo profundamente fundamental estava ausente, mas ninguém parecia notar.

Estávamos presos no que parecia ser um ciclo interminável de cuidar do que poderia se descrever como "cristãos egocêntricos, superalimentados e sem exercício". Cristãos de alta manutenção são um dos segredos mais bem guardados de Satanás no seu plano de neutralizar a igreja. Eles são as melhores pessoas que você pode encontrar, e é aí que está o problema! Nenhuma dessas pessoas era infeliz ou tinha um "coração mau" ou atitudes negativas. Olhando para trás, eu teria preferido que fosse assim, porque nesse caso a nossa necessidade de reinvenção teria sido mais facilmente entendida e aceita.

Os pastores do mundo inteiro estão confusos tentando descobrir o que está faltando em suas igrejas e ministérios, e eles não querem parecer inquietos ou negativos ao dizer isto, como o menino da história *A Roupa Nova do Imperador*, que indicou o que era tão óbvio a todos que cercavam o imperador: ele estava sem roupa.

Quando todos estão tão felizes, amorosos, amáveis e abençoados, quem quer anunciar que estamos morrendo? Mas em fins de 1998 eu me tornei aquele menino, e pela primeira vez em vinte anos, tive de apontar o dedo para a nossa igreja e dizer: "Estamos nus, confortáveis, intensos, seguros e irrelevantes" – e aquilo me incluía. Não foi fácil para nós vermos isto, porque, como muitas igrejas, tínhamos uma teologia e uma linguagem sobre alcançar os perdidos, mas na verdade não estávamos alcançando ninguém. Orávamos pelos perdidos, pregávamos e cantávamos sobre os perdidos, e até chorávamos pelos perdidos, mas nenhum perdido estava sendo resgatado. Tínhamos nos tornado um clube religioso que só olhava para si, e no nosso conforto e benção havíamos perdido de vista o coração de Deus pelos outros que ainda estavam longe e sofrendo.

Em janeiro de 1999, preguei uma mensagem intitulada: "Estamos Deixando as 99 em '99", referindo-me a Jesus, que se descreveu como um pastor que deixa a maioria das ovelhas – as 99 – por uma que ainda está perdida. Expliquei que isto significava que aqueles que já estavam na igreja não podiam mais ser a nossa prioridade número um, mas que a nossa prioridade devia passar a ser os outros. Foi então que descobri que o inferno não tinha mais fúria do que um cristão negligenciado! Fiquei chocado com a reação de pessoas boas, cheias do Espírito, que, no momento da decisão, não conseguiam digerir a ideia da nossa linda igreja ser inundada por uma enxurrada de pecadores sujos.

Em meus esforços contínuos para fazer com que os nossos membros confortáveis e exclusivos voltassem para o negócio de salvar vidas, lancei um ministério evangelístico em um ônibus em 1999. O modo como Deus me disse para fazer isto é uma história em si. Mas basta dizer que foi não usual o bastante para me convencer que aquela era uma ideia de Deus, porque a última coisa de que precisávamos era de apenas uma boa ideia.

Bem, dentro de semanas estávamos levando em nossos ônibus centenas daqueles pecadores sujos. Aquelas pessoas sem igreja, geralmente ásperas, rudes e imprevisíveis arruinaram o nosso lindo clube. Os nossos membros respeitáveis, que as viam como uma ameaça à nossa segurança e estabilidade, se referiam a elas como "o povo do ônibus". Todos os dias, eu recebia cartas e telefonemas desagradáveis, geralmente terríveis e ameaçadores de pessoas que eu amava, e que tenho certeza que me amavam, mas que simplesmente não tinham entendido. As crianças que vinham nos ônibus eram acusadas de arruinar a nossa Escola Bíblica Dominical, e os pais delas eram acusados de arruinar o culto principal, geralmente fumando, xingando, e o que é pior, escute bem, ousando se sentar onde os nossos membros antigos se sentavam.

Uma onda de líderes após a outra vinha me ver, me incentivando e persuadindo a parar, mas era tarde demais. O coração de Deus pelos perdidos havia encontrado o meu coração e eu

O Amor é Inclusivo, e não Exclusivo 153

estava me tornando inteiramente irracional. Durante quase dois anos suportei a maior solidão, o maior isolamento e os maiores ataques pessoas que jamais sofri. E o que tornava tudo ainda mais difícil de suportar era que os ataques eram "fogo amigo", vinham de pessoas que haviam se esquecido claramente que elas também um dia estavam se afogando no mar, mas alguém foi procurar por elas.

Quando tudo isto fracassou em me dissuadir, a "turma da profecia" chegou. Eles eram os "profetas" do nosso meio. Começaram a marcar hora para me ver, em geral vindo em grupos, para compartilhar o que Deus havia dito a eles para me dizer. A mensagem deles se resumia nisto: "Se você não parar com isto, a nossa igreja se dividirá, e a sua família sofrerá, os líderes irão embora, as finanças cairão, e o nosso testemunho no país será prejudicado". Mas para mim, só porque o preço seria caro não significava que Deus estava dizendo: "Não faça". Se Ele estava enviando alguma mensagem, estava simplesmente dizendo que se eu o fizesse, aqui estava um alerta quanto ao custo. Minha resposta só podia ser que eu concordava, porque a maior parte daquilo já estava acontecendo. Muitos estavam partindo, e sem as contribuições deles estávamos perdendo dezenas de milhares de dólares por mês. Estávamos lentamente substituindo aqueles que estavam partindo, mas com pessoas pobres – e os pobres não apenas não têm dinheiro, mas são caros de se alcançar e caros de se sustentar.

Fazer com que a igreja local alcance a sua comunidade ainda é para mim a maior batalha que enfrentamos na igreja no mundo de hoje. E se isso é verdade, o maior abalo para a igreja ainda está por vir. Talvez como pastores tenhamos de estar dispostos a perder centenas para ganhar milhares e até a perder milhares para ganhar milhões.

Amo a igreja local. Tenho sido parte da mesma igreja por mais de trinta anos, vinte e seis dos quais no ministério em tempo integral. Mas por mais que eu ame a igreja, recuso-me a morrer no conforto do cristianismo medíocre. Tomei a decisão de viver cheio e morrer vazio. Não posso fazer isso dentro das quatro paredes da igreja local, nem você.

Nos primeiros dias do ministério de Jesus, Ele foi a uma cidade chamada Cafarnaum. As pessoas o amavam; elas estavam impressionadas com os Seus ensinamentos e com o Seu poder sobre os demônios e as enfermidades. Elas o amavam tanto que no dia que Ele estava para deixar a cidade, Lucas nos diz que as pessoas foram até Ele e tentaram impedi-lo de partir (ver Lucas 4:42).

A resposta de Jesus às suas tentativas persuasivas de impedi-lo é tanto extraordinária quanto profunda. Extraordinária na sua simplicidade, e profunda por causa do discernimento que ela nos dá sobre as Suas prioridades e força motivadora. Jesus olhou nos olhos de todas aquelas pessoas abençoadas e disse simplesmente: "Não posso mais ficar aqui com vocês porque fui enviado para alcançar outras pessoas em outros lugares e preciso ir e pregar as boas novas a elas também. Vocês entenderam? Fui enviado para alcançar outros, outros, outros!" (ver Lucas 4:43). Tudo tem a ver com os outros.

Se você pudesse cortar Deus, Ele sangraria o sangue de outros. Mas se pudéssemos cortar a igreja, infelizmente, nós sangraríamos o nosso próprio sangue. Sangramos a nossa benção, o nosso conforto, e a nossa felicidade. É claro que há exceções, mas as exceções são extremamente raras para acreditarmos que estamos fazendo a diferença em favor dos outros. Durante gerações, a igreja, assim como as pessoas de Cafarnaum, tem tentado guardar Jesus para si mesma e, durante gerações, Jesus tem tentado deixar o cristianismo confortável para continuar alcançando outros. Este mal-entendido fundamental sobre o que importa mais para Deus está na essência do fracasso da igreja em impactar um mundo em sofrimento.

Somos abençoados para ser uma benção; somos salvos para buscar e salvar outros. Somos curados para curar, perdoados para perdoar, e somos amados para nos unirmos à grande Revolução de Amor de Deus. Não se trata de mim, de nós, do que é nosso e do que é meu. Sempre se tratou dos outros.

O apóstolo Paulo disse que até o consolo que recebemos de Deus não pertence somente a nós: "Bendito seja o Deus e Pai de nosso Senhor Jesus Cristo, Pai das misericórdias e Deus de toda consolação, que nos consola em todas as nossas tribulações, para que, com a consolação que recebemos de Deus, possamos consolar os que estão passando por tribulações. Pois assim como os sofrimentos de Cristo transbordam sobre nós, também por meio de Cristo transborda a nossa consolação (2 Coríntios 1:3-5, NVI).

Até os nossos problemas não pertencem exclusivamente a nós; dentro deles está a semente do conforto, da esperança e da inspiração de outra pessoa. A minha benção não é minha benção; a minha misericórdia não é minha misericórdia; a minha graça não é minha graça; e, finalmente, a minha vida não é minha vida. Tudo pertence aos outros, e esses outros um dia foram você e eu.

Ver pessoas boas a quem você ama e com quem você viveu por vinte anos abandonarem a igreja é extremamente doloroso. A dor de ocasionalmente termos de nos separar daqueles com quem achamos que envelheceríamos também é uma dor de parto. Naturalmente, no momento é difícil ver qualquer coisa de bom em algo tão ruim, mas o que quer que não possamos deixar é ali que ficamos paralisados, e se ficarmos paralisados jamais saberemos o que poderia ter sido. Deus nunca faz pessoas relutantes seguirem em frente; temos de nos decidir a seguir em frente. Em cada tristeza há uma semente, e a minha foi a semente da nova igreja que estávamos nos tornando, uma igreja que salva vidas.

Em fins de 1998, eu havia conduzido a igreja para o maior projeto de construção que nós, e provavelmente qualquer igreja do nosso país na história recente, já havíamos tentado: um auditório de dois mil lugares. Fiz isso guiado pela minha convicção crescente de que se eu a construísse, os perdidos viriam. Eu só gostaria que eles tivessem vindo mais cedo, porque quando fizemos o nosso primeiro culto no novo prédio nossa igreja havia encolhido para cerca de 300 pessoas. Preciso lhe dizer que independente do quanto você possa ser criativo com cadeiras, só existe um determinado espaço que se pode colocar entre elas sem que as pessoas sintam que não estão na mesma sala! Trezentas cadeiras em um lugar para dois mil assentos pareciam um caos, principalmente quando tínhamos a nossa instalação de seiscentos assentos bem do outro lado do estacionamento.

Isto aconteceu em janeiro de 2000, e naquele dia Deus me deu uma palavra sobre a história de Isaque reabrindo os poços de seu pai (ver Gênesis 26). Isaque deixou os dois primeiros poços que cavou porque os filisteus os haviam entupido. Ele os chamou de Eseque e Sitna, que significa "contenção" e "resistência". Ele foi em frente e cavou um terceiro poço, mas desta vez ninguém discutiu por causa dele nem o entupiu. Ele chamou este terceiro poço de Reobote, que significa "espaço", dizendo: "Agora o Senhor abriu espaço para mim". Naquele primeiro culto de domingo pela manhã no nosso auditório de dois mil assentos, olhei para trezentas pessoas esgotadas e muito destruídas e preguei uma mensagem chamada: "O Poço Número Três Jorrará em Abundância". Depois de quase dois anos de contenção e resistência, eu acreditava que a hora do nosso Reobote havia chegado. Agora, anos depois, com uma igreja de milhares, o nosso Reobote realmente chegou.

Durante as horas finais da vida de Jesus, de pé na corte de Pilatos, Ele teve a chance de ser liberto ao ser oferecido à multidão ao lado de um homem chamado Barrabás. Era costume daquela festividade libertar um prisioneiro a pedido do povo. Barrabás era um assassino condenado e um líder rebelde. Jesus não havia sido condenado por nada, e tudo que Ele havia feito tinha sido ajudar as pessoas. Mas, surpreendentemente, a multidão gritou pedindo que Barrabás fosse solto e que Jesus fosse crucificado. A verdade é que o mundo sempre prefere um rebelde, ou "alguém que resiste ou desafia um governo ou um governante". Mas um revolucionário é "alguém que derruba um governo ou uma ordem social em favor de um novo sistema".

Este livro é sobre uma Revolução de Amor, e não sobre uma rebelião de amor. Não estamos nos rebelando contra o mundo; estamos procurando revolucioná-lo. Deus amou o mundo de tal maneira que Ele nos enviou uma alternativa, e não um ultimato. O nosso líder, Jesus Cristo, é um revolucionário, e não um rebelde; Ele vence substituindo e não condenando. Este passa a ser o nosso desafio. Se a igreja vai amar o mundo, precisamos encontrar novos meios de amar os que são impossíveis de serem amados e de incluir os excluídos sem sermos julgadores. Precisamos viver "atrás das linhas inimigas", não como um movimento de resistência, mas como um movimento de substituição. Somos a sociedade alternativa de Deus.

Enquanto partia para uma viagem de um aeroporto nos Estados Unidos recentemente, observei uma senhora idosa com uma bengala, lutando para colocar seus pertences na esteira de segurança. O agente de segurança foi austero com ela e embora visse que ela estivesse nervosa e com dificuldades, não fez nada para ajudá-la. Instintivamente comecei a pegar as coi-

158 A REVOLUÇÃO DO AMOR

sas dela e colocá-las na esteira transportadora. Do outro lado, esperei por ela para ajudar a recolher tudo. Jamais esquecerei o modo como ela me olhou e com um sorriso de alívio disse: "Muito obrigada; a sua gentileza compensou a má vontade daquele homem". Aquela senhora colocou em palavras a minha convicção mais profunda sobre a igreja: a igreja é o fator de compensação de Deus para um mundo sofredor.

Compensar é "devolver, reduzir ou eliminar os maus efeitos da perda, do sofrimento ou do dano exercendo uma força ou um efeito oposto". Somos o efeito oposto de Deus; nós eliminamos a dor e o sofrimento das nossas comunidades. Como embaixadores e distribuidores de amor e esperança, trazemos um sorriso ao rosto de um mundo estressado e em luta. A compensação não muda o que aconteceu, mas ela pode reduzir o efeito do que aconteceu. Uma Revolução de Amor é parte do grande plano de compensação de Deus para um mundo que esqueceu como sorrir.

O nosso ambiente nativo não é a igreja; é o mundo – não o clube confortável, mas o oceano perigoso. Nascemos para prosperar na adversidade e hostilidade de um mundo destruído. Como peixes que se dão melhor na água, nós nos damos melhor em meio a um mundo perdido porque, como peixes, somos destinados a ficar sempre nesse ambiente nativo. Retire um peixe da água e ele morre. Retire uma flor do solo e ela morre. Retire a igreja do mundo e nós morremos. Os peixes nunca se sentem molhados porque a água é o lar deles, e, no entanto, muitos cristãos têm uma tremenda reação alérgica ao seu ambiente nativo. Somos como peixes se enxugando na praia! Uma imagem ridícula, eu sei, mas ainda assim, uma imagem apropriada.

A Bíblia frequentemente retrata a igreja em um ambiente hostil. Somos descritos como sal em um mundo podre, luz nas trevas, ovelhas entre lobos, estrangeiros e estranhos longe do nosso país. Fomos projetados para prosperar na hostilidade. Somos a igreja, a única parte do céu construída para prosperar em um mundo envenenado pelo inferno. Somos o exército revolucionário de Deus enviado para iniciar uma Revolução de Amor – e essa revolução precisa começar em você e em mim hoje!

CAPÍTULO 9

Faça Com Que As Pessoas Se Sintam Valiosas

> Assim, pois, sigamos as coisas da paz
> e também as da edificação
> de uns para com os outros.
> *Romanos 14:19*

Uma das maneiras mais fáceis de ajudar a despertar uma Revolução de Amor é decidir fazer com que as pessoas se sintam valiosas. Madre Teresa disse: "Ser indesejado, destituído de amor, de cuidados, esquecido por todos, creio que esta é uma fome muito maior, uma pobreza muito maior do que a da pessoa que não tem nada para comer", e descobri que a maioria das pessoas que encontramos ou com quem entramos em contato em nossas vidas diárias não possuem um senso do seu infinito valor como filhas de Deus. Creio que o diabo trabalha arduamente para fazer com que as pessoas se sintam desvalorizadas e inúteis, mas podemos neutralizar o efeito de suas mentiras e insinuações edificando as pessoas, encorajando-as e erguendo-as. Uma maneira de fazer isto é com um elogio sincero, que é um dos presentes mais preciosos deste mundo.

> Uma das maneiras mais fáceis de ajudar a despertar uma Revolução de Amor é decidir fazer com que as pessoas se sintam valiosas.

A maioria das pessoas tem facilidade em se comparar com os outros, e ao fazer isto, elas geralmente deixam de ver suas próprias habilidades e seu valor. Fazer outra pessoa se sentir valiosa não custa caro e não exige muito tempo. Tudo que precisamos é tirar o nosso eu da mente e encontrar algo encorajador para dizer. Fazer as pessoas se sentirem valiosas não lhe custará dinheiro, mas dará a elas algo que vale mais do que qualquer coisa que o dinheiro possa comprar. Dar um elogio sincero pode parecer algo pequeno, mas tem uma força poderosa.

Acredito em ter alvos na vida, por isso, quando estava trabalhando com Deus para desenvolver bons hábitos na área de encorajar pessoas, eu me desafiei a elogiar pelo menos três pessoas todos os dias. Recomendo que você faça algo semelhante para ajudá-lo a se tornar um encorajador determinado.

Não Se Esqueça dos Esquecidos

As pessoas geralmente se sentem solitárias e esquecidas. Elas podem sentir que trabalham com muito esforço, mas que ninguém percebe ou se importa. Lembro-me de uma mulher que me disse que havia se sentido invisível durante a maior parte de sua vida. Lembro-me da dor em seu rosto enquanto ela recordava a maneira como seus pais basicamente a ignoravam. Ela se sentia isolada e terrivelmente só, o que fez com que se sentisse indesejada. Seus pais eram jovens quando ela nasceu; eles não estavam prontos para terem um filho e eram muito egoístas e egocêntricos. Eles não lhe deram qualquer afeto ou apoio emocional. Ela disse ter gasto a maior parte de sua infância e adolescência sozinha em seu quarto, lendo.

O modo como essa mulher descreveu sua infância e o seu sentimento de ser alguém invisível era tão triste, que me fez imaginar quantas vezes eu devo ter feito com que as pessoas se sentissem invisíveis simplesmente por estar tão concentrada no que estava fazendo ou no alvo que estava tentando alcançar, que nem sequer dediquei tempo para perceber que elas estavam perto de mim. Sou uma pessoa que tem a personalidade muito concentrada e determinada a alcançar os seus objetivos na vida. Realizo muito, mas tive de aprender a não ferir as pessoas nesse processo. Ninguém tem sucesso sem a ajuda de uma série de outras pessoas dedicadas, e deixar de demonstrar apreço por elas e de dar a elas o crédito que lhes é devido é uma terrível tragédia e um tipo de comportamento com o qual Deus não se agrada.

Coisas Simples Podem Ser Maravilhosas

Deus fala frequentemente na Bíblia sobre a nossa responsabilidade para com os oprimidos, as viúvas, os órfãos, os que não têm pai, e os estrangeiros. Ele menciona os que são sós e os que se sentem negligenciados, esquecidos e desvalorizados. Ele se importa profundamente com os oprimidos e com os famintos. As pessoas podem estar famintas de muitas maneiras. Elas podem ter muito alimento para comer, mas estarem morrendo de inanição precisando de encorajamento ou de alguma palavra que as faça se sentirem valiosas. Deus levanta os que estão prostrados pela dor; Ele protege o estrangeiro e sustenta o órfão e a viúva (ver Salmo 146:7-9). Como Ele faz isso? Ele trabalha através de pessoas! Ele precisa de pessoas comprometidas, submissas e dedicadas que

Faça Com Que As Pessoas Se Sintam Valiosas 163

vivam para fazer com que os outros se sintam preciosos. Madre Teresa deu a sua vida para fazer com que os proscritos se sentissem amados e valorizados. As coisas que ela fez eram coisas simples, geralmente pequenas coisas, no entanto eram coisas maravilhosas. Ela disse: "Não pense que o amor, para ser genuíno, precisa ser extraordinário. O que precisamos é amar sem nos cansarmos".

Fomos Adotados

Uma passagem que me encorajou enormemente foi o Salmo 27:10: "Porque se meu pai e minha mãe me desampararem, o Senhor me acolherá [me adotará como Seu filho]" (AMP).

Minha mãe tinha muito medo do meu pai, por isso ela era incapaz de me salvar dos vários tipos de abuso que ele cometia contra mim. Eu me sentia só, esquecida e abandonada em meio ao meu pesadelo. Finalmente decidi que ninguém iria me ajudar, então comecei a tentar "sobreviver" às minhas circunstâncias até poder fugir delas. Cheguei à conclusão de que a multidão de pessoas que encontramos diariamente está apenas tentando sobreviver até que alguém as regate – e esse alguém pode ser você ou eu.

A Bíblia diz que Deus é amor: "Ele nos escolheu nele, antes da fundação do mundo" (Efésios 1:4). Ele planejou em amor que fôssemos adotados como Seus filhos. Estas belas palavras trouxeram muita cura à minha alma ferida. Deus adota os abandonados e os solitários, os ergue e lhes dá valor. Ele trabalha através da Sua Palavra, através do Espírito Santo, e através de pessoas guiadas pelo Espírito, que vivem para ajudar outros.

Madre Teresa achava que todas as pessoas que ela encontrava eram "Jesus disfarçado". Experimente imaginar como trataríamos as pessoas de forma diferente se realmente olhássemos para elas como Madre Teresa olhava. Jesus disse que se fizermos o bem ou o mal às "menores" entre as pessoas, nós fazemos isso a Ele (ver Mateus 24:45). Em outras palavras, Ele encara a forma como tratamos as pessoas pessoalmente. Se alguém insultasse, menosprezasse, ignorasse ou desvalorizasse um de meus filhos, eu o encararia como um insulto pessoal, então, por que é tão difícil entender que Deus sente o mesmo? Vamos todos nos esforçar para edificar as pessoas, para fazer com que todos que encontramos se sintam melhor, e para acrescentar valor à vida delas.

Comece Com Um Sorriso

Um sorriso é o começo do amor. Ele significa aceitação e aprovação. Devemos aprender a sorrir para todos e quando fizermos isto, não apenas eles se sentirão melhor, mas nós nos sentiremos melhor também.

Geralmente estou pensando profundamente, e por isso, meu rosto pode ter uma aparência bastante intensa. Também tenho muitas responsabilidades e, se não tomar cuidado, isso pode me dar uma aparência muito séria. Estou aprendendo a dedicar tempo para sorrir para as pessoas, para perguntar a elas como estão, e para encontrar algo amável para dizer a elas. É claro que se estivermos ocupados demais para sermos amáveis estamos desequilibrados e estamos rumando para o desastre na área dos relacionamentos. Os relacionamentos são uma parte ampla da vida, e na verdade descobri que a Bíblia é um livro que trata de relacionamentos. Ela é um livro sobre o nosso relacionamento com Deus, com nós mesmos, e com as outras pessoas.

É impressionante como um sorriso e uma palavra amável deixam as pessoas à vontade. Estas são duas entre muitas maneiras pelas quais podemos dar às pessoas onde quer que estejamos. Você pode estar pensando: *Bem, essa pessoa não sou eu. Sou mais reservado e fechado. Prefiro não me envolver com as pessoas assim, principalmente com pessoas que não conheço.* Se você se sente assim, entendo, porque eu era exatamente igual até que passei a ver o que a Bíblia diz sobre encorajamento, edificação, exortação, e fazer as pessoas se sentirem valiosas. Aprendi que o fato de não ser naturalmente dotada em uma área não significa que eu não possa aprender a fazer aquilo.

Durante anos, dei desculpas para mim mesma por não ser amigável dizendo: "Essa pessoa não sou eu; sou mais do tipo introvertido", mas percebi que "introvertido" não está relacionado na Bíblia como um dom. Pensar em nós mesmos como "introvertidos" é apenas uma desculpa para evitar sermos vulneráveis. Afinal, pensamos: *Como vou me sentir se sorrir para as pessoas e elas não sorrirem de volta?* Vou me sentir rejeitado, e isso não é nada bom. A maioria de nós gasta mais tempo na vida tentando evitar a rejeição do que tentando desenvolver relacionamentos bons e saudáveis. E se eu tentar iniciar uma conversação amigável com um estranho enquanto espero no consultório médico e ficar evidente que ele quer eu o deixe em paz? De repente, vou me sentir constrangida ou estranha, então, em vez de me arriscar, é melhor ficar isolada para me proteger. Quando isto acontece, estamos perdendo a oportunidade de tocar as pessoas com o amor de Deus através de um sorriso ou de uma palavra amável. Quando damos sorrisos, podemos fazer com que outra pessoa sorria, e este é um dos melhores presentes que podemos dar.

Ser parte de uma Revolução de Amor exigirá esforço e prática. Exigirá que estejamos dispostos a mudar algumas de nossas maneiras e que comecemos a pedir a Deus que nos mostre a maneira dEle. Você pode realmente imaginar Jesus franzindo a testa e sendo antipático ou ignorando as pessoas apenas para não Se sentir rejeitado ou simplesmente porque estava ocupado demais com as Suas próprias coisas para sequer notá-las? É claro que sabemos que Jesus jamais agiria assim, por isso devemos decidir que também não agiremos desse modo. Comece a sorrir mais, você pode até tentar sorrir quando estiver só e verá que isso faz com que você se sinta mais leve e mais feliz. O apóstolo Paulo disse àqueles a quem ministrava para se cumprimentarem com um beijo santo (ver Romanos 16:16), que era costume naquele tempo. Estou pedindo apenas um sorriso!

Não Se Preocupe Se Não Acontecer Naturalmente

No final deste capítulo, você lerá uma contribuição a este livro escrita por John Maxwell, um palestrante internacional e autor especializado em liderança, e nosso amigo pessoal. Depois de alguns minutos na presença de John, as pessoas se sentem tremendamente valiosas. Ele e eu conversamos sobre a sua grande capacidade nesta área e ele admitiu prontamente que seu pai o influenciou do mesmo modo. John não apenas teve um bom exemplo enquanto crescia, como ele também tem o dom (talento, habilidade) do encorajamento que lhe foi dado por Deus.

A Bíblia fala do dom do encorajamento (ver Romanos 12:8) e diz que as pessoas que receberam este dom devem abraçá-lo com zelo, alegria e entusiasmo. Assim como tenho o dom da comunicação que me permite fala de maneira eficaz sem muito esforço, algumas pessoas têm o dom do encorajamento. Elas encorajam outras sem nenhum esforço; isso acontece naturalmente para elas. Embora alguns possam desvalorizar o dom do encorajamento, creio que ele é um dos dons mais necessários no mundo.

Essas pessoas são maravilhosas para se conhecer ou estar por perto, mas novamente, eu o encorajo a não se diminuir só porque encorajar os outros não acontece naturalmente para você. Tenho o dom de dar, e lembro-me que quando era criança amava fazer planos de dar um presente a alguém que faria aquela pessoa feliz. Nem todos podem ter o dom espiritual de dar (que também está relacionado em Romanos 12, ao lado do dom do encorajamento), mas todos são instruídos a dar e a fazer isso deliberadamente.

Vá Em Frente e Sorria

A maioria de nós já ouviu falar pelo menos alguma coisa sobre o valor do riso para a nossa saúde física e psicológica. Sorrir é a entrada para o riso, que é algo que precisamos fazer com frequência e deliberadamente.

A Bíblia diz que um coração alegre faz bem como um remédio (ver Provérbios 17:22). Uma das coisas impressionantes que percebi com relação ao meu ministério de ensino é que sou muito engraçada. Digo que isso é impressionante, porque no que chamo de minha "vida normal", esta não seria a forma como as pessoas me descreveriam. Percebi que como é o Espírito Santo quem fala através de mim, Ele obviamente conhece o valor do humor e o efeito curativo que ele gera.

Deus quer que os homens riam, e Ele quer que façamos as outras pessoas rirem. Isso não significa que todos devemos nos transformar em palhaços ou rir em momentos impróprios, mas certamente podemos ajudar uns aos outros a encarar a vida de uma forma mais leve. Todos viveríamos muito melhor se aprendêssemos a rir de nós mesmos às vezes em lugar de nos levarmos tão a sério.

As últimas três vezes que usei calças brancas, derramei café em mim mesma. Posso achar que sou uma desajeitada que não consegue segurar nada e começar a me desvalorizar, ou posso levar isso na brincadeira e tentar me esforçar para permanecer limpa da próxima vez. Durante anos, ouvi as pessoas se diminuírem verbalmente por cada erro que cometiam e creio que isso entristece Deus. Se conhecemos o nosso valor em Cristo, nunca devemos dizer coisas sobre nós mesmos que desvalorizem aquilo que Deus criou.

Por que não criar o hábito de ajudar as pessoas a verem que todos nós cometemos erros tolos e que podemos escolher rir deles ou ficar zangados por causa deles? Dê às pessoas permissão para não serem perfeitas! O mundo está cheio de pressões quanto ao desempenho e a excelência, mas quando é que não precisamos de uma palavra de bondade que nos faça saber que ainda somos aceitos e preciosos?

Quando você estiver com pessoas que cometerem erros, tente imediatamente lembrar a elas os pontos fortes que elas têm, ou algo impressionante que elas tenham feito recentemente. Minhas duas filhas são mães maravilhosas e dedicadas. Quando elas estão se sentindo mal por alguma coisa que não fizeram corretamente, lembro a elas que são mães excelentes e enfatizo o quanto isso é importante. Não devemos considerar nada que as pessoas fazem como uma coisa rotineira. O diabo faz hora extra trabalhando para fazer com que as pessoas se sintam um fracasso, e nós devemos trabalhar igualmente para fazer com que elas se sintam um sucesso.

Nada transforma uma situação má tão depressa quanto o riso. Nós sufocamos a criança que existe dentro de nós muito cedo na vida. As crianças não parecem ficar tão zangadas por deixarem cair alguma coisa, por sujarem a roupa, por tropeçarem e caírem, ou por cometerem um erro. Elas geralmente encontram uma maneira de continuar a rir e a se divertir desde que os adultos permitam. Jesus disse que não poderíamos entrar na vida maravilhosa que Deus promete a não ser que sejamos como crianças (ver Lucas 18:17), então, recomendo especialmente que ajudemos uns aos outros nessa área.

Adoro estar cercada de pessoas que não me pressionam para ser perfeita. Deus nos ama incondicionalmente, e isso significa que Ele nos aceita do jeito que somos e depois nos ajuda a sermos tudo o que podemos ser. Sorrir é um sinal de aceitação. Ajudar as pessoas a rirem de si mesmas é uma maneira de dizer: "Eu aceito você, com os erros e tudo".

Suportar as fraquezas uns dos outros é apenas uma forma simples de demonstrar amor. O apóstolo Paulo ensinava as pessoas a encorajarem e a edificarem outros, lembrando-as frequentemente a continuarem fazendo isso. "Portanto encorajai-vos (adverti, exortai) uns aos outros e edificai-vos (fortalecei) uns aos outros, como também estais fazendo" (1 Tessalonicenses 5:11, *AMP*). O próprio Espírito Santo é Aquele que vive em nós e caminha ao nosso lado na vida e nos consola, encoraja e edifica. Ele nos motiva a nos tornarmos tudo o que podemos ser. Quando cometemos erros, Ele não nos condena, mas nos estimula a prosseguir.

A falta de encorajamento gera depressão, desespero, fracasso e divórcio, e impede as pessoas de atingirem o seu potencial na vida. Todos nós precisamos ser encorajados. Quero mais uma vez insistir em dizer que o simples encorajamento é um dos principais combustíveis para alimentarmos uma Revolução de Amor em nossa sociedade.

Acentue o Que é Positivo

Deus começou a me mostrar que uma maneira de amar meu marido era simplesmente não mencionando os pequenos erros que ele cometia – coisas como não desligar a luz do seu closet ou não substituir o papel higiênico. Talvez ele se esquecesse de fazer algumas coisas que eu havia pedido a ele que fizesse – como levar minha pasta para o escritório para que eu não tivesse de carregá-la na manhã seguinte enquanto tentava equilibrar meu café. Há literalmente centenas de pequenas coisas que todos nós fazemos que têm a tendência de irritar uns aos outros, mas podemos optar por deixá-las passar e nos lembrar que todos nós cometemos pequenos erros e preferiríamos que as pessoas não ficassem nos lembrando deles.

Se você realmente precisa confrontar uma questão, então sem dúvida faça isso, mas a maioria dos relacionamentos termina porque alguém fez uma tempestade em um copo d'água por uma pequena coisa que afinal não era realmente importante. As pessoas são destruídas e realmente se enfraquecem cada vez que alguém lhes lembra de algo que elas não fizeram certo. Passei muitos anos "mencionando" as coisas que me irritavam na esperança de que as pessoas parassem de fazê-las, mas descobri que meus comentários apenas as pressionavam e as deixavam desconfortáveis na minha presença. Descobri que a oração e o hábito de acentuar as coisas positivas são muito mais eficazes.

Quando enfatizamos os pontos fortes das pessoas e as coisas que elas fazem bem, elas são motivadas a vencer as suas fraquezas e falhas. Fiquei surpresa em descobrir que enorme desafio era para mim no princípio da minha jornada simplesmente deixar de mencionar algo que me irritava e esquecer aquilo completamente. Agora cheguei ao ponto de entender que a minha irritação com pequenas coisas é um problema maior do que as coisas em si. Por que deixar a luz de um closet acesa é algo que precisa me irritar? Será que alguma vez eu deixo as luzes acesas? É claro que sim.

Recentemente, repreendi Dave por se sentar na beirada da cama que eu já havia feito e depois se levantar sem arrumá-la. Ele olhou para mim, chocado, e chamou minha atenção para o fato de que na verdade era eu quem estava sentada na cama; ele não estava! É impressionante! Eu tinha tanta certeza de que havia sido Dave que me esqueci totalmente que *eu* era a culpada! Este exemplo demonstra como um espírito acusador pode nos cegar para os nossos próprios erros enquanto nos incentiva a acusar outros.

Demonstre amor acentuando os pontos positivos das pessoas. Por incrível que pareça, não temos de tentar descobrir as coisas negativas que elas fazem. Essas coisas parecem se sobressair como sinais vermelhos. Mas temos de procurar as coisas positivas deliberadamente – ou pelo menos até formarmos novos hábitos!

Como sugeri anteriormente, comece tendo o objetivo de encorajar ou elogiar três pessoas todos os dias sem falta. No fim do dia, pergunte-se quem foram essas pessoas como uma forma de prestar contas a si mesmo. Quando três se tornar algo natural, aumente o seu alvo para seis, depois para 10, e a essa altura será natural para você encorajar todas as pessoas com quem você estiver em contato na sua vida diária.

O seu elogio não precisa ser algo grandioso. Pequenas coisas do tipo "Essa cor fica muito bem em você", "Gosto do seu cabelo assim", "A sua camisa é muito bonita". "Você faz com que eu me sinta segura", "Você trabalha duro", "Eu valorizo você", ou "Sou grata por você ser minha amiga" são muito eficazes e significativas. Quando você der de si e acentuar o que é positivo, se sentirá mais feliz. Assim, você não está apenas dando, mas está recebendo ao mesmo tempo.

O REVOLUCIONÁRIO DO AMOR

John C. Maxwell

O Encorajamento Muda Tudo

O encorajamento é incrível. O seu impacto pode ser profundo – quase milagroso. Uma palavra de encorajamento de um professor a um aluno pode mudar sua vida. Uma palavra de encorajamento de um cônjuge pode salvar um casamento. Uma palavra de encorajamento de um líder pode inspirar uma pessoa para atingir o seu potencial. Como diz Zig Ziglar: "Você nunca sabe quando um momento e algumas palavras sinceras podem afetar uma vida". Encorajar pessoas é ajudá-las a ganhar a coragem que de outro modo elas poderiam não ter – coragem para encarar o dia, para fazer o que é certo, para correr riscos, para fazer a diferença. E o centro do encorajamento é transmitir o valor de uma pessoa. Quando ajudamos as pessoas a se sentirem valiosas, capazes e motivadas, geralmente vemos suas vidas mudarem para sempre. E às vezes podemos vê-las seguirem em frente para transformarem o mundo.

Se você é pai ou mãe, tem a responsabilidade de encorajar os membros de sua família. Se você é o líder de uma organização, pode aumentar em grande escala a eficácia de sua equipe em proporção à quantidade de encorajamento que dá às pessoas que lidera. Como amigo, você tem o privilégio de compartilhar palavras de incentivo que podem ajudar alguém a perseverar durante um período difícil ou a lutar por coisas maiores. Como cristão, você tem o poder de representar Jesus amando as pessoas e erguendo-as com uma palavra de encorajamento.

Entre para o Clube

Nunca subestime o poder do encorajamento. Nos anos 20, o médico, consultor e psicólogo George W. Crane começou a ensinar psicologia social na Nortwestern University de Chicago. Embora ele fosse novo na área de ensino, era um estudante perspicaz da natureza humana, e acreditava firmemente que podia tornar o estudo da psicologia algo prático para seus alunos.

Uma das primeiras turmas onde ele ensinou continha diversos alunos mais velhos do que a média dos alunos universitários. Aqueles jovens homens e mulheres trabalhavam em lojas de departamentos, escritórios e fábricas de Chicago durante o dia, e estavam tentando se aperfeiçoar frequentando aulas à noite.

Certa noite após a aula, uma jovem chamada Lois, que havia se mudado para Chicago vinda de uma pequena cidade em Wisconsin para assumir um emprego na área do governo, confidenciou a Crane que se sentia isolada e só.

"Não conheço ninguém, exceto algumas garotas do escritório", lamentou ela. "À noite, vou para o meu quarto e escrevo cartas para minha família. A única coisa que me faz continuar vivendo a cada dia é a esperança de receber uma carta de meus amigos em Wisconsin".

Foi principalmente em resposta ao problema de Lois que Crane teve a ideia do que ele chamava de "Clube do Elogio", e a anunciou à sua turma na semana seguinte. Aquela seria a primeira de várias tarefas práticas que ele daria a seus alunos naquele período.

"Você deve usar a sua psicologia todos os dias, seja em casa ou no trabalho, ou nos carros e ônibus", Crane disse a eles. "Para o primeiro mês, a tarefa escrita de vocês será o Clube do Elogio. Todos os dias vocês devem fazer um elogio sincero para três pessoas diferentes. Vocês podem aumentar esse número se quiserem, mas para alcançarem a nota do trabalho, precisam ter elogiado pelo menos três pessoas todos os dias durante trinta dias... Então, no final da experiência de trinta dias, quero que vocês escrevam uma redação sobre suas experiências", ele prosseguiu. "Incluam as mudanças que vocês perceberam nas pessoas ao seu redor, assim como a sua própria mudança no modo de ver a vida".[1]

Alguns alunos de Crane resistiram a essa tarefa. Alguns reclamaram dizendo que não sabiam o que dizer. Outros tinham medo de ser rejeitados. E uns poucos acharam que seria desonesto elogiar alguém de quem não gostavam. "Suponha que você encontre alguém de quem não gosta?" perguntou um homem; "Não seria insincero elogiar o seu inimigo?"

"Não, não é insinceridade elogiar seu inimigo", respondeu Crane, "pois o elogio é uma declaração sincera de louvor a alguma característica ou mérito que merece admiração. Você descobrirá que ninguém é inteiramente destituído de mérito ou virtude..."

"O seu elogio pode levantar o moral de almas solitárias que estão quase a ponto de desistir da luta de fazer coisas boas. Nunca se sabe quando o seu elogio casual pode atingir um garoto ou uma garota, um homem ou uma mulher, no momento crítico em que ele estava prestes a jogar a toalha".[2]

Os alunos de Crane descobriram que os seus elogios sinceros tiveram um impacto positivo nas pessoas que as cercavam, e a experiência exerceu um impacto ainda maior nos próprios alunos. Lois floresceu passando a ser uma pessoa verdadeiramente comunicativa que iluminava uma sala quando entrava nela. Outra aluna que estava prestes a abandonar seu emprego como secretária jurídica por causa de um chefe extremamente difícil começou a elogiá-lo, embora a princípio ela o fizesse entre dentes. Finalmente, não apenas o mau humor dele para com

174 A REVOLUÇÃO DO AMOR

ela mudou, como também a irritação que ela sentia em relação a ele. Eles acabaram passando a gostar sinceramente um do outro e se casaram.

O Clube do Elogio de George Crane hoje provavelmente nos parece um pouco fora de moda. Mas os princípios que estão por trás dele são tão saudáveis hoje como eram nos anos 20. O fator decisivo é que Crane estava ensinando o que chamo de *Princípio do Elevador*: Nos nossos relacionamentos, podemos levantar as pessoas ou colocá-las para baixo. Ele estava tentando ensinar a seus alunos a serem pró-ativos. Crane dizia: "O mundo está morrendo por falta de reconhecimento. Ele está faminto por elogios. Mas alguém precisa começar a fazer a bola rolar falando primeiro e dizendo uma coisa amável ao seu companheiro". [3] Ele abraçou o sentimento de Benjamin Franklin, que acreditava: "Assim como devemos prestar contas por cada palavra fútil – faremos o mesmo por cada momento de silêncio ocioso".

Cinco Coisas que Cada Incentivador Precisa Saber sobre as Pessoas

Você tem o tremendo poder de afetar a vida das pessoas à sua volta. O encorajamento vindo de você pode ser o fator que vai fazer a diferença no dia, na semana ou até na vida de alguém, lançando essa pessoa em uma direção inteiramente nova.

É difícil encorajar pessoas se você não sabe o que as motiva. Então, torne-se um estudioso das pessoas e aprenda o que faz elas vibrarem. Saiba o que as levanta. Para começar, adote estas cinco coisas que sei sobre as pessoas:

1. Todo mundo quer ser alguém.

Todas as pessoas querem ser reconhecidas. Todas as pessoas querem ser amadas. Todas as pessoas querem que se pense bem delas. Todo mundo quer ser alguém. Isso vale desde a menor das crianças até o mais velho dos adultos.

Como você pode ajudar outra pessoa a sentir que é alguém? Vendo-a como um "10". Acredito que, de modo geral, as pessoas reagem ao que esperamos delas. Se você pensa o melhor delas, elas geralmente dão o seu melhor. Se você tratar as pessoas como um "10", elas responderão como um "10". Se você tratar alguém como um "2", ele responderá como um "2". As pessoas querem reconhecimento e afirmação. É um desejo profundo de todo ser humano, e podemos ajudar as pessoas a se tornarem grandes simplesmente mostrando a elas que acreditamos nelas.

2. Ninguém se importa com o quanto você sabe até que saiba o quanto você se importa.

As pessoas não querem saber o quanto você é inteligente. Elas não querem saber o quanto somos espirituais. Elas não querem saber os diplomas que temos ou quanto dinheiro juntamos. A única coisa que eles realmente querem saber é se nos importamos realmente com elas. Precisamos demonstrar o amor de Deus aos outros através das nossas vidas.

Aprendi esta lição com Katie Hutchison, minha professora da Escola Dominical no segundo ano. Ela era incrível. Ela me amava e eu sabia disso. Quando eu ficava doente e faltava à igreja, ela ia me visitar.

"Ah, Johnny, senti sua falta na igreja no domingo passado", dizia ela. "Queria ver como você estava passando". Ela me dava uma bugiganga de cinco centavos que para mim valia um milhão de dólares, e dizia: "Espero que você possa vir à Escola Dominical no próximo domingo porque sentimos muito a sua falta. Na verdade, quando você for à aula, quero ter a certeza de vê-lo, então, quando eu me levantar para ensinar, você poderia levantar a mão e acenar para mim? (Havia quase cinquenta crianças na aula dela!) "Então eu verei você, e darei um sorriso, e me sentirei melhor e ensinarei melhor".

Quando chegava o domingo, eu ia à igreja mesmo se não estivesse me sentindo bem. Eu acenava. Ela sorria, acenava, e ensinava. Eu sabia o quanto ela se importava comigo, e aquilo fazia com que eu me sentisse como se fosse capaz de fazer qualquer coisa.

3. *Qualquer pessoa no corpo de Cristo pertence a todas as pessoas no corpo de Cristo.*

Como cristãos, muitas pessoas tentam fazer as coisas por si só. E elas se tornam indiferentes aos outros e esperam que os outros também façam as coisas por eles mesmos. Mas não é assim que o corpo de Cristo deve funcionar.

Quando um cristão tenta caminhar sozinho, ele é como o pedreiro de uma estória que ouvi certa vez. Ele precisava transportar cerca de 200 quilos de tijolos do alto de um prédio de quatro andares até a calçada no térreo. Dizem que as palavras dele mencionadas abaixo foram extraídas de um formulário de pedido de seguro:

> Teria demorado muito para levar os tijolos para baixo usando as mãos, então decidi colocá-los em um barril e descê-los com uma polia que havia prendido ao topo do prédio. Depois de amarrar a corda firmemente no nível do chão, subi ao topo do prédio, prendi a corta em volta do barril, carreguei-o com os tijolos, e balancei-o para descer até a calçada.

Então desci até a calçada e desamarrei a corda, segurando-a com força para guiar o barril para baixo lentamente. Mas como só peso 63 quilos, o peso de 200 quilos arrancou-me do chão tão rápido que não tive tempo de pensar ou de soltar a corda.

Quando passei entre o segundo e o terceiro andar, encontrei o barril descendo. Isso explica os ferimentos e contusões na parte superior do meu corpo.

Agarrei-me firmemente à corda até que atingi o topo, onde minha mão ficou presa na polia. Isso explica o meu polegar quebrado.

Ao mesmo tempo, porém, o barril atingiu a calçada fazendo um grande barulho, e o fundo se soltou. Sem o peso dos tijolos, o barril pesava somente 18 quilos, e assim, o meu corpo de 63 quilos começou uma descida vertiginosa. Encontrei o barril vazio subindo. Isso explica meu tornozelo quebrado.

A uma velocidade levemente mais lenta, continuei a descida e aterrissei sobre a pilha de tijolos. Isso explica o deslocamento de minhas costas e a minha clavícula quebrada. A esta altura, minha presença de espírito se foi completamente e soltei a corda e o barril vazio desceu caindo sobre mim. Isso explica as lesões na minha cabeça.

E quanto à última pergunta do seu formulário de seguro – o que você faria se a mesma situação ocorresse de novo? Fique ciente de que desisti de tentar fazer as coisas sozinho. [4]

No sentido espiritual, é isto que acontece quando as pessoas permanecem desligadas do corpo de Cristo. Deus não planejou que nenhum de nós fizesse as coisas sozinho. Fomos planejados para encorajar e ajudar uns aos outros. Como irmãos, precisamos fazer a jornada juntos.

4. Qualquer pessoa que encoraja alguém influencia muitas pessoas.

Muitas pessoas me ajudaram e incentivaram ao longo do caminho da minha vida. Hoje olho para trás aos sessenta e um anos, e fico surpreso com o quanto as pessoas foram generosas e amáveis para comigo.

Uma das pessoas que fez isso quando eu era um aluno esquisito da sétima série foi um homem chamando Glen Leatherwood, outro dos meus maravilhosos professores da Escola Dominical. Éramos um grupo insubordinado que estava sempre se mexendo, se virando, conversando, brigando – fazendo tudo menos ouvindo. Mas ouvíamos Glen porque ele vivia para nos amar e nos encorajar.

Um dia, sua voz começou a se quebrantar, e todas as crianças se viraram e olharam para Glen, e ele olhou para nós, e suas lágrimas corriam.

"Logo após a aula", disse ele, "gostaria de falar com Steve Benner, Phil Conrad, Junior Fowler e John Maxwell por um segundo. Tenho algo maravilhoso para dizer a vocês".

Depois da aula, quando nos encontramos, ele disse: "Todos os sábados à noite, oro por cada menino da minha turma da 7a. série. Na noite passada, senti Deus me dizer que vocês quatro seriam chamados para o ministério, e queria ser o primeiro a dizer isso a vocês. Também queria ser o primeiro a impor as mãos sobre vocês e a orar por vocês".

Glen impôs as mãos sobre nossas cabeças e me deu o que sempre considerei ser a minha ordenação oficial para o ministério. E ele estava certo. Todos os quatro se tornaram pastores.

Muitos anos depois, fui visitar Glen, e perguntei a ele quantas pessoas dentre os alunos das turmas dele de Escola Dominical ao longo dos anos estavam no ministério. Ele disse que não tinha certeza, mas que sabia com certeza que havia trinta.

Imagino quantas igrejas se beneficiaram com o amor e encorajamento que ele dedicou a inúmeros alunos da 7ª. série todos os anos. Quantas vidas as suas palavras de encorajamento influenciaram? Provavelmente jamais saberei até chegar ao céu. Mas posso lhe dizer uma coisa: qualquer pessoa que incentive alguém influencia muitas outras.

5. Deus ama a todos.

Muitos cristãos têm a tendência de serem excessivamente seletivos quanto a quem ajudam e a quem encorajam. Eles procuram pessoas como eles. Algumas pessoas até acreditam que devem ajudar somente pessoas que acreditam no que elas acreditam e que pensam como elas pensam. Não é assim que deve ser. Certamente esta não é a maneira como Jesus agia.

Anos atrás, li um artigo sobre uma pessoa que caiu em um poço e não conseguia sair – e a forma como os outros a trataram:

Uma pessoa subjetiva passou e disse: "Sinto muito por você estar aí em baixo".

Uma pessoa objetiva passou e disse: "Bem, é lógico que alguém iria cair aí dentro".

Um fariseu disse: "Só pessoas más caem dentro de poços".

Um matemático calculou como a pessoa caiu no poço.

Um repórter queria fazer uma reportagem exclusiva sobre a pessoa dentro do poço.

Um fundamentalista disse: "Você merece o seu poço".

Um calvinista disse: "Se você fosse salvo, jamais teria caído nesse poço".

Um armeniano disse: "Você era salvo e ainda assim caiu nesse poço".

Um carismático disse: "Apenas declare que você não está neste poço".

Um realista passou e disse: "Ora, isto é o fundo do poço".

Um geólogo disse à pessoa para apreciar a formação geológica daquele poço.

Um funcionário da Receita Federal perguntou se ela estava pagando impostos sobre aquele poço.

O inspetor municipal perguntou se ela tinha permissão para cavar o poço.

Uma pessoa que sofria de autopiedade disse: "Você ainda não viu nada. Espere até ver o meu poço".

Um otimista disse: "As coisas podiam ser piores".

Um pessimista disse: "As coisas vão piorar".

Jesus, vendo o homem, estendeu a mão para baixo, segurou-o e tirou-o do poço.

Jesus veio para morrer pelas pessoas. Ele estava e está no negócio que envolve pessoas. E você e eu precisamos estar nesse negócio também. Devemos ter sempre em mente que Deus ama a todos, e precisamos tratar as pessoas como Jesus as trataria. Precisamos encorajá-las para serem quem Deus as criou para ser.

Creio que lá no fundo, todo mundo quer se tornar um incentivador, e toda pessoa que conhece Jesus quer ser mais como Jesus – até a pessoa mais negativa. Por que digo isso? Porque creio que todos queremos ser uma influência positiva na vida de outros. Queremos acrescentar valor às pessoas, e não tirar o valor delas.

Então me permita ser o seu encorajador. Você pode fazer a diferença. Você pode acrescentar valor aos outros. Você pode representar Jesus bem e um dia ouvir as palavras: "Muito bem, servo bom e fiel". Todos podem se tornar incentivadores. Você não precisa ser rico. Você não precisa ser um gênio. Você não precisa ter um enorme carisma. E você não precisa ter tudo isso ao mesmo tempo. Você só precisa se importar com as pessoas e estar disposto a começar. Você não precisa fazer nada grande ou espetacular. As pequenas coisas que você pode fazer todos os dias têm o potencial para exercer um impacto muito maior do que você pode imaginar.

- Perceba alguém fazendo algo certo.
- Faça um elogio sincero a alguém.
- Ajuda alguém que necessite.
- Ofereça a alguém um ombro onde chorar.
- Comemore com alguém que teve sucesso.
- Dê esperança a alguém.

Você pode fazer isto. Aja agora. E tenha em mente este ditado que sempre amei: "Espero passar por este mundo só uma vez. Portanto, todo bem que eu possa fazer, ou qualquer ato de bondade que eu possa demonstrar a qualquer criatura, que eu o faça agora. Que eu não adie ou negligencie nada, porque não passarei por este caminho outra vez". [5]

CAPÍTULO
10

Atos Arrojados de Bondade

Consideremos e cuidemos com atenção uns dos outros,
estudando como podemos nos incentivar (estimular
e promover) ao amor, às boas obras e às atividades nobres.
Hebreus 10:24, AMP

Você já se sentou com o seu cônjuge, com um membro da família, ou com um amigo e discutiu as maneiras como vocês podem ser uma benção para os outros? Eu me aventuraria a dizer que a maioria de vocês não fez isso, e até cerca de três anos atrás eu também não havia feito. Agora, como mencionei no capítulo 6, acho essas conversas divertidas e muito úteis. Todos ficamos entusiasmados quando pensamos e falamos deliberadamente sobre maneiras de ajudar a outras pessoas. Não haverá uma Revolução de Amor se não fizermos deliberadamente coisas para ajudar os outros. Precisamos ter objetivos e prosseguir para ao alvo de realizá-los.

Quando me decidi a fazer do amor aos outros o tema central de minha vida, comecei a ficar ansiosa por uma série de maneiras de demonstrar amor. O amor não é uma teoria ou uma simples palavra; amor é ação (ver 1 João 3:18). Certamente podemos amar as pessoas com palavras amorosas que encorajam e expressam o quanto achamos que elas são preciosas, como enfatizei no capítulo anterior, mas também precisamos usar os nossos recursos de tempo, energia, bens e finanças para amá-las.

Você pode estar convencido de que não tem nada para dar. Talvez você esteja endividado, fazendo o que pode para pagar suas contas — e o pensamento de dar aos outros está quase irritando você, ou talvez fazendo com que você se sinta triste porque quer dar, mas não vê meios de fazê-lo. Há literalmente milhares de maneiras pelas quais você pode dar e espalhar amor se estiver disposto a procurar por elas com determinação.

Viva o Que Você Prega

Acredito que dizer às pessoas o que fazer e deixar de dar a elas qualquer informação quanto a como fazer é um grande erro. Muitas pessoas falam de amor, mas só falar não dá necessariamente às pessoas nenhuma ideia concreta sobre como demonstrar amor de maneiras práticas. Acabei de ler rapidamente um livro inteiro sobre o amor. Ele tinha 210 páginas e estava cheio de ensinamentos sobre como Jesus disse que o único novo mandamento que devemos seguir é o de amarmos uns aos outros como Ele nos amou, e que por esse amor o mundo o conheceria (ver João 13:34-35). Mas não encontrei uma ideia prática ou um pensamento criativo sobre *como* isso realmente poderia existir na vida de uma pessoa. O autor chamava a atenção repetidamente para o fato de que amar uns aos outros é a coisa mais importante que devemos fazer, mas posso dizer sinceramente que se o livro dele fosse todo o conhecimento que tenho a respeito do amor, eu não teria sequer uma pista de como começar a amar. Creio que as pessoas querem fazer o que é certo, mas elas precisam que alguém as oriente indicando a direção certa.

Jesus não apenas falou sobre o amor, mas lembre-se que Atos 10:38 diz que Ele se levantava todos os dias e saía pelas ruas fazendo o bem e curando a todos os que eram oprimidos e atormentados pelo diabo. Seus discípulos o viam diariamente ajudando as pessoas, ouvindo-as, ou permitindo que Seus planos fossem interrompidos para ajudar alguém que ia até Ele com uma necessidade. Eles o ouviam dizendo que deveriam sempre ter um dinheiro separado para ajudar os pobres. Eles também testemunharam que Ele estava sempre pronto a perdoar e a demonstrar paciência para com os fracos. Ele era gentil, humilde e encorajador, e nunca desistia de ninguém. Jesus não falava simplesmente sobre ajudar as pessoas; Ele demonstrava a todos ao Seu redor como amar. As nossas palavras são importantes, mas nossas atitudes têm mais peso do que elas.

> As nossas palavras são importantes, mas nossas atitudes têm mais peso do que elas.

Nosso Maior Problema

O único e maior problema que temos no Cristianismo é que ouvimos as pessoas nos dizerem o que fazer – e até dizemos aos outros o que fazer – e depois saímos da igreja ou do estudo bíblico e não fazemos nada. Não importa o que *achamos* que sabemos. A prova do que sabemos está no que fazemos. Jesus disse que seríamos conhecidos pelos nossos frutos (ver Mateus 12:33), o que significa que as pessoas podem dizer quem realmente somos por dentro pelo que produzimos com as nossas vidas e com a nossa atitude.

Preciso perguntar a mim mesma continuamente: "O que estou fazendo para realmente demonstrar amor?" Podemos ser enganados pelo conhecimento, de acordo com o apóstolo Paulo. Podemos ficar cegos pelo orgulho de sabermos o que sabemos a ponto de nunca vermos que não estamos praticando nada disso. Paulo disse aos Corintos que o simples conhecimento faz com que as pessoas fiquem inchadas pelo orgulho, mas o amor (o afeto, a boa vontade e a benevolência) edifica e encoraja as pessoas a crescerem até sua plena estatura (ver 1 Coríntios 8:1). Devemos garantir que não haja brechas entre o que dizemos e o que fazemos. Não é de admirar que o mundo acuse muitos cristãos de serem hipócritas, porque eles realmente são.

Frequentei uma igreja durante muitos anos que falava em missões uma vez por ano, no "Domingo de Missões". Não me lembro de ter ouvido nada sobre alcançar os pobres e oprimidos da nossa própria cidade. A maioria dos sermões que ouvi era sobre crenças doutrinárias, e não sobre os aspectos práticos do Cristianismo e sobre como devemos nos comportar na nossa comunidade. Uma doutrina sólida é importante, mas entender como viver a minha vida diária é igualmente importante. A igreja estava cheia de fofoca, divisão, e de pessoas competindo por posições. De muitas maneiras, nós não nos comportávamos de modo diferente do resto do mundo; simplesmente íamos à igreja. Finalmente me pediram para sair da igreja porque eu era radical demais e estava entusiasmada demais com os dons sobrenaturais de Deus que descobri estarem disponíveis aos cristãos. Eu havia me tornado uma cristã entusiasmada e empolgada e me disseram que eu estava apenas sendo emocional e que precisava me acalmar.

Então fui para outra igreja onde as pessoas também eram entusiasmadas com as mesmas coisas que eu. Elas estavam intensamente envolvidas em testemunhar a outros sobre a salvação através de Jesus Cristo. Eu estava empolgada e queria servir a Deus de todo coração, então organizei um grupo de mulheres e saíamos armadas de folhetos evangelísticos todas as sextas-feiras. Nós os entregávamos às pessoas quando elas saíam da mercearia e os colocávamos nos pára-brisas dos automóveis no estacionamento. Dentro de algumas semanas, havíamos distribuído dez mil pequenos livretos contendo a mensagem do evangelho. Eu também recebia as pessoas em casa para um estudo bíblico todas as quintas-feiras à noite.

Eu estava crescendo em Deus e estava muito entusiasmada em servi-lo, mas então os oficiais da igreja me chamaram para uma reunião e disseram que eu estava sendo rebelde porque organizava as mulheres para distribuírem folhetos sem a permissão deles. Eles também chamaram Dave e eu e nos informaram que ele deveria estar dando o estudo bíblico em meu lugar. Aquela igreja finalmente diminuiu até chegar a nada, e hoje não existe mais, simplesmente porque tentaram controlar as pessoas, e ao fazer isso eles frequentemente apagavam os próprios dons que Deus havia dado.

Durante mais anos do que posso me lembrar, frequentei outra igreja que ensinava coisas boas, mas, para ser sincera, quando olho para trás, constato que eu via muito pouco amor verdadeiro ali. Aquela igreja tinha um programa de evangelismo mínimo e um orçamento para evangelismo mundial pequeno que finalmente acabou sendo eliminado. Também tínhamos líderes egoístas, cheios de orgulho, ciumentos, e que até temiam o sucesso dos outros; alguns eram controladores e extremamente imaturos. Fico irritada todas as vezes que penso que desperdicei tanto tempo de minha vida envolvida em algo tão autossuficiente. A Igreja em geral e as igrejas locais especificamente são chamadas para o evangelismo externo e não interno. A missão da Igreja é ser uma testemunha nas comunidades, nas cidades, nas nações e no mundo (ver Atos 1:8).

A Igreja deve funcionar agressivamente na realidade do amor, o que a Bíblia define claramente como paciência, bondade, humildade, alegria com o sucesso dos outros, falta de egoísmo, dar, sempre acreditar no melhor, estar pronto a perdoar, demonstrar misericórdia em lugar de julgamento, benevolência, boas obras, e ajudar os pobres, as viúvas, os órfãos, os que não têm pai, os famintos, os sem-teto, e os oprimidos. O amor entrega a sua própria vida pelo bem dos outros. Na verdade, o amor deve estar ativamente envolvido ou ele morre. Ele precisa fluir e crescer!

O Que Você Fará Com a Sua Compaixão?

1 João 3:17 faz uma pergunta importante: "Ora, aquele que possuir recursos deste mundo, e vir a seu irmão padecer necessidade, e fechar-lhe o seu coração, como pode permanecer nele o amor de Deus?" Em outras palavras, este versículo está dizendo que podemos decidir abrir ou fechar o nosso coração para a compaixão quando vemos uma necessidade, mas se decidirmos fechá-lo repetidamente, o amor de Deus não pode ficar vivo e permanecer em nós. A própria natureza do amor requer que ele seja ativo porque é uma coisa viva. Deus é amor!

João fez um comentário notável e sério quando disse que "Aquele que não ama não conhece a Deus, pois Deus é amor" (1 João 4:8). Podemos receber um curso rápido sobre como o amor deve se parecer na vida diária estudando os passos de Jesus. Ou, como disse uma pessoa, "Talvez possamos aprender estudando as paradas de Jesus". Ele sempre tinha tempo para as pessoas! Ele sempre se importava! Não importa onde estivesse indo, Ele parava para ajudar os que precisavam de ajuda.

Vamos Ser Práticos

Pedi a centenas de pessoas que compartilhassem comigo formas práticas pelas quais podemos demonstrar amor. Li livros, procurei na Internet, e fui muito determinada na minha jornada para encontrar formas criativas de incorporar este tema de amar as pessoas à minha vida diária. Gostaria de compartilhar com você algumas das coisas que aprendi, mas também o encorajo a ser criativo e depois compartilhar suas ideias com outros. Você pode visitar o site oficial da Revolução do Amor (www.theloverevolution.com) e ali encontrará links para todas as páginas de rede social, gráficos, downloads da Revolução do Amor, e muitas outras ferramentas que você pode utilizar para ajudar este movimento a avançar. Você pode compartilhar suas ideias com os outros, assim como ter a oportunidade de aprender com eles. Lembre-se... Você é a Revolução de Amor! Sem a sua participação ativa ela não funcionará.

Veja algumas ideias que encontramos ou foram enviadas por diversas pessoas:

- Quando ficar óbvio que você e outra pessoa querem a mesma vaga de estacionamento, deixe que a outra pessoa estacione e faça isso com um sorriso no seu rosto.
- Corte a grama de um vizinho idoso ou limpe a neve da entrada da casa dele no inverno.
- Limpe a casa de uma pessoa idosa ou ofereça-se para fazer as compras de mercado para ela.
- Dê a alguém que não tem transporte uma carona até a igreja ou para outro evento, mesmo que tenha de sair do seu caminho para fazer isso.
- Ouça alguém realmente sem interromper.
- Seja um motorista educado.
- Segure a porta para um estranho e deixe que ele passe na sua frente.
- Se você está com um carrinho cheio de compras e a pessoa atrás de você só tem dois artigos na mão, deixe essa pessoa passar na sua frente.
- Tome conta do bebê de uma mãe ou pai solteiro para dar a essa pessoa um pouco de tempo a sós ou tempo para executar algo com tranquilidade.
- Convide uma pessoa que não tem família na cidade para passar o feriado em sua casa.

- Envie cartões e/ou flores para demonstrar apreço por alguém.
- Dê a uma mãe solteira a oportunidade de levar seus filhos para almoçar fora pagando a refeição para eles.

Funciona!

Uma das ideias que recebemos foi: "Pague secretamente o jantar de alguém no restaurante onde você está comendo". Dave e eu fazemos isso com frequência e tivemos resultados maravilhosos. Certa noite, vimos duas senhoras idosas em um restaurante. Elas estavam arrumadas e pareciam belíssimas. Sentimos o desejo de pagar pelo jantar delas e fizemos isso através do garçom. Pedimos a ele que nos deixasse sair primeiro e depois dissesse a elas que alguém queria abençoá-las pagando por sua refeição. Naturalmente, elas perguntaram quem era e o garçom compartilhou que eu ministrava na televisão e que queríamos simplesmente colocar um sorriso no rosto delas.

Vários meses depois, estávamos no mesmo restaurante e uma das senhoras veio até nós e perguntou se nos lembrávamos dela. Como parecíamos não nos lembrar, ela repetiu rapidamente o que havíamos feito, depois nos disse que naquela noite que pagamos pelo jantar era seu aniversário, e o quanto significou para ela o fato de que alguém quisesse fazer aquilo. Ela disse que saiu procurando meu programa de televisão e que o estava assistindo desde então. Não só tivemos a alegria de fazê-las felizes, como fomos duplamente abençoados por Deus nos ter usado no aniversário de uma delas. Ela agora está recebendo ensinamentos regularmente da Palavra de Deus através do nosso programa e só Deus sabe qual será o fruto disso. Então, um pequeno gesto de bondade e um pequeno investimento financeiro não apenas trouxeram alegria, como a apresentaram à Palavra de Deus.

Outra sugestão que recebemos foi: "Pague pelas compras de alguém no mercado". Nosso filho compartilhou uma história que tocou o meu coração e que me deixou orgulhosa de ser sua mãe.

190 A REVOLUÇÃO DO AMOR

Ele e sua esposa estavam no mercado e ele percebeu uma mulher que parecia cansada, estressada, e que parecia ter muito pouco dinheiro. Ela estava fazendo compras com sua lista e parecia estar usando de muita cautela ao colocar mercadorias na sua cesta. Ele simplesmente foi até ela, deu-lhe uma nota de cem dólares, disse a ela que pegasse as coisas que precisava, e saiu. Uma vez li que o amor aguarda nas sombras por uma oportunidade de se expressar, sai, faz o seu trabalho, e depois rapidamente volta para as sombras para aguardar pela próxima oportunidade. Creio que este é um belo pensamento, você não acha?

Frequentemente procuro atentamente por pessoas que parecem estar desanimadas e dou a elas algo monetário com a simples mensagem: "Deus ama você". Muitas vezes nem digo nada sobre Deus, e simplesmente demonstro o Seu caráter! Observei uma jovem que trabalhava na loja Starbucks durante seu horário de intervalo. Ela estava sentada sozinha em uma mesa, e parecia muito cansada. Entreguei a ela cinquenta dólares e disse: "Só quero abençoar você. Aposto que você trabalha duro e quero que você saiba que aprecio isso". Ela pareceu chocada e depois disse: "Esta é a melhor coisa que alguém já fez por mim".

Não creio que percebamos quantas pessoas andam entre nós todos os dias e que se sentem solitárias ou insignificantes, e que tiveram pouca ou nenhuma experiência do amor incondicional. Elas não estão acostumadas a terem nada "de graça" ou a receber nada que não tenham conquistado ou merecido. Creio que fazer coisas aleatórias pelas pessoas apenas para ser uma benção e sem nenhuma outra razão é uma forma impressionante de demonstrar o amor de Deus.

Não Se Esqueça de Fazer o Bem

Hebreus 13:16 nos estimula a "não negligenciarmos igualmente a prática do bem, e a cooperação com os necessitados [da igreja, como símbolo e prova de comunhão], pois com tais sacrifícios,

Deus se compraz" (AMP). Embora esta passagem fale especificamente sobre fazer coisas pelos irmãos da igreja, o ponto de vista que quero enfatizar é que viver deste modo generoso de vida é agradável a Deus. Há muitas outras passagens que nos dizem para sermos bons com todos, e não apenas com os que consideramos que têm a mesma opinião que nós, ou que estão na nossa igreja. Por exemplo, 1 Tessalonicenses 5:15 nos incentiva: "... Segui sempre o bem entre vós e para com todos".

Deixe-me encorajá-lo a pensar nas coisas que você pode fazer pelas pessoas que o servem de várias formas, como coletando o seu lixo ou entregando a correspondência. Essas pessoas participam da nossa vida o tempo todo, mas raramente pensamos no que o seu emprego significa para elas. Eu certamente não gostaria de cheirar e coletar lixo o dia inteiro.

Minha filha uma vez escreveu um bilhete de gratidão aos homens que recolhiam o lixo dela e deu a eles um vale-alimentação para que pudessem almoçar. Creio que estas coisas não apenas abençoam as pessoas, mas podem muitas vezes ser chocantes também porque quase nunca acontecem. O mundo está cheio de pessoas que trabalham duro em empregos que não são muito agradáveis e que, no entanto, ninguém nota.

Uma vez vi uma mulher limpando o banheiro de uma loja de departamentos onde costumo comprar e lhe dei algum dinheiro, dizendo: "Você parece trabalhar muito e pensei em abençoá-la". Sorri e saí rapidamente. Alguns minutos depois, ela me encontrou na seção de sapatos e expressou sua gratidão. Você ficará impressionado com o que acontecerá em seu coração se criar o hábito de perceber as pessoas que geralmente não são notadas. Deus cuida delas e Ele se deleitará com o fato de você se tornar disponível como Seu parceiro nesta empreitada.

Pratique a Cortesia Comum

Quando solicitamos ideias para demonstrar amor aos outros, uma pessoa escreveu: "Diga sempre 'por favor' e 'obrigado'". Estas são

192   A REVOLUÇÃO DO AMOR

duas formas de cortesia comum, e certamente, ser educado em lugar de rude é uma forma de demonstrar bondade e respeito pelos outros. Quero encorajá-lo especialmente a ser educado em casa, com sua família. Estou tentando me lembrar de dizer sempre obrigada ao Dave quando ele faz alguma coisa que peço a ele. É muito importante não acharmos que os nossos entes queridos têm obrigação de fazer as coisas por nós. Ter boas maneiras em público deve ser um reflexo do que normalmente fazemos em casa, atrás das portas fechadas.

O amor não é rude, de acordo com 1 Coríntios 13:5. A grosseria geralmente é resultado do egoísmo, e uma maneira de combatê-la é fazendo uso de boas maneiras em todo o tempo. A nossa sociedade está cheia de grosseria, aspereza e rispidez, mas isso não demonstra o caráter de Deus. Jesus disse que Ele não é áspero, duro, ríspido ou insistente" (Mateus 11:30), e precisamos seguir o Seu exemplo.

Certamente precisamos fazer um esforço para sermos gratos e para expressarmos a nossa gratidão. Em várias passagens, a Bíblia enfatiza o ponto de vista de que devemos "Ser gratos e dizer isso". Podemos achar que somos pessoas gratas, mas o que está no coração sai pela nossa boca (ver Mateus 12:34). Se formos realmente gratos, a expressão dessa gratidão sairá naturalmente de nós.

O Tempo É Um Grande Dom – Dê o Seu Talento

Seja qual for o seu talento particular, ofereça-o como um presente ocasionalmente em vez de sempre querer ou esperar ser pago por ele. Por exemplo, se você é um fotógrafo, ofereça-se para tirar fotografias de casamento grátis para um amigo ou para alguém que esteja com o orçamento apertado.

Se você é cabeleireira, ofereça-se para ir a um abrigo para pessoas sem-teto para cortar os cabelos delas uma vez por mês ou mais se estiver disposta.

Uma amiga minha é pintora decorativa e recentemente passou três dias pintando gratuitamente em uma instituição para jovens problemáticas.

Deus deu a cada um de nós habilidades e devemos usá-las para beneficiar uns aos outros.

Mencionei no capítulo 3 uma mulher que tinha pouco dinheiro, mas que queria sustentar missões financeiramente. Ela fazia isso vendendo seus bolos para levantar dinheiro. A história dela enfatiza o ponto de que se nos recusarmos a não fazer nada, seremos capazes de encontrar algo que possamos fazer, e quando todos se envolvem não demorará muito para que o bem em nosso mundo vença o mal.

Estabeleça Alguns Alvos

Precisamos ter alvos! Acredito firmemente em ter alvos e em ter um plano para atingi-los. Você poderia sugerir ao seu pastor que quando todos saírem da igreja no domingo eles entrem em um acordo de realizar um gesto aleatório de bondade dentro das três horas seguintes. Imagine o que aconteceria se isso se espalhasse mundialmente!

Neste capítulo, destaquei apenas algumas das incontáveis maneiras pelas quais podemos demonstrar amor aos outros – ideias que espero o ajudarão a entender o tipo de coisas que você pode fazer. Dizer que não podemos fazer nada simplesmente não é verdade. Podemos dar desculpas, mas desculpas não são nada mais do que uma forma de nos enganarmos e de nos justificarmos por não fazer nada. Se estender a mão para ajudar outros com determinação, você se sentirá vivo como nunca antes. Milhões de pessoas no mundo sentem que não têm propósito algum; elas buscam a vontade de Deus para suas vidas mas vivem confusas.

Não esqueçamos as palavras de Jesus: "Novo mandamento vos dou: que vos ameis uns aos outros; assim como eu vos amei, que também vos ameis uns aos outros" (João 13:34). Sem dúvida, este é o nosso propósito e a vontade de Deus para nossas vidas.

CAPÍTULO 11

Descubra o Que As Pessoas Precisam e Seja Parte da Solução

Tornei-me tudo para com todos.
1 Coríntios 9:22, NVI

Paulo disse que embora fosse livre de todas as formas de controle de quem quer que fosse, havia se tornado servo de todos. Esta é uma declaração muito impressionante se realmente pensarmos a respeito. Ele era livre o bastante para se entregar como servo sem medo de que se aproveitassem dele. Ele sabia que para ter vida de verdade, precisava entregá-la. Ele decidiu viver para servir e para fazer as pessoas felizes. Em sua vida diária, ele estava seguindo o exemplo que Jesus havia lhe dado.

Paulo prosseguiu dizendo que havia se tornado judeu para os judeus, que vivia como se estivesse sujeito à Lei para os que estão debaixo da Lei, e que para os fracos ele se tornou fraco (ver 1 Coríntios 9:22). Em outras palavras, ele se ajustava para ser o que as pessoas precisavam que ele fosse. Ele fazia o que fosse preciso para ganhá-las para Cristo e demonstrar amor por elas. Paulo era altamente educado, mas tenho certeza de que quando ele estava com pessoas que não tinham educação, ele nunca falava sobre os seus diplomas ou dava um discurso sobre tudo o que sabia. Ele não exibia a sua educação. Na verdade, a seguinte afirmação demonstra sua humildade e determinação de nunca fazer com que as pessoas se sentissem diminuídas. De fato, ele escreveu: "Porque decidi nada saber entre vós, senão a Jesus Cristo (o Messias), e este crucificado" (1 Coríntios 2:2).

Quando Paulo estava com as pessoas, ele tinha de ouvi-las e dedicar tempo a aprender verdadeiramente com elas. Acredito que isto é algo que todos precisamos fazer e sei pela experiência que esta prática aprimorará os relacionamentos de uma forma impressionante. Devemos conhecer as pessoas. Precisamos descobrir do que elas gostam e não gostam, o que elas querem e não querem, o que elas precisam e quais são os seus sonhos para o futuro. Se elas são fracas em uma área e nós somos fortes, devemos nos certificar de que não vamos nos gabar das nossas capacidades.

Descubra Formas de Ajudar as Pessoas a Se Sentirem Bem Consigo Mesmas

Sou muito disciplinada quanto aos meus hábitos alimentares, e recentemente passei uma semana com alguém que realmente tem dificuldades nesta área. A pessoa mencionou várias vezes o quanto sou disciplinada e o quanto ela é indisciplinada. Todas as vezes que ela fazia isso, eu subestimava a minha capacidade de me disciplinar dizendo: "Também tenho áreas de fraqueza, e você vai vencer isto à medida que continuar orando e se esforçando".

Houve um tempo em minha vida em que eu não teria sido tão sensível aos sentimentos de minha amiga. Eu provavelmente teria lhe dado um sermão sobre os benefícios da disciplina e os perigos de comer em excesso e se alimentar mal. Entretanto, eu não teria tido êxito em nada a não ser em fazer com que minha amiga se sentisse culpada e condenada. Quando ela me pediu para compartilhar ideias que pudessem ajudá-la, eu o fiz, mas como uma atitude que não fez com que ela achasse que eu dominava a situação e que ela era um fracasso. Descobri que uma maneira de amar as pessoas é ajudando-as a não se sentirem pior com relação às coisas com as quais elas já se sentem mal.

Mansidão e humildade são dois dos mais belos aspectos do amor. Paulo disse que o amor não se ufana e não se ensoberbece (ver 1 Coríntios 13:4). A humildade serve e faz sempre o que levanta e anima outros.

A Bíblia nos ensina a ter a mesma atitude e a mesma mente humilde que Jesus tinha (ver Filipenses 2:5). Ele era um com Deus, mas se despiu de todos os privilégios e se humilhou para se tornar como um ser humano para que pudesse morrer em nosso lugar e levar a punição que merecíamos como pecadores (ver Filipenses 2:6-9). Ele nunca fazia com que as pessoas se sentissem mal porque não estavam no Seu nível, em vez disso, Ele se inclinava até o nível delas. Paulo fez o mesmo, e precisamos seguir esses exemplos bíblicos.

Todos Nós Precisamos de Coisas Diferentes

Todos nós somos diferentes, e todos nós temos necessidades diferentes. Eu o encorajo a caminhar a segunda milha e descobrir o que as pessoas realmente necessitam em vez de simplesmente dar a elas o que você quer dar. Talvez você possa facilmente dar às pessoas palavras de encorajamento, então, a sua tendência é encorajar a todos. Isso é bom, porque todos precisam de algumas palavras de encorajamento, mas você poderia dizer essas palavras às pessoas e verificar se é o que elas realmente precisam, ou se precisam que você as ajude de alguma forma prática. Elas podem estar com três meses de atraso no aluguel e em vez de encorajá-las dizendo que Deus proverá, elas na verdade precisam que você as ajude a pagar o aluguel. Se você não pode ajudar financeiramente, isto é compreensível, mas é sempre bom ao menos considerar a hipótese de fazer algo palpável para acompanhar as palavras quando a situação estiver grave.

Talvez você goste de passar tempo com as pessoas. Você gosta de visitar pessoas e de falar no telefone ou de receber pessoas em casa nas refeições — então você geralmente tenta dedicar o seu tempo dessa forma. Mas e se você estiver dedicando tempo a pessoas que na verdade precisam de mais tempo para estar a sós e relaxar? Elas seriam abençoadas se você lhes desse um vale-refeição para que elas fossem almoçar enquanto você toma conta de seus filhos, mas você continua tentando dar a elas aquilo que é agradável para você.

Algumas pessoas são muito detalhistas. Elas pensam e falam com muitos detalhes. Podem enviar e-mails enormes ou deixar mensagens de voz que parecem intermináveis. Algumas pessoas detestam começar a ler e-mails ou ouvir mensagens dessas pessoas detalhistas porque sabem que fazer isso consumirá um tempo enorme. Se essas pessoas detalhistas só fizerem o que lhes agrada ou o que gostam, descobrirão que algumas pessoas as evitam.

Mesmo na comunicação, devemos descobrir o que as pessoas querem e precisam e não simplesmente falar e escrever da maneira que nos agrada. Se você tem um amigo que é detalhista, então transmita a essa pessoa tudo que você puder se lembrar. Se por outro lado os seus amigos preferem os pontos principais, então transmita a eles "apenas os fatos".

Gosto de dar presentes, então geralmente faço isso para demonstrar amor. Uma vez tive uma assistente que parecia não apreciar muito os meus presentes. Isso realmente me incomodava porque ela parecia ingrata, mas quando passei a conhecê-la melhor, ela me disse que o mais importante para ela era ouvir palavras que transmitiam amor. Eu queria dar presentes a ela porque isso era mais fácil para mim do que dizer as palavras que ela queria ouvir. Demonstro reconhecimento pelo trabalho esforçado de alguém dando coisas a essa pessoa, mas ela precisava que eu dissesse a ela com frequência o quanto estava fazendo um bom trabalho e o quanto eu reconhecia isso. Ela precisava de abraços ou tapinhas nas costas. Dando presentes, eu estava me esforçando para demonstrar amor por ela, mas surpreendentemente, ela não se sentia amada. Creio que isso acontece com mais frequência do que imaginamos simplesmente porque não aprendemos o suficiente sobre as pessoas para dar a elas o que realmente necessitam, simplesmente queremos dar o que é mais fácil para nós.

Quando esperamos que todos sejam como nós, acabamos pressionando as pessoas a serem algo que elas não sabem como ser. Deus graciosamente supre todas as necessidades que temos. Ele coloca as pessoas certas em nossas vidas com os dons certos se simplesmente conseguirmos ver isso e apreciar as pessoas pelo que elas são.

Estude as Pessoas

Estudar as pessoas para me educar com relação ao que elas precisam de mim foi uma experiência que abriu os meus olhos. Por exemplo, meu marido precisa de respeito e precisa saber que acho que ele está fazendo um bom trabalho cuidando de mim. Ele precisa de uma atmosfera pacífica para viver. Ele ama esportes de todo tipo e precisa de tempo para jogar golfe e assistir a jogos de baseball. Se eu der estas coisas a ele, ele se torna alguém totalmente feliz.

Eu, por outro lado, amo atos de serviço. Significa muito para mim quando alguém faz algo para facilitar a minha vida. Meu marido quase sempre limpa a cozinha após o jantar para que eu possa me sentar e descansar. Se ele me vê tentando fazer algo que parece difícil para mim, como carregar um objeto pesado,

Descubra o Que As Pessoas Precisam e Seja Parte da Solução **199**

ele imediatamente me diz para largar aquilo e deixar que ele o carregue. Estas coisas fazem com que eu me sinta valiosa e amada. Entender o que cada um de nós precisa e estar disposto a dar isso aperfeiçoou o nosso relacionamento tremendamente.

Minha filha Sandra precisa de tempo de qualidade e de palavras de encorajamento. Minha filha Laura precisa de palavras de encorajamento, mas passar tempo comigo não é importante para ela. Minhas duas filhas me amam muito, mas demonstram isso de maneiras diferentes. Sandra me telefona quase todos os dias, e ela e sua família nos visitam com frequência. Laura não telefona com tanta frequência e não a vejo tanto quanto vejo Sandra, mas ela me ajuda a cuidar de minha mãe idosa e de minha tia fazendo compras para elas e ajudando com assuntos bancários e pagando contas, embora tenha quatro filhos em casa e a avó de seu marido more com eles.

Tenho dois filhos maravilhosos, mas eles são muito diferentes. Um me telefona todos os dias e diz que me ama; o outro não telefona tanto, mas demonstra o seu amor de outras maneiras. Sempre que peço a qualquer um deles para fazer algo para mim, eles fazem ou providenciam para que seja feito. O ponto que quero mostrar é que nossos filhos são diferentes, mas todos são maravilhosos.

Também tenho tido que estudar meus filhos e aprender o que cada um deles precisa de mim para poder dar isso a eles. Um gosta de receber presentes, o outro gosta de tempo de qualidade, o outro precisa de palavras de encorajamento, ao passo que o outro pode precisar de uma demonstração de afeto. Ainda estou aprendendo o tempo todo, mas pelo menos agora estou tentando agradar *a eles* em vez de agradar a mim mesma.

Todos nós temos uma "linguagem do amor", um termo popularizado pelo Dr. Gary Chapman e explicado em seu livro *As Cinco Linguagens do Amor*. A linguagem do amor de uma pessoa é a forma como ela expressa e recebe amor. Como mencionei, minha linguagem do amor são os atos de serviço, enquanto a de minha filha é tempo de qualidade. Quando as pessoas falam conosco na nossa linguagem de amor específica, nos sentimos amados, e quando falamos com elas na linguagem de amor delas, elas se sentem amadas. Geralmente tentamos dar às pessoas o que nós precisamos – falando com elas na nossa linguagem do amor, mas este é um grande erro. Se elas não precisam do que nós precisamos, então não importa o quanto nos esforcemos, elas continuarão achando que não são amadas.

Também estou aprendendo que não importa o quanto eu precise de algo, a pessoa que quero que me dê isso pode não estar capacitada a dá-lo, pelo menos não naquele momento. Passei muitos anos desanimada e decepcionada até que finalmente aprendi a orar e a confiar em Deus para me dar o que eu precisava através das pessoas que Ele escolhesse. Enquanto isso, tento fazer o que é certo e descubro que minha alegria aumenta não porque tenho tudo que quero, mas em dar aos outros o que eles querem. Nem sempre (ou mesmo geralmente) gosto da parte do sacrifício, mas realmente gosto da satisfação interna de saber que estou fazendo o que Deus quer que eu faça.

Você já estudou as pessoas que fazem parte da sua vida para descobrir o que elas precisam de você e depois estar disposto a dar isso a elas? Você já perguntou a elas o que precisam? É hora de pararmos de viver egoisticamente, fazendo simplesmente o que é confortável para nós. Precisamos conhecer as pessoas que Deus colocou em nossa vida e começar a servi-las para o bem delas, e não para o nosso bem.

Supra as Necessidades dos Outros

A Bíblia ensina que se formos fortes na fé, devemos suportar os fracassos dos fracos e não viver para agradar a nós mesmos. Cada um de nós deve adotar a prática de agradar o nosso próximo e fazê-lo feliz para o seu bem, para edificá-lo, fortalecê-lo e levantá-lo (ver Romanos 15:1-2). Este é um conselho maravilhoso, mas geralmente fazemos o contrário. Queremos que os outros vivam para nos fazerem felizes e para fazerem o que nos agrada. O resultado é que não importa o que as pessoas façam, nunca estamos felizes e satisfeitos.

O jeito do homem não funciona. Ele não oferece o que realmente queremos e precisamos, mas o jeito de Deus funciona. Se fizermos como Ele nos instrui, podemos fazer alguns sacrifícios, mas teremos um tipo de alegria que não pode ser encontrado em nenhum lugar, exceto no centro da vontade de Deus.

Você está disposto a ser sincero e fazer a si mesmo algumas perguntas que podem ser difíceis de responder, mas que o colocarão face a face com sua condição em relação a amar as outras pessoas?

- Quanto você faz pelos outros?
- Você está tentando descobrir o que as pessoas querem e precisam para poder ajudá-las?
- Você está tentando sinceramente conhecer as pessoas que fazem parte da sua vida de uma forma genuína?
- Até que ponto você conhece realmente as pessoas da sua própria família?

Quando respondi a estas perguntas há alguns anos, fiquei sobressaltado com o grau de egoísmo em minha vida, muito embora eu fosse uma ministra cristã havia muitos anos. A verdade começou a abrir meus olhos quanto à razão pela qual eu ainda era infeliz e não me sentia realizada, embora tivesse todos os motivos para ser realmente feliz. O ponto principal era que eu era egoísta e egocêntrica e precisava mudar. Essas mudanças não vieram rapidamente nem facilmente, nem estão concluídas, mas à medida que prossigo para o alvo diariamente estou avançando e me sinto feliz o tempo todo.

202 A REVOLUÇÃO DO AMOR

Aprenda a Ouvir

Quando tomei a decisão de declarar guerra ao egoísmo e de querer ser parte de uma Revolução de Amor, precisei encontrar formas criativas de ser uma benção. Uma vez que as pessoas são diferentes e precisam de coisas diferentes, tive de começar a me treinar para realmente ouvir o que as pessoas me diziam. Descobri que se ouvir alguém por muito tempo, posso sair dali com o conhecimento de algo que posso obter para ele, fazer por ele, ou orar por ele, se realmente desejar. A desculpa do "não sei o que fazer" é velha e precisa ser jogada no lixo. Se realmente quisermos dar, podemos encontrar maneiras de fazer isso. Lembre-se "A indiferença dá desculpas, mas o amor encontra um meio!"

> "A indiferença dá desculpas, mas o amor encontra um meio!"

Creio que a questão do ouvir é uma parte imensa do aprendizado de amar as pessoas da maneira que elas precisam ser amadas. Separe uma semana e durante esse tempo, anote o que as pessoas lhe disserem nas conversas em geral quanto ao que elas querem, precisam ou gostam. Ore sobre essa lista e pergunte a Deus se Ele quer que você faça algumas dessas coisas, ou, se você tiver o desejo de fazer algumas delas, vá em frente. Não creio que você precise de uma palavra especial da parte de Deus para começar a abençoar as pessoas. Se o que elas precisam é muito para você fazer sozinho, sugiro que considere a hipótese de se unir a algumas outras pessoas para suprirem a necessidade em grupo. Se uma amiga mencionar que ainda está dormindo no sofá depois de ter se mudado há um ano porque não pode se dar ao luxo de comprar um conjunto de mobília para o quarto, a compra desses itens seria algo bom de se considerar como projeto em grupo.

Uma amiga estava falando comigo sobre um jovem de sua igreja que tinha os dentes terrivelmente tortos. Era algo tão grave que ele se recusava a sorrir porque se sentia constrangido de que alguém visse seus dentes. Meu coração se moveu de compaixão quando ouvi esta história, e pudemos providenciar de forma anônima o conserto dos dentes daquele rapaz. Aquilo mudou sua vida. Com que frequência ouvimos falar de algo assim, sentimos compaixão, mas, no entanto, vamos embora sem sequer considerarmos a hipótese de podermos ou não fazer alguma coisa para ajudar? Creio que isso acontece com frequência. Precisamos simplesmente ser educados e re-treinados. Precisamos formar novos hábitos. Em lugar de supor que não podemos fazer nada, devemos pelo menos pensar no assunto. Lembre-se, 1 João 3:17 diz: "Ora, aquele que possuir recursos deste mundo, e vir a seu irmão padecer necessidade, e fechar-lhe o seu coração, como pode permanecer nele o amor de Deus?"

Ouvi uma amiga dizer que precisava de produtos para os cuidados da pele. Eu tinha um conjunto extra deles, então lhe dei um. Minha mãe mencionou que estava sem perfume, então lhe dei um vidro. Minha tia gosta de ir à loja Starbucks, então consegui um vale-brinde para ela comprar o que quisesse. Entenda que não estou compartilhando estas coisas por nenhuma outra razão, a não ser para dar a você ideias de maneiras pelas quais você pode demonstrar amor pelas pessoas do seu mundo. Estou certa de que você tem muitas ideias próprias, então, lembre-se de visitar o website da *Revolução do Amor* e compartilhá-las conosco, e assim nos inspirar.

Todas as vezes que tomamos uma atitude para melhorar a vida de outra pessoa ou para lutarmos contra a injustiça, enviamos uma onda de esperança para o que parece ser uma sociedade sem esperança. Realmente podemos vencer o mal com o bem, portanto vamos ser irredutíveis na nossa determinação de fazer isso.

CAPÍTULO 12

Amor Incondicional

O amor não é cego – ele vê mais, e não menos.
Rabino Julius Gordon

Uma das coisas mais lindas que a Bíblia diz é que enquanto ainda éramos pecadores, Cristo morreu por nós (ver Romanos 5:8). Ele não esperou que merecêssemos o Seu amor; Ele nos ama incondicionalmente. Sinceramente, é difícil para muitos de nós compreendermos isso, porque estamos muito acostumados a termos de conquistar e merecer tudo na vida.

Deus é rico em misericórdia, e para satisfazer o grande, maravilhoso e intenso amor com o qual Ele nos ama, Ele derramou Sua vida por nós gratuitamente (ver Efésios 2:4). *Isto é amor revolucionário!* O amor verdadeiro e revolucionário precisa se entregar, pois ele nunca pode se satisfazer com nada menos do que isso.

É o amor incondicional de Deus que nos atrai para Ele, e é o nosso amor incondicional pelos outros em nome dEle que atrairá outros a Ele. Ele quer que amemos as pessoas no Seu lugar e que façamos do mesmo modo que Ele faria se estivesse na Sua forma terrena. *Ele quer que vivamos para viver a Revolução do Amor.*

Você deve se lembrar da história que contei no capítulo seis sobre meu pai e como Deus instruiu Dave e eu a cuidarmos dele, embora ele certamente não o merecesse. Demonstrar a ele o amor incondicional de Deus finalmente amaciou o seu coração duro, e ele se arrependeu do seu pecado e recebeu Jesus como seu Salvador.

Alguém que me feriu seguidamente durante anos recentemente me perguntou como eu me sentia a seu respeito. Será que eu a amava? Pude dizer sinceramente que embora eu não tivesse o sentimento afetuoso por ela que poderia ter se as coisas fossem diferentes, eu a amava como filha de Deus e a ajudaria na sua necessidade.

O verdadeiro amor de Deus não depende de sentimentos; ele se baseia em uma decisão. Ajudarei qualquer pessoa que precise de ajuda, a não ser que essa ajuda na verdade venha a ser prejudicial a ela. Ela não precisa merecer isso. Na verdade, às vezes acho que quanto menos as pessoas merecem, mais bonito e impactante é esse amor. É absolutamente libertador ser capaz de amar as pessoas sem parar para perguntar se elas merecem esse amor.

Perdão

Estava fora de questão... era simplesmente pedir demais. Como Bill Ebarb poderia perdoar o homem que havia matado seu irmão a sangue frio? Bill Ebarb e Charles Manuel eram dois estranhos cujas vidas estariam para sempre interligadas por uma fração de segundos – o instante em que Charles apertou o gatilho e assassinou o irmão de Bill, John. Daquele momento em diante, Bill não conseguia pensar em mais nada a não ser em vingança.

O coração de Bill estava cheio de raiva e ódio, e ele estava convencido de que nenhuma punição tinha o poder de apagar a sua perda. Depois que John foi morto, não havia um dia que se passasse sem que Bill pensasse no assassino. O ódio intenso estava devorando-o vivo. Aquela obsessão logo custou a Bill o seu emprego e o seu casamento. Ele sabia que se continuasse nesse caminho de destruição, logo lhe custaria a vida.

Foi então que Bill sofreu uma mudança em sua vida que foi ainda mais poderosa do que a sofrida no dia em que perdeu seu irmão. Bill experimentou o perdão de Cristo. Aquilo era algo sobrenatural e além de qualquer perdão que um ser humano pudesse conseguir sozinho. Deus retirou o ódio – Ele retirou a raiva.

O coração de Bill foi transformado de uma forma tão milagrosa que ele começou a pensar no impossível. Ele percebeu que se o Senhor podia perdoá-lo por todas as coisas que ele havia feito nesta vida, ele também precisava perdoar Charles. E ele precisava dizer a Charles que ele o havia perdoado por assassinar seu irmão. A princípio foi um ato de obediência, mas depois passou a ser uma questão do coração. E assim, dezoito anos depois da morte de John, Bill e Charles se sentaram frente a frente em uma reunião que confirmou o que Deus já havia feito na vida de ambos. Deus havia libertado aqueles dois homens pelo poder do perdão.

As estatísticas[1] dizem:

- O perdão reduz o estresse. Alimentar um rancor pode provocar em seu corpo as mesmas tensões – músculos tensos, pressão sanguínea elevada, suor intenso – de um acontecimento estressante.
- O seu coração se beneficiará se você conseguir perdoar. Um estudo encontrou uma ligação entre o perdão e as melhorias nos batimentos cardíacos e na pressão sanguínea.
- Um estudo recente descobriu que as mulheres que conseguiam perdoar seus maridos e que sentiam compaixão por eles resolviam os conflitos com mais eficácia.

O amor humano depende dos sentimentos. Amamos as pessoas porque elas foram boas para nós, nos ajudaram, ou nos amaram primeiro. Elas fazem com que nos sintamos bem com nós mesmos, ou tornam a nossa vida mais fácil, então dizemos que as amamos. Ou nós as amamos porque queremos que elas nos amem. Mas esse tipo de amor baseia-se no que elas estão fazendo, e se elas parassem de fazer isso provavelmente deixaríamos de amá-las. Esse tipo de amor vem e vai; ele é quente e depois frio. Este é o tipo de amor que experimentamos no mundo. Muitos casamentos e outros relacionamentos pessoais baseiam-se neste tipo de amor. Gostamos de sorvete porque tem gosto bom, e amamos as pessoas porque elas nos dão bons presentes de Natal.

O amor de Deus é totalmente diferente – ele não se baseia em nada a não ser no próprio Deus. E quando recebemos Cristo como nosso Salvador, o amor de Deus é derramado em nossos corações pelo Espírito Santo (ver Romanos 5:5). Quando nos tornamos parceiros de Deus, Ele espera que nós sejamos Seus representantes na terra e nos equipa com o amor que precisamos para fazer o trabalho que Ele nos pede para fazer. Quando o amor

208 A REVOLUÇÃO DO AMOR

humano termina, o que frequentemente acontece, o amor de Deus ainda está disponível para completar o que precisa ser feito.

Eu não amava meu pai quando criança porque ele nunca foi um pai para mim. Mas eu tinha o amor de Deus em mim, e fui capaz de decidir, independente de sentimentos, que eu o trataria bondosamente em sua velhice e seria misericordiosa para com ele. Eu realmente sentia compaixão por ele porque ele desperdiçou toda sua vida e tinha lembranças cheias de remorsos.

Geralmente ouvimos histórias impressionantes sobre perdão. Ouvi a história de um adolescente que estava bebendo e provocou um acidente que matou a esposa e o filho de um homem. O homem sabia que Deus queria que ele perdoasse o jovem que causou o acidente, e através de muita oração ele foi capaz de permitir que o amor de Deus fluísse através dele. Aquele homem era um revolucionário do amor!

Precisamos aprender a olhar para o que as pessoas fizeram a si mesmas e não para o que elas fizeram a nós. Em geral, quando alguém fere alguém, ele fere a si mesmo tanto quanto à outra pessoa, e provavelmente sofre as consequências disso. Foi exatamente por isso que Jesus disse: "Pai, perdoa-os, pois não sabem o que fazem" (Lucas 23:34).

O tipo de amor de Deus não pode ser captado com a mente; é um assunto do coração. Não parecia nada razoável Deus me pedir para cuidar de meu pai – mas e aí, o amor não é nada razoável, não é? Não há razão para que Deus nos ame enquanto pecamos e o ignoramos totalmente, mas Ele nos ama.

A Misericórdia Triunfa Sobre o Julgamento

É fácil julgar uma pessoa ou uma situação e dar somente o que é merecido, mas a misericórdia é maior que isso. Ignorar uma ofensa é algo glorioso. Para ajudar pessoas nos países do terceiro mundo, não posso olhar para o fato de que muitos deles adoram ídolos, ou animais, ou o sol, ou até demônios. Eu poderia dizer facilmente: "Não é de admirar que eles estejam morrendo de inanição – eles viraram as costas para Deus". Mas talvez eu estivesse na mesma situação que eles se tivesse nascido no mesmo lugar. Precisamos nos lembrar que: "Se não fosse pela graça de Deus em minha vida, aquela pessoa poderia ser eu".

É fácil algumas pessoas religiosas olharem para um homossexual com AIDS e pensarem: *Ele mereceu*. Mas é assim que Deus olha para o homem? Ou Deus vê o verdadeiro "por que" por trás do "o quê"? Deus quer alcançar aquele homem com redenção desde que o homem começou a respirar – e Ele pode querer usar a mim ou a você para fazer isso. Isto não significa que precisamos concordar com o pecado dos outros, mas devemos abraçar as pessoas e ajudá-las nos seus momentos de necessidade, fornecendo medicamentos, abrigo, e palavras amáveis que lhes permitam encontrar esperança em Deus.

Misericórdia e compaixão são duas das mais belas qualidades do amor, e na verdade não existe amor verdadeiro sem elas. Por ter sido obrigada a conquistar tudo que tive durante meus primeiros trinta anos de vida, eu não era muito boa em dar às pessoas aquilo pelo qual eu havia trabalhado quando me parecia que elas não haviam feito nada para ajudar a si mesmas. Levou algum tempo até que eu aprendesse a diferença entre o meu amor humano e o amor de Deus que havia sido depositado em mim. A misericórdia não pode ser conquistada ou merecida. Paulo escreveu aos Colossenses dizendo que "se revestissem de amor" (ver Colossenses 3:12-14). Gosto da expressão "revesti-vos", que significa fazer algo deliberadamente, sem depender dos sentimentos ou da razão. Aprendi lições de vida impressionantes com esta pequena expressão.

Enquanto escrevo estas linhas, estamos no meio da tarde, e ainda estou sentada de pijama escrevendo. Dave acaba de me ligar e quer vir para me apanhar para irmos a uma exibição de carros Mustang. Posso garantir que ir a essa exibição de carros será um ato de amor. Não estou com vontade de me vestir e de me arrumar; estou gostando dessa coisa de pijamas – mas irei. Da mesma forma, todos nós encontramos inúmeras oportunidades para escolhermos nos revestir do amor incondicional.

Se não aprendermos a viver além dos nossos sentimentos, jamais seremos capazes de amar as pessoas com o amor de Deus ou de ajudarmos as pessoas necessitadas do mundo. Você está pronto para se revestir de misericórdia? Você está pronto para se revestir de amor? Se você está tendo dificuldades com sentimentos que podem impedir você de fazer o que é certo, pergunte a si mesmo "O que Jesus faria nesta situação?" Sei com certeza que se Dave tivesse desistido de mim, eu não seria quem sou hoje. Ele ouviu o seu coração, e não as suas emoções, e é isto que estou encorajando você a fazer.

O Amor Não Se Afasta Sem Se Importar

Amar as pessoas não significa deixar que elas se aproveitem de nós. Não significa dar a elas passe livre na vida para fazerem o que bem entenderem. A Bíblia diz que Deus corrige e disciplina a todos a quem ama (ver Hebreus 12:6). Correção não é punição; é treinar o comportamento correto. Às vezes esse treinamento requer a retenção de bênçãos, mas Deus sempre suprirá as nossas necessidades básicas quando clamarmos a Ele. A Bíblia diz que podemos encontrar provações de todo tipo e que se precisarmos de sabedoria podemos pedir a Deus, que dá a todos liberalmente, e Ele nos ajudará sem nos repreender ou apontar nossos erros (ver Tiago 1:1-5). Este é um belo pensamento!

É possível que eu não compre um carro novo para um viciado em drogas porque sei que ele provavelmente o venderá para comprar drogas, mas posso alimentá-lo e oferecer a ele um lugar para tomar um bom banho, bem como dar-lhe a esperança de uma nova vida. Posso dizer a ele que Deus o ama e quer ajudá-lo, e posso me abster de julgá-lo, pois se eu julgá-lo não poderei amá-lo.

Em geral, quando as pessoas nos ferem ou são difíceis de se conviver, simplesmente queremos eliminá-las da nossa vida, mas e se em vez disso Deus quiser que construamos um relacionamento com elas? É muito mais fácil para nós simplesmente nos afastarmos ou deixarmos as pessoas difíceis de fora da nossa vida, mas nem sempre é isto que Deus quer. Precisamos aprender o que é verdadeiramente o amor em cada situação e aplicá-lo, sem ceder aos sentimentos ou à falta deles.

Uma das perguntas que sempre me fazem é: "Por quanto tempo devo perseverar com relação a esta pessoa?" Essa é uma pergunta que só o seu coração pode responder. Deus é o único que entende toda a situação de ambos os lados e Ele o guiará nas suas decisões se você realmente quiser fazer a vontade dEle em lugar da sua. Simplesmente lembre-se: Fazer parte da Revolução do Amor significa estar pronto e disposto a amar as pessoas mesmo quando parece impossível.

Quando falo sobre o amor incondicional com as pessoas, outra pergunta que sempre surge é: "Devo simplesmente continuar a dar, independente do que as pessoas façam?" A resposta a esta pergunta é não. Suponhamos que um membro da família tenha tido um problema com drogas ou com álcool durante a maior parte de sua vida adulta, e, além disso, seja muito irresponsável. A família gasta uma enorme quantidade de tempo, dinheiro e esforço para ajudá-lo, mas ele acaba voltando aos seus antigos hábitos e para o seu antigo estilo de vida. Este é o tipo de situação em que o inimigo usa as fraquezas dos membros desta família para distrair e roubar a força daqueles que o amam e que tentaram ajudá-lo. Às vezes temos de enfrentar o fato de que, independente do quanto desejamos ajudar alguém, isso não funciona a não ser que essa pessoa realmente queira ser ajudada. Na verdade, é frequente o fato de que depois de anos tentando ajudar seguidamente essa pessoa, muitas vezes com um grande sacrifício pessoal, a família precise se recusar a ajudar mais. Esta não é uma decisão que pode ser tomada rapidamente ou facilmente, mas muitas vezes precisa ser tomada.

Às vezes, como cristãos, somos acusados de não praticarmos verdadeiramente o amor de Cristo quando uma situação como essa surge. Ouvimos coisas do tipo: "Como você pode afirmar que ama as pessoas quando não ajuda sequer os seus parentes?" Embora seja difícil, a coisa mais amorosa a fazer é ser firme e dizer:"Se um dia você realmente quiser encarar os seus problemas e obter ajuda de verdade, avise-nos", mas também sei que não posso continuar permitindo que essa pessoa continue com um estilo de vida destrutivo.

Não devemos permitir que um ente querido em apuros passe fome ou fique doente sem ajudá-lo, mas também não devemos permitir que ele roube a nossa paz ou simplesmente nos use. Amar as pessoas não significa fazer por elas o que elas deveriam estar fazendo por si mesmas.

A misericórdia ajuda aqueles que não merecem ajuda, mas o amor incondicional não se destina a permitir que as pessoas sejam irresponsáveis enquanto nós pagamos a conta. A misericórdia dá muitas oportunidades, e o amor incondicional nunca desiste. Ele ora e está pronto para sair das sombras e ajudar quando fazer isso realmente fará a diferença.

Deus quer que o seu amor flua através de nós para os outros. Precisamos aprender a amar a nós mesmos de forma equilibrada, pois precisamos amar a nós mesmos, ou não teremos amor para dar. Precisamos receber o amor de Deus e permitir que ele nos cure. Lembre-se que não podemos dar o que não temos. Mas não devemos parar aí! Deus nos cura para que possamos levar cura a outros. Deus quer que passemos daqueles que foram resgatados àqueles que estão resgatando outros. O amor humano sempre chega ao fim, mas felizmente o amor de Deus nunca se acaba. Deus nos promete que o Seu amor nunca falha!

CAPÍTULO 13

O *Amor não Se Ressente do Mal*

O amor não se alegra com a injustiça, mas se alegra
com a verdade. Tudo sofre, tudo crê,
tudo espera, tudo suporta.
1 Coríntios 13:6-7, NVI

Você é um bom contador? Você mantém uma contagem precisa e detalhada das coisas más que fizeram a você? Durante muitos anos, todas as vezes que Dave e eu tínhamos uma discussão, eu escavava meus arquivos mentais e começava a trazer de volta todas as outras coisas que ele havia feito e que eu achava que estavam erradas. Eu lembrava a ele os seus erros do passado, e ele ficava impressionado por eu me lembrar de muitos deles porque eram coisas muito antigas. Lembro-me de uma vez em que ele disse: "Onde você guarda todas essas coisas?" Enquanto eu me prendia a algumas coisas por anos, Dave era rápido em perdoar e esquecer.

Mais do que qualquer coisa, Deus quer que amemos uns aos outros, mas isto é impossível sem o perdão total. Não podemos

214   A REVOLUÇÃO DO AMOR

amar genuinamente as pessoas com quem estamos irados ou contra quem guardamos ressentimentos. Paulo escreveu aos Coríntios e disse: "O amor (o amor de Deus em nós) não insiste nos seus próprios direitos ou na sua própria maneira, pois não é egocêntrico; ele não é hipersensível nem irritadiço ou cheio de ressentimento; ele não se ressente do mal que lhe é feito [não presta atenção ao mal sofrido]" (1 Coríntios 13:5b, AMP).

Acredite no Melhor

Se quisermos amar as pessoas, precisamos deixar que Deus transforme o nosso modo de pensar acerca delas e das coisas que elas fazem. Podemos acreditar no pior e desconfiarmos de tudo que as pessoas fazem e dizem, mas o verdadeiro amor sempre acredita no melhor. Aquilo que pensamos e cremos é uma escolha. A raiz de muitos dos nossos problemas na vida é o fato de não controlarmos ou disciplinarmos os nossos pensamentos. Não decidindo disciplinar nossos pensamentos, automaticamente escolhemos acreditar no pior sobre alguém ou desconfiarmos dessa pessoa.

O profeta Jeremias perguntou ao povo: "Até quando hospedarás contigo os teus maus pensamentos?" (ver Jeremias 4:14). Os pensamentos que eles decidiram pensar eram ofensivos a Deus.

Quando decidimos acreditar no melhor, somos capazes de esquecer tudo que poderia ser prejudicial aos bons relacionamentos. Economizei muita energia que teria sido usada pela ira dizendo simplesmente a mim mesma: "Embora o que eles disseram ou fizeram tenha me ferido, decido acreditar que o coração deles estava correto". Continuo falando comigo mesma até que meus sentimentos de ira comecem a se dissipar. Digo coisas do tipo: "Não acredito que ela tenha realmente entendido o quanto sua atitude me afetou. Não acredito que ela tentaria me ferir deliberadamente. Ela simplesmente não entende como soa quando

O Amor não Se Ressente do Mal   215

diz aquilo. Talvez ela não esteja se sentindo bem fisicamente hoje, ou talvez esteja passando por algum problema pessoal que a está deixando insensível quanto ao seu comportamento".

Sei por experiência que manter uma contagem mental das ofensas envenena nossas vidas e não muda em nada a outra pessoa. Muitas vezes perdemos o dia ficando irados com alguém que nem sequer percebe que fez alguma coisa que nos incomodou. Ele está aproveitando o seu dia e nós estamos desperdiçando o nosso.

Se vamos manter uma contagem, então por que não manter uma contagem das coisas boas que as pessoas dizem e fazem em lugar de contar os erros que elas cometem?

Exemplos de contagem de fatos negativos:
Dave assiste a esportes o tempo todo, e ele sabe que não gosto de esportes.

Dave me corrige nos detalhes quando estou tentando contar uma história.

Quando preciso de compreensão, Dave fica tentando me dar conselhos.

Em 42 anos de casamento, posso contar em uma mão quantas vezes Dave me mandou flores.

Dave planejou uma saída para jogar golfe com seus amigos e nem sequer me perguntou o que eu ia fazer ou se eu tinha outros planos.

Exemplos de contagem de fatos positivos:
Dave está sempre disposto a me perdoar rapidamente quando me porto de forma errada com ele.

Dave sempre recolhe as suas coisas. Ele não é do tipo que deixa uma bagunça para as outras pessoas limparem.

Dave me diz todos os dias que me ama, e com frequência diz isso várias vezes ao dia.

Dave elogia minhas roupas e minha aparência.

Dave compra tudo que quero desde que possamos pagar.

Dave está sempre disposto a me levar aonde eu quiser ir.

Dave é muito estável em seu humor. Ele raramente fica irritado.

Dave é muito protetor comigo. Sinto-me segura quando estou com ele.

É fácil ver que a lista positiva é maior do que a negativa, e imagino que seria assim com a maioria das pessoas se elas dedicassem tempo para anotar as coisas boas. Devemos procurar e comemorar o bem no mundo e nas pessoas porque vencemos o mal com o bem. Pensar e falar sobre o bem nas pessoas fará com que nós mal notemos as coisas que um dia nos incomodaram.

Não Entristeça o Espírito Santo

Podemos realmente fazer com que o Espírito Santo se entristeça através da nossa ira, mau humor, falta de perdão, amargura, discussões e rivalidades. A Bíblia nos estimula a banirmos a animosidade, a malícia, e todo tipo de crueldade. Entristeço-me quando penso que eu poderia entristecer o Espírito Santo de Deus. Quando me lembro como eu me irava com facilidade, sei que o entristecia, e não quero nunca mais fazer isso. A única maneira de evitar isso é sendo determinada no que diz respeito a abandonar os maus sentimentos para com os outros assim que eles surgirem. Devemos ser úteis e bondosos uns para com os outros, perdoando uns aos outros imediatamente e livremente como Deus em Cristo nos perdoou (ver Efésios 4:30-32).

A nossa ira entristece o Espírito Santo não apenas porque Deus quer que amemos uns aos outros, mas porque Ele sabe o quanto ela nos afeta negativamente, e quer que desfrutemos de uma vida de liberdade. Devemos ser imitadores de Deus e seguir o Seu exemplo. A nossa ira não promove a justiça na qual Deus nos chama para viver.

Assim como o amor genuíno não tem nada a ver com o modo como nos sentimos, o perdão genuíno também não. Ambos baseiam-se em uma decisão que tomamos, e não em um sentimento que temos. Aprendi que se eu escolher perdoar, meus sentimentos finalmente acompanharão a minha decisão. Perdoar as pessoas me permite falar com elas em lugar de expulsá-las da minha vida. O perdão permite que eu ore por elas e declare bênçãos a respeito delas em vez de declarar coisas negativas e más. Damos atenção demais aos nossos sentimentos. Em vez disso, devemos nos lembrar que nossos sentimentos são instáveis e muito inconstantes. O que não muda é o amor.

Façam Concessões Uns aos Outros

Se realmente amarmos uns aos outros, suportaremos uns aos outros e faremos concessões uns aos outros (ver Efésios 4:1-2). Fazer concessões não significa dar desculpas para o mau comportamento das pessoas – se ele é errado, então é errado, e fingir ou ignorar não ajuda. Mas fazer concessões uns aos outros significa que permitimos uns aos outros sermos menos que perfeitos. Enviamos mensagens com palavras e atitudes dizendo: "Eu não o rejeitarei porque você fez aquilo; não vou desistir de você. Vou trabalhar isto com você e acreditar em você".

Eu disse a meus filhos que embora nem sempre concorde com tudo que eles fazem, sempre tentarei entendê-los e nunca deixarei de amá-los. Quero que eles saibam que podem contar comigo para ser alguém constante na vida deles.

Deus sabe tudo sobre os nossos erros, mas ainda assim nos escolhe. Ele conhece os erros que cometeremos antes de nós os cometermos, e a postura dEle para conosco é: "Eu vou permitir que você seja imperfeito!" Ele promete nunca nos deixar ou abandonar (ver Hebreus 3:5).

Dave permite que eu seja eu mesma embora tudo em mim seja menos que perfeito. Ele nunca me pressiona a mudar. Eu nunca tenho medo de ser rejeitada por ele por ser uma esposa imperfeita. Há coisas a respeito de cada pessoa da nossa família e de outros relacionamentos próximos que gostaríamos que fossem diferentes, mas quando realmente amamos alguém aceitamos todas elas. Aceitamos o que é bom e o que não é tão bom. A verdade é que simplesmente não existem pessoas perfeitas. Se esperarmos a perfeição, estamos nos preparando para a decepção e até para a amargura. Fazer concessões uns aos outros torna a vida muito mais fácil, e o que é mais importante, demonstra a nossa obediência a Deus.

Quando as pessoas fazem algo que você simplesmente não entende, em vez de tentar racionalizar a situação, diga a si mesmo: "Elas são humanas". Jesus conhecia a natureza dos seres humanos e, portanto, não ficava chocado quando eles faziam coisas que Ele gostaria que não fizessem. Ele ainda amava Pedro embora Pedro tenha negado até mesmo conhecê-lo. Ele ainda amava os Seus discípulos embora eles tenham sido incapazes de permanecer acordados e orar com Ele na Sua hora de agonia e sofrimento. O que as pessoas fazem não nos impedirá de amá-las se entendermos antecipadamente que elas não serão perfeitas e nos prepararmos para fazer concessões por aquela tendência humana que todos nós temos.

Não apenas não devemos manter uma contagem do que os outros fazem de errado, como também não devemos contabilizar o que achamos que fazemos de certo. Ter uma ideia muito elevada sobre nós mesmos é o que faz com que sejamos impacientes e sem misericórdia para com os outros. O apóstolo Mateus disse que quando fazemos uma boa ação não devemos deixar que a nossa mão direita saiba o que fez a esquerda (ver Mateus 6:3). Para mim, isso significa que eu não devo ficar pensando no que acho que foram as minhas boas ações ou em quais são as minhas características positivas. Preciso apenas me concentrar em demonstrar amor a todos a quem encontro. Este é o principal foco de um Revolucionário do Amor!

O Amor Cobre o Pecado

O apóstolo Pedro disse que acima de todas as coisas devemos ter amor intenso e infalível uns pelos outros, pois o amor cobre uma multidão de pecados (ver 1 Pedro 4:8). O amor não cobre apenas um erro; ele cobre uma multidão deles. O amor de Deus por nós não cobriu apenas os nossos pecados, ele na verdade pagou o preço para removê-los completamente. O amor é um agente de limpeza poderoso. Quero que você perceba que Pedro disse para fazermos isto – amar – acima de todas as outras coisas.

Paulo deu a mesma mensagem aos Colossenses, estimulando-os a se revestirem de amor acima de tudo (ver Colossenses 3:14). Repetidas vezes na Bíblia vemos o lembrete constante para amarmos uns aos outros e não permitir que nada se interponha como impedimento para que o façamos.

Quando Pedro perguntou a Jesus quantas vezes era esperado que ele perdoasse um irmão pela mesma ofensa, Jesus disse a ele para continuar fazendo isso quantas vezes fosse preciso (ver Mateus 18:21-22). Pedro sugeriu sete vezes, e muitas vezes me perguntei se ele já estava na sexta vez e achava que só precisava se esforçar mais uma vez. Se quisermos nos juntar à Revolução do Amor, precisamos entender que será necessária uma grande dose de perdão. Na verdade, o perdão provavelmente será parte da nossa experiência diária. Algumas das coisas que temos de perdoar podem ser menores e bem fáceis, mas ocasionalmente acontece algo grande e começamos a nos perguntar se algum dia conseguiremos superar aquilo. Apenas lembre-se que Deus nunca nos diz para fazermos nada a não ser que Ele nos dê a capacidade para fazê-lo. Podemos perdoar qualquer pessoa por qualquer coisa se permitirmos que o tipo de amor que vem de Deus flua através de nós.

Quando cobrimos os erros de alguém somos abençoados, e quando os descobrimos somos amaldiçoados. Parte de cobrir os erros de alguém é mantendo-os na esfera privada. Não se precipite em dizer aos outros o que você sabe sobre os erros de alguém. Guarde os segredos das pessoas assim como você gostaria que elas guardassem os seus. Vemos um relato na Bíblia sobre um tempo em que Noé se embriagou e ficou nu em sua tenda. Um de seus filhos expôs a nudez de seu pai contando aos outros dois irmãos a respeito, e ele recebeu a maldição sobre sua vida daquele dia em diante. Os dois filhos que ouviram a notícia entraram na tenda andando de costas para não verem a nudez de seu pai, e o cobriram. A Bíblia nos diz que eles foram abençoados (ver Gênesis 9:20-27). A nudez de Noé refere-se ao seu erro de julgamento, seu pecado. Como esta história demonstra tão claramente, devemos cobrir uns aos outros, e não expor os erros uns dos outros.

Jesus deu instruções sobre como lidar com a situação quando um irmão age mal com você (ver Mateus 18:15-17). Ele disse que a primeira coisa a fazer é ir até ele em particular e falar com ele a respeito. Se isso não funcionar, leve dois ou três irmãos com você na esperança de que ele recobre a razão e se arrependa. Se nós seguíssemos estas instruções simples, muitos problemas seriam evitados. Não sei dizer quantas vezes as pessoas vêm até mim para resolver coisas que deveriam estar sendo tratadas em particular – coisas que deveriam ficar entre elas e a pessoas que elas acham que agiu mal para com elas. Não tenha medo de confrontar alguém se você realmente acha que deve. Às vezes, a forma mais rápida de perdoar é trazer o assunto à baila e discuti-lo. Ofensas ocultas são como infecções não tratadas. Elas pioram silenciosamente até que infectam toda uma área e ficamos doentes. Precisamos limpar a ferida imediatamente, antes que seja tarde demais.

A Bíblia conta a história de um homem chamado José, que foi vendido como escravo por seus irmãos. Quando os irmãos de José descobriram anos mais tarde que ele estava vivo e era o responsável pela administração dos alimentos de que eles precisavam desesperadamente, tiveram medo. Eles se lembraram de como haviam tratado José mal e José também se lembrava disso, mas ele decidiu não revelar aquilo a ninguém mais. Ele falou com eles em particular e simplesmente lhes disse que não era Deus, e que a vingança pertencia a Deus, e não a ele. Ele os perdoou livremente, os estimulou a não terem medo, e providenciou provisão para eles e suas famílias. Não é de admirar que José tenha sido um líder poderoso que obteve favor onde quer que fosse. Ele conhecia o poder do amor e a importância do completo perdão!

Apague Todos os Seus Registros

Por que não pegar todas as contas que você guardou de coisas que as pessoas lhe "devem" e fazer a anotação "inteiramente pago"? "Como é feliz aquele a quem o Senhor não atribui culpa!" (Romanos 4:8, NVI). Isso não significa que Deus não vê o pecado. Significa que por causa do amor Ele não o cobra contra o pecador. O amor pode reconhecer que um mal foi feito e apagá-lo antes que ele se instale no coração. O amor não registra ou contabiliza o mal; assim o ressentimento não tem chance de crescer.

Alguns de nós nos preocupamos com a nossa memória, mas para ser sincera, creio que precisamos nos aperfeiçoar em esquecer algumas coisas. Creio que geralmente esquecemos o que deveríamos nos lembrar e nos lembramos do que deveríamos esquecer. Talvez uma das coisas mais piedosas que podemos fazer nesta vida é perdoar e esquecer. Algumas pessoas dizem: "Eu os perdoo, mas jamais esquecerei". A verdade dessa declaração é que se nos agarrarmos à lembrança, não estamos perdoando de verdade. Você pode perguntar como podemos esquecer de coisas que nos machucaram. A resposta é que precisamos *decidir* não pensar nelas. Quando essas coisas vêm à nossa mente, devemos expulsar os pensamentos e decidir pensar em coisas que nos beneficiarão.

Apagar todos os seus registros gerará bons resultados. Isto aliviará a pressão e melhorará a qualidade da sua vida. A intimidade entre você e Deus será restaurada, e a sua alegria e paz aumentarão. A sua saúde poderá até melhorar, porque uma mente e um coração calmo e imperturbável são a vida e a saúde do corpo (ver Provérbios 14:30). O ressentimento constrói muralhas. O amor constrói pontes!

CAPÍTULO 14

Formas Práticas de Demonstrar Amor

> Pregue o evangelho em todo o tempo
> e, se necessário, use palavras.
> *São Francisco de Assis*

Este livro será inútil se eu não lhe oferecer maneiras práticas pelas quais você pode começar imediatamente a demonstrar amor. Como eu disse anteriormente, o amor não é uma teoria ou uma simples palavra, ele é ação. Como Revolucionários do Amor, devemos estar constantemente procurando novas e melhores formas de trazer amor a este mundo.

> Não importa o que temos ou fazemos,
> se não tivermos amor não temos nada
> e não somos nada.

224 A REVOLUÇÃO DO AMOR

Deixe-me lembrá-lo de que não importa o que temos ou fazemos, se não tivermos amor não temos nada e não somos nada (ver 1 Coríntios 13:1-3). É imperativo para a sociedade do futuro que comecemos a demonstrar amor de uma forma determinada. As pessoas hoje estão desesperadas para saber se Deus existe ou não, qual é o propósito delas estarem aqui e por que o mundo está tão cheio do mal se Deus realmente existe. Acredito que se elas puderem ver o amor em ação, isso responderá às perguntas delas. Deus é amor e Ele realmente existe, e uma das principais formas pelas quais Ele se revela é através do Seu povo. O mundo precisa ver as qualidades do amor em ação. Ele precisa ver a paciência, a bondade, a falta de egoísmo, e a disposição em perdoar. Ele precisa ver as pessoas se sacrificarem para ajudarem outras que são menos afortunadas. Ser tocado pelo amor é como aninhar-se diante de uma lareira debaixo de um cobertor quente e macio. É um sentimento que não se compara a nenhum outro. E nós temos o poder de dar este presente às pessoas!

Seja Paciente

A primeira qualidade do amor relacionada no discurso de Paulo em 1 Coríntios 13 é a paciência. Paulo escreve que o amor tudo suporta e é paciente. O amor é tolerante. Ele permanece firme e consistente quando as coisas não vão do jeito que gostaríamos que fossem.

Tenho praticado a paciência com caixas lentos, que não conseguem encontrar o preço das mercadorias, que ficam sem fita na caixa registradora, ou que se demoram no telefone tentando acalmar um cliente irado enquanto estou parada, esperando para ser atendida. Alguns caixas de lojas na verdade já me agradeceram por ter sido paciente. Tenho certeza de que eles recebem muitas ofensas de clientes frustrados, impacientes e nada amorosos, e decidi que não quero aumentar o problema; quero ser parte da solução. Com certeza, todos nós temos pressa e queremos ser atendidos imediatamente, mas já que o amor não é egocêntrico, precisamos aprender a colocar os sentimentos do caixa antes dos nossos. Recentemente, uma caixa de uma loja se desculpou por ser tão lenta, e eu lhe disse que nada do que eu estava fazendo era tão importante que eu não pudesse esperar. Pude vê-la relaxar visivelmente e percebi que havia acabado de lhe demonstrar amor.

Somos encorajados na Bíblia a sermos muito pacientes com todos, sempre mantendo o nosso humor sob vigilância (ver 1 Tessalonicenses 5:14). Isso não é bom apenas para o nosso testemunho diante dos outros, mas também é bom para nós. Quanto mais pacientes formos, menos estressados seremos! Pedro disse que o Senhor é extraordinariamente paciente conosco porque o desejo dEle é que nenhum de nós pereça (ver 2 Pedro 3:9). Este é o mesmo motivo pelo qual devemos ser pacientes uns com os outros e principalmente com aqueles que são do mundo e que estão procurando por Deus.

Paulo disse a Timóteo que os servos do Senhor devem ser mestres experimentados e satisfatórios, moderados, dispostos a sofrer o mal, bondosos e pacientes para com todos (ver 2 Timóteo 2:24). Ensinamos às pessoas todos os dias com as nossas atitudes. O ensinamento é dado não apenas em palavras – a ação em geral é muito mais eficaz. Todos nós temos influência, e devemos ter cuidado com a forma como a utilizamos. Não faz bem nenhum a mim ou à reputação de Cristo usar o meu pingente escrito *Jesus* em zircônio e depois ser impaciente e grosseiro com um atendente ou caixa. Para ser sincera, vi muito desse tipo de coisa nos últimos vinte anos a ponto de ficar enjoada.

Não devemos usar símbolos da nossa fé cristã se não estivermos preparados para vivermos à altura. A prova do meu relacionamento com Deus não é o adesivo no meu porta-malas ou as minhas bijuterias cristãs, ou o número de dias que frequento a igreja. Não é quantos versículos decorei ou a extensão da minha biblioteca cristã de livros, CDs e DVDs. A prova do meu Cristianismo é vista nos frutos do Amor Revolucionário.

Eu o estimulo a orar regularmente para que você seja capaz de suportar o que quer que aconteça com bom humor. Confie em mim, acontecerão coisas que têm o poder de irritá-lo, mas se você estiver previamente preparado, será capaz de permanecer calmo ao enfrentar essas coisas. É muito importante demonstrar estabilidade em nosso humor e temperamento. Muitas pessoas no mundo são explosivas quando as coisas não acontecem do jeito delas. Sinceramente acredito que uma das maneiras pelas quais podemos exercer um impacto é sendo pacientes quando as coisas vão mal.

Há algumas semanas, preguei sobre a paciência e sobre sermos gratos - independente das circunstâncias. Eu havia feito três grandes conferências em seis semanas além de cumprir vários outros compromissos, e aquele culto de sábado de manhã foi o último de uma série de compromissos. Eu estava realmente ansiosa para chegar em casa cedo naquele dia, fazer uma boa refeição, sair para fazer compras com Dave, tomar um banho em casa, tomar sorvete, e assistir a um bom filme. Como você pode ver, eu estava preparada para me recompensar pelo meu trabalho árduo. Eu tinha um bom plano para mim mesma!

Embarcamos no avião para voltar para casa, e o voo estava programado para ser de apenas trinta e cinco minutos. Eu estava tão entusiasmada... e então, alguma coisa saiu errado. A porta do avião não queria fechar perfeitamente, então ficamos sentados por quase uma hora e meia enquanto eles trabalhavam para consertar a porta. Ouvimos uma conversa sobre não podermos voar naquele dia e talvez termos de alugar carros e dirigir até nossa casa. Não sei dizer como foi difícil para mim ser paciente. Simplesmente manter minha boca fechada foi um enorme desafio. Eu havia pregado sobre a paciência, mas havia me esquecido de orar para que se eu fosse testada, pudesse passar no teste com sucesso total.

Você já teve a experiência de ouvir um sermão maravilhoso que você realmente precisava e descobrir que está sendo testado naquela área de sua vida imediatamente? Bem, você deve tentar pregar e ver como é rapidamente testado depois! Entendo que nem sempre nos sentimos pacientes, mas ainda assim podemos nos disciplinar para sermos pacientes. Não posso fazer nada quanto ao modo como me sinto às vezes, mas posso controlar o modo como me comporto e você também pode. Posso lhe assegurar que não me senti paciente sentada naquele avião, mas continuei orando: *Oh, Deus, por favor, ajude-me a permanecer calma para que eu não seja uma má testemunha do que acabo de pregar.* Deus me ajudou, e embora as coisas nem sempre saiam do jeito que desejo nessas situações, naquele caso acabamos chegando em casa a tempo para que eu pudesse fazer as coisas que havia planejado.

Quando você estiver em uma situação difícil, faça um esforço para manter a sua paz e você verá Deus trabalhar a seu favor. Quando os israelitas estavam entre o Mar Vermelho e o exército egípcio, Moisés disse: "O Senhor pelejará por vós, e vós vos calareis" (Êxodo 14:14).

Dê Tempo

O tempo é o bem mais precioso que temos. Quando pedimos às pessoas para nos darem o seu tempo, devemos entender que estamos pedindo um bem precioso e devemos reconhecer imensamente quando conseguimos isso. As pessoas frequentemente me pedem o meu tempo, e infelizmente não posso dá-lo a todas elas. Se tentasse fazer isso, não apenas ficaria esgotada como não teria tempo para concluir o que Deus me deu para fazer durante a minha vida na terra.

Não podemos dizer sim a todos, mas não devemos dizer não a todos também. Recomendo enfaticamente dar algo do seu tempo, porque esta é uma forma de demonstrar amor. Recentemente falei em uma igreja no Tennessee para fazer um favor a um amigo, e enquanto eu estava ali senti o Senhor me tocando para que eu devolvesse a oferta que eles haviam levantado para mim naquela noite para ajudar os pobres da cidade deles. Entendi imediatamente que Deus queria que eu desse meu tempo e meu dinheiro liberalmente. Ele queria que eu não recebesse nada por aquilo, exceto a alegria de dar, que era mais do que o suficiente. Vejo que Deus me testa desta forma algumas vezes a cada ano e fico feliz por Ele fazer isso porque não quero nunca criar o hábito de pensar que preciso receber algo por tudo que faço pelos outros.

Confesso que é mais difícil para mim dar do meu tempo do que dar do meu dinheiro ou outros bens. A esta altura, vivi quase dois terços da minha vida, e entendo que o que me resta precisa ter um foco e um propósito. Inevitavelmente vejo-me precisando dizer não com mais frequência, mas digo sim quando posso, uma vez que sei que meu tempo é um precioso presente de amor.

Quando alguém ajuda você a caminhar, ele está lhe dando o presente precioso do tempo. Quando você obtém a atenção completa de alguém, essa pessoa está honrando você e demonstrando amor. Toda vez que perguntamos: "Você pode fazer uma coisa para mim?" estamos pedindo a coisa mais preciosa que uma pessoa tem, porque estamos pedindo uma parcela do tempo dela.

Pense no seu tempo. Assegure-se de dar bastante dele para desenvolver um relacionamento íntimo com Deus, e certifique-se de dar uma parcela dele ao Seu povo como uma demonstração do Seu amor. Tommy Barnett, pastor presidente da Primeira Assembléia de Deus em Phoenix, uma das igrejas que crescem mais rápido da América, disse: "A vida é algo que estamos perdendo constantemente". É por isso que devemos levar tudo o que fazemos a sério. Quando as pessoas dizem que não têm nada para dar, elas estão se esquecendo de que enquanto vivermos, teremos algo para dar: o nosso tempo.

Uma vez que o tempo é um bem tão precioso, devemos dá-lo deliberadamente e com sabedoria. Não permita que as pessoas roubem o seu tempo, não desperdice o seu tempo, e nunca diga: "Estou só tentando matar um pouco de tempo". Saiba quais são as suas prioridades e dedique o seu tempo a essas coisas. Deus e a família devem estar no topo da sua lista. Você também precisa dedicar tempo a cuidar de si mesmo. Você precisa trabalhar, descansar e divertir-se para ser uma pessoa equilibrada. Você também precisa dar um pouco do seu tempo ajudando as pessoas que precisam de você.

Se você acha que não tem tempo para fazer tudo e ainda dá-lo a outros, eu o encorajo a fazer o que Deus disse a Tommy Barnett para fazer. Ele disse a Tommy para usar os seus espaços de meia hora com sabedoria. Ele mostrou a Tommy que ele tinha vários espaços de meia hora disponíveis. O Pastor Barnett diz que se você disser a ele o que faz com os seus espaços de meia hora ele pode lhe dizer em que se resume a sua vida. O que você está fazendo com a meia hora que leva dirigindo até o trabalho e de volta para casa todos os dias? O que você faz com a meia hora de espera no consultório de um médico? E quanto à meia hora que você espera enquanto a comida é preparada no restaurante? Você tem tempo nesses períodos de meia hora para demonstrar amor a alguém? Você poderia usar esses minutos para encorajar alguém por telefone ou por carta? Você poderia orar por alguém? Você poderia orar sobre o que pode fazer por alguém? Use o tempo para pensar de forma criativa sobre o que você tem para dar.

Você poderia escrever um livro nesses espaços de meia hora. Você poderia ganhar uma alma. Você poderia tomar uma decisão importante em meia hora. O espaço de meia hora pode ser a diferença entre uma casa limpa e uma casa suja. Os períodos de meia hora que você tem são importantes, e você provavelmente tem muitos deles se começar a observar. Estou dizendo que você tem de começar a fazer algo a cada segundo do dia? Não, não estou dizendo isto. Na verdade, você pode decidir que precisa tirar meia hora para descansar, e se fizer isto, tudo bem, mas pelo menos você usou esse tempo deliberadamente em lugar de desperdiçá-lo sem fazer nada.

230   A REVOLUÇÃO DO AMOR

Lembre-se que cada dia que passa é um tempo que você jamais terá de volta. Invista-o; não o desperdice.

Ame com Seus Pensamentos, Suas Palavras e Seus Bens

O Poder dos Pensamentos   Uma mulher compartilhou esta história para demonstrar o poder dos pensamentos:

> Durante o Natal, mudei uma figueira para o quarto para abrir espaço para a árvore de natal. Ela tinha um galho pequeno com cerca de uma dúzia de folhas embaixo do resto dos galhos. Aquilo visualmente não estava equilibrado, e estragava o formato da árvore.
>
> Quando eu acordava na manhã seguinte, via aquela árvore na janela e pensava *Vou cortar aquele galho*. Todas as vezes que eu passava por aquela árvore, eu pensava: *Esse galho não está bom, vou me livrar dele.*
>
> O tempo passou. A árvore voltou para a sala. Eu continuava tendo um pensamento negativo todas as vezes que a notava. Isso durou cerca de um mês e meio.
>
> Uma manhã, passei por ali e todas as folhas daquele pequeno galho estavam amarelas. Não havia uma única folha amarela em toda a árvore. Fiquei arrepiada e contei ao meu marido. Ele me olhou e disse: "Fico feliz por você pensar coisas *boas* a meu respeito".
>
> Cortei aquele galho naquele dia!
>
> Sempre tive um relacionamento difícil com minha sogra. É claro que nunca achei que a culpa fosse minha, já que eu era tão meiga e tudo o mais. Decidi que valia a pena fazer uma experiência. Todas as vezes que eu pensava em minha sogra, eu me decidia a abençoá-la, a sair do meu caminho para pensar nela e abençoá-la!

Ela raramente me telefona ou se interessa em conversar comigo. Mas dentro de cinco dias ela me telefonou três vezes – só por um instante, mas eram telefonemas amigáveis! Ela não havia me telefonado mais do que seis vezes durante todo o ano anterior.

Esta mulher encomendou a minha série de ensino sobre o poder dos pensamentos e disse: "Agora vigio o que penso sobre as outras pessoas."

Temos inúmeros pensamentos sobre as outras pessoas, mas devíamos fazer isso com mais responsabilidade. Creio que os pensamentos operam na esfera espiritual, e embora eles não possam ser visto a olho nu, realmente creio que os nossos pensamentos são sentidos pelos outros. Assim como a figueira foi negativamente afetada pelos pensamentos negativos da mulher, creio que as pessoas são afetadas por nossos pensamentos.

O que pensamos sobre as pessoas não as afeta apenas, mas também afeta o modo como as tratamos quando estamos na presença delas. Se eu penso secretamente sobre o quanto não gosto de alguém e relembro mentalmente todos os defeitos que acho que ele tem, quando vejo essa pessoa, eu a trato de acordo com a imagem que formei em minha mente.

Um dia, estava fazendo compras com minha filha, que era uma adolescente naquela época. Ela estava com muitas espinhas no rosto naquele dia e seu cabelo estava terrível. Lembro-me que todas as vezes que olhava para ela, eu pensava: Você não está nada bonita *hoje*. Observei com o passar do dia que ela parecia estar deprimida, então perguntei a ela o que havia de errado. Ela respondeu: "Estou me sentindo feia hoje". Deus me ensinou uma lição naquele dia sobre o poder dos pensamentos. Podemos ajudar as pessoas com pensamentos bons, amorosos e positivos, mas também podemos feri-las com pensamentos maus, negativos e destituídos de amor.

Eu o encorajo a escolher uma pessoa por dia como projeto de oração e praticar pensar coisas boas sobre ela deliberadamente. Ao longo do dia, faça algumas sessões de pensamento, refletindo sobre os pontos fortes dessa pessoa, sobre toda boa qualidade que você consiga se lembrar que ela tenha, sobre todos os favores que ela tenha feito a você, e sobre qualquer coisa complementar em que você possa pensar sobre a aparência dela. No dia seguinte, pratique com outra pessoa, e continue pensando nas pessoas importantes da sua vida uma após a outra, até ter formado o hábito de pensar coisas boas.

Ame as pessoas com os seus pensamentos, e à medida que você fizer isso você as edificará e acrescentará força à vida delas.

O Poder das Palavras Falamos sobre como podemos usar as palavras para edificar pessoas e encorajá-las, mas quero fazê-lo compreender este ponto como uma forma de amar as pessoas. Todos temos a capacidade de usar as palavras para demonstrar amor aos outros. Ontem mesmo encontrei uma corretora de imóveis que tinha lindos olhos azuis, então disse a ela que seus olhos eram lindos. Percebi que aquilo fez com que ela se sentisse bem consigo mesma. E só custou um instante do meu tempo e um pouquinho de esforço. Vi outra corretora que era extraordinariamente atraente, então disse a ela que era muito bonita, e ela também respondeu de forma grata. Usei minhas palavras para edificar duas pessoas, e tudo aconteceu durante uma atividade comercial normal. Como Revolucionários do Amor, devemos usar o poder das palavras ao longo de cada dia para amar e encorajar os que nos cercam.

Meu marido voltou do jogo de golfe ontem, e dentro de cinco minutos ele havia me dito que me amava e que eu estava bonita e trabalhava muito. Eu estivera trabalhando neste livro por cerca de sete horas e estava pronta para fazer um intervalo, então as palavras gentis dele fizeram com que eu me sentisse amada e valiosa. Fomos jantar ontem à noite com nosso filho e sua esposa e o bebê deles. Eu disse a Nicol que ela é uma boa esposa e mãe. Bem antes

Formas Práticas de Demonstrar Amor

disso, vi meu filho sussurrar no ouvido dela que a amava. É esse tipo de coisa que devemos dizer uns aos outros ao longo do dia, como forma de amar e inspirar confiança.

O poder da vida e da morte está na língua. Este é um pensamento impressionante. Temos autoridade para declarar vida ou morte aos outros e a nós mesmos. O que dizemos aos outros exerce um efeito sobre a nossa própria vida. A Bíblia diz: "A língua tem o poder sobre a vida e sobre a morte; os que gostam de usá-la comerão do seu fruto" (Provérbios 18:21, NVI).

As palavras são como "contêineres de poder" - elas podem carregar poder criativo ou destrutivo, conforme escolhermos. Escolha suas palavras cuidadosamente e pronuncie-as com cautela. Elas transmitem mensagens que podem transformar vidas. Com as nossas palavras construímos ou destruímos a imagem que uma pessoa faz de si mesma. Podemos arruinar a reputação de alguém com palavras, portanto, tenha cuidado com o que diz sobre as outras pessoas. Não envenene a atitude de uma pessoa contra outra.

Imagine que as suas palavras são guardadas em um depósito, e que cada manhã você vai lá e inspeciona as prateleiras, selecionando as palavras que vai levar com você naquele dia ao sair para o mundo. Você provavelmente já conhece algumas das pessoas com quem vai estar então pode escolher antecipadamente as palavras que farão com que elas se sintam amadas e que lhes darão confiança. Leve consigo palavras para todos os que você for cruzar ao longo do dia, e esteja preparado em seu coração para ser uma benção para todos eles amando-os com o que você diz.

Quero ver quantas pessoas posso levantar todos os dias com as minhas palavras. Certamente desperdicei muitas palavras em minha vida dizendo coisas vãs e inúteis que, ou não fizeram nada, ou fizeram as pessoas se sentirem mal. Lamento por essas palavras desperdiçadas, e uso minhas palavras agora para desfazer o dano que diz no passado.

234 A REVOLUÇÃO DO AMOR

A língua é um músculo pequeno, mas, se não tomarmos cuidado, ela pode provocar incêndios destruidores. O Rei Davi orava regularmente pelas palavras da sua boca. Ele disse: "Guardarei os meus caminhos, para não pecar com a língua" (Salmo 39:1). Ele orava para que as palavras de sua boca e a meditação do seu coração fossem aceitáveis e agradáveis a Deus (ver Salmo 19:14). Ele conhecia plenamente o poder da língua, e entendia que precisava da ajuda de Deus para permanecer no caminho certo. Deveríamos seguir o exemplo de Davi nisso.

O Poder dos Bens   Todos nós temos bens. Alguns têm mais que outros, mas todos nós temos algo que podemos usar como uma benção palpável para outros. Pensamentos e palavras são maravilhosos e nos ajudam a demonstrar amor, mas os bens materiais fazem o mesmo, e para algumas pessoas isto é muito importante.

A Bíblia diz que se tivermos duas capas devemos compartilhar com aquele que não tem nenhuma, e o mesmo princípio se aplica ao nosso alimento (ver Lucas 3:11). A igreja cristã primitiva que vemos no livro de Atos era uma igreja extraordinariamente poderosa que estava crescendo diariamente. Todo tipo de sinais, maravilhas e milagres sobrenaturais eram normais no meio deles. O poder de Deus estava com eles, e eles demonstravam amor uns aos outros com todo o seu coração, mente, força e com todos os seus bens.

> Da multidão dos que creram era um o coração e a alma. Ninguém considerava exclusivamente sua nem uma das coisas que possuía; tudo, porém, lhes era comum.
>
> *Atos 4:32*

Somos proprietários ou mordomos? Tudo que temos veio de Deus, e na verdade tudo pertence a Ele. Somos meros mordomos da Sua propriedade. Frequentemente nos agarramos às coisas com muita força. Devemos segurá-las suavemente pois, assim, se Deus

Formas Práticas de Demonstrar Amor 235

precisar delas, não será difícil abrir mão. Vamos ter em mente que os bens não têm valor eterno. O que dura é o que fazemos pelos outros. Paulo disse aos Coríntios que as dádivas deles aos pobres prosseguiriam e permaneceriam por toda a eternidade (ver 2 Coríntios 9:9).

Deus quer que desfrutemos dos nossos bens, mas Ele não quer que os nossos bens nos possuam. Talvez uma boa pergunta a fazer a nós mesmos regularmente seja: "Eu possuo os meus bens ou os meus bens me possuem?" Você é capaz de usar o que tem para abençoar as pessoas, ou acha difícil abrir mão das coisas... mesmo daquelas que não está usando?

Costumo receber perfumes de presente com muita frequência, e como meu aniversário foi há pouco tempo, havia uma enorme quantidade de perfumes em minha prateleira. Um dia, senti o impulso de abençoar uma amiga que havia me feito um favor e me lembrei que ela realmente gostava de um determinado tipo de perfume que eu usava. Naturalmente eu tinha um vidro novo, e é claro que era o mais caro que havia em minha prateleira. Tive de ter uma conversinha comigo mesma, mas dentro de alguns minutos pude tirá-lo da prateleira, colocá-lo em uma sacola para presente, e entregar nas mãos de minha amiga. Aquilo a deixou muito feliz, e tudo que me custou foi um bem que podia ser substituído.

Imploro a você que comece a usar os seus bens para amar as pessoas de uma forma palpável. Presentes são uma maneira maravilhosa de demonstrar amor. Por exemplo, uma vez, uma amiga me disse que meu presente de aniversário iria se atrasar porque ainda não estava pronto. Quando finalmente o recebi, fiquei surpresa por descobrir que era uma pintura a mão de meu cachorro, algo que posso olhar e apreciar por muitos anos. Sou abençoada por aquela pintura, mas ainda mais pelo esforço que ela fez para terminá-lo para mim.

Tudo que podemos dar é bom, mas faça um esforço especial, tanto quanto possível, para passar às mãos de alguém algo que você sabe que a pessoa realmente deseja. O simples fato de você ter ouvido o suficiente para saber o que ela gosta e quer a abençoará imensamente. Uma amiga minha tinha um cachorro muito especial que morreu quando ainda era filhote. O coração dela ficou partido e ela não tinha recursos para substituir o cachorro, então, eu pude comprar um e surpreendê-la. Se pedirmos a Deus, Ele nos capacitará a darmos às pessoas como uma forma de demonstrar amor a elas. Ele sempre nos dá o bastante para guardarmos e desfrutarmos e o bastante para darmos a outros, se simplesmente segurarmos as coisas sem muita força e observarmos as oportunidades para dar.

Às vezes entro em um processo desenfreado de dar coisas. Tenho o desejo de ser uma benção e quero usar meus bens como uma forma palpável de demonstrar amor, então, vasculho minha casa, minhas gavetas, meu armário, e minha caixa de bijuterias para encontrar coisas que possa dar. Nunca deixo de encontrar coisas. Fico impressionada com o modo como sou tentada a me apegar a elas embora eu possa não ter usado um objeto por dois ou três anos. Nós gostamos de possuir coisas! Mas como é melhor usar os nossos bens para sermos uma benção para alguém e para fazer com que ele se sinta amado e precioso!

Se você está tendo dificuldades em ver o que tem para dar, peça a Deus para ajudá-lo e você logo descobrirá que tem uma quantidade enorme de coisas que podem ser usadas para demonstrar amor a pessoas que estão sofrendo. À medida que usamos o que temos para um bom propósito, o amor sempre aumenta, e outras coisas são acrescentadas a nós quando nos mostramos bons mordomos dos bens de Deus.

[Lembrem-se] disto: aquele que semeia pouco e com relutância, também colherá pouco e com relutância, e o que semeia generosamente [para que as bênçãos possam cair sobre alguém] também colherá generosamente e com bênçãos. Que cada um contribua assim como decidiu em sua mente

Formas Práticas de Demonstrar Amor 237

e propôs em seu coração, não com relutância,
com tristeza ou por obrigação, pois Deus ama
(Ele tem prazer em, preza acima de qualquer outra coisa,
e não está disposto a abandonar ou a passar sem) aquele
que dá com alegria (com prontidão)
[aquele cujo coração é disposto a dar].
2 Coríntios 9:6-7, AMP

Quando você estiver em seu leito de morte, não pedirá a sua conta bancária ou um inventário de seus bens. Você vai querer estar cercado por sua família e pelos amigos que o amam. Comece a construir esses relacionamentos agora usando todos os seus recursos para demonstrar amor às pessoas.

O REVOLUCIONÁRIO DO AMOR

Pastor Tommy Barnett

Revolução, 1: a ação de um corpo celeste girando em torno de uma órbita; 2: ciclo; 3: rotação; 4: uma mudança repentina, radical ou completa; a destituição de um governo e a substituição por outro pelos governados.

Todas as definições dos dicionários para a palavra revolução se aplicam ao seu convite pessoal para ser parte da Revolução de Amor que Deus está espalhando por todo o mundo.

Na verdade, o dicionário define um revolucionário como alguém engajado em uma revolução, ou alguém que aderiu ou que advoga doutrinas revolucionárias. A Revolução do Amor é verdadeiramente uma doutrina revolucionária, porque o mundo vê o amor como algo que ele precisa conseguir e ter, enquanto Jesus está tentando revolucionar o nosso modo de pensar e as nossas atitudes para definir o amor como algo que flui através de nós e que devemos dar aos outros.

Assim, você é convidado a participar de um círculo de amor singular! Um círculo que se expande interminavelmente e cujo centro e circunferência abrangem um alvo: amar e encorajar as pessoas a seguirem Jesus Cristo enquanto damos as boas-vindas ao mundo à família de Deus.

O nosso círculo de amor e encorajamento radicais inclui os desabrigados, as vítimas de desastres naturais ou provocados pelo homem, as vítimas de abuso e de relacionamentos abusivos, mulheres que estão lidando com problemas de aborto e com sofrimentos ligados a relacionamentos, viciados em drogas e uma multidão de outros sofrimentos que são vastos demais para relacionarmos! Frequentemente no passado, as igrejas consideravam as pessoas assim como a escória da humanidade, mas estamos olhando para elas como futuros tesouros para o Reino de Deus.

A Revolução do Amor é simples: ela começa com cada um de nós alargando o nosso círculo de amor para incluir os que nos cercam e que estão sofrendo. Durante muitos anos, as igrejas enfatizaram programas para trazerem pessoas novas. Esses programas vieram e se foram em um número alarmante, incapazes de gerar crescimento. Ao contrário, as esferas de influência das igrejas geralmente se tornaram círculos cada vez menores. Enfatizar programas acima de pessoas não realizou o desafio de Jesus, que declarou que devemos amar uns aos outros.

O Desafio da Revolução

O ciclo, o círculo, ou a Revolução de vivermos como Jesus para as outras pessoas é um desafio que o apóstolo Paulo colocou diante de nós: "Portanto, sede imitadores de Deus, como filhos amados; e andai em amor como Cristo, que também nos amou e se entregou por nós a Deus como oferta e sacrifício com aroma suave" (Efésios 5:1-2, NKJV).

Este é o chamado da Revolução do Amor: andar em amor, não apenas decidir amar. Muitas pessoas sabem que o certo é amar, mas como ampliar o seu círculo de amor? Isto acontece em uma caminhada diária.

Todos nós temos um círculo de influência, e todos nós pertencemos a um círculo. A maioria de nós desfruta de um círculo de amigos. Qual é o tamanho do seu círculo? Ele é inclusivo ou exclusivo? Encontro muitas pessoas bem intencionadas que parecem não estar conscientes de quão minúsculo é o seu círculo. Se estivermos vivendo a "mentalidade de Cristo", e a mente de Cristo está em nós, cada círculo deve incluir a todos e não excluir ninguém.

O importante para mim, e o que define o meu círculo pessoal, é a questão dos pecadores que sou desafiado a trazer para dentro do meu círculo. Vejo que é fácil que o meu ódio pelo pecado se misture com o pecador, fazendo com que eu odeie o pecador porque aborreço o pecado. Aprendi que Deus quer que eu odeie o pecado, mas ame o pecador. Às vezes a nossa atitude para com o pecado pode ser como um encontro com uma cascavel perigosa que confronta uma criança. A cobra está enrolada e pronta para dar o bote. Odiamos a cobra, mas amamos a criança e queremos resgatar a criança dos dentes da morte em potencial.

Somos compelidos a advertir as pessoas sobre as consequências do pecado, mas também precisamos nos mover da compaixão do Senhor para incluir os pecadores em nosso círculo de amor. Além do mais, a maioria dos pecadores está ciente dos efeitos negativos das escolhas erradas em sua vida. E eles não precisam que outra pessoa venha e as condene. Muitos já são atormentados pela crença de que a igreja, e muito menos Deus, não lhes dará as boas-vindas por causa do seu estilo de vida, de seus vícios, da sua infidelidade, ou dos seus enormes erros.

Alguns líderes muitas vezes nos perguntam por que a nossa igreja em Phoenix e o Dream Center em Los Angeles trabalham deliberadamente com as pessoas cujos direitos civis foram cassados, com os desagradáveis e com os indesejados. Eles fizeram escolhas erradas, mas nunca duvidei que Deus pretendia que cada um deles estivesse no Seu círculo de amor.

Se somos o que professamos ser, verdadeiras expressões de Jesus Cristo, ninguém pode ser excluído. Isto inclui pessoas de diferentes doutrinas, denominações e experiências. Precisamos ser incentivadores, arautos da esperança, que indicam às pessoas o caminho do amor incondicional de Deus, e depois se tornam eles próprios uma evidência desse amor para com elas.

Não sou responsável por aqueles que me excluem ou que me incluem. Sou responsável por mim mesmo, e por quem eu excluo. Jesus, naquela declaração universal quando estava pendurado na cruz, disse basicamente: "Pai, perdoa-os, porque não sabem o que fazem" (ver Lucas 23:34). O círculo dEle incluía aqueles que o crucificaram. Até os críticos que debochavam dEle e que cruelmente lhe ofereceram vinagre quando Ele pediu água estão incluídos no Seu círculo de amor.

O nosso círculo existe para incluir até aqueles que nos fizeram mal. Aprendi a nunca brigar com as pessoas do meu círculo. Não há luta. Estou seguro desde que inclua a todos em meu círculo de amor. Então, não serei ferido.

Você não pode fazer muitos amigos, mas se tem um inimigo, encontrará esse inimigo onde quer que vá. Você está amarrado àquilo que odeia. Aceitando a todos, você começa a dominar aquilo de que o amor é feito. Quem quer que esteja fora do seu círculo de amor pode feri-lo, mas quem quer que esteja dentro do seu círculo de amor não o ferirá.

O padrão legalista da religião que alguns muitas vezes sustentam é estreito e exclusivo. O padrão da Revolução do Amor é universal. O amor cura! O amor restaura! O amor ilumina! O amor levanta! Quanto maior o meu círculo de amor ficar, mais feliz eu sou e mais posso exibir o amor de Deus aos outros.

Uma Revolução de Amor em Ação

Quando iniciamos o Los Angeles Dream Center, fomos deliberadamente a uma área indesejada que o governo, as igrejas, e até a polícia havia abandonado como sem esperança. Por termos ampliado o nosso círculo de amor para incluir membros de gangues, fugitivos, desabrigados, prostitutas, criminosos en-

242 A REVOLUÇÃO DO AMOR

durecidos e jovens rejeitados, esse círculo de amor cresceu a um ponto que os Dream Centers em todo o mundo estendem a mão para ajudar os indesejados e os que não são amados, demonstrando o amor de Cristo através de atos de serviço.

Toda semana, centenas de voluntários da campanha "Adote um Quarteirão" do Dream Center de Los Angeles (uma das centenas de aspectos da Revolução de Amor adotada pelo Dream Center) saem pelos bairros e simplesmente servem a seus vizinhos limpando seus quintais, pintando sobre grafite (desenhos em espaços públicos), e servindo-os de várias formas. Trata-se apenas de servir a pessoas que nem sequer conhecem para demonstrar o amor de Cristo.

Em uma época em que o crime e a degradação social têm aumentado em toda a cidade de Los Angeles, o bairro próximo ao Dream Center viu uma queda de mais de 70% na taxa de crimes, enquanto multidões chegavam à fé em Cristo. A divisão Rampart, um bairro notório por sua corrupção, crime e pecado, agora é um exemplo resplandecente de pessoas que andam no amor de Cristo. Isto é uma Revolução de Amor!

Perdoando e Per Doando

Você foi perdoado? Então perdoe outros. O amor é perdoador, e o amor é para se doar.

Doar amor é uma das coisas mais difíceis de se fazer. De muitas maneiras, é mais difícil do que dar dinheiro, porque o amor precisa vir de um coração aberto. Não há como fazer dele uma transação comercial fria.

Mas muitos de nós entendemos mal o que é o amor. Pensamos que é algo que podemos receber e possuir como um presente ou algo que se possui. Mas não é isto que o amor realmente é.

O amor é algo que você só pode dar, e não algo que você possui. Nenhum de nós ama – nós usamos o amor. A palavra bíblica para amor está na voz ativa, o que quer dizer que o amor que não é dado absolutamente não é amor.

Você já conheceu alguém que está sempre precisando de amor, mas que nunca recebe o bastante? Quanto mais essas pessoas se concentram no amor que acham que merecem, menos amor parecem ter. Elas estão tão concentradas na falta que o suprimento delas nunca é suficiente.

Quando ajudamos pessoas que sofrem, encontramos pessoas o tempo todo que nos dizem que apenas querem ser amadas por alguém. Descobri que o oposto é que é a verdade: não precisamos ser amados tanto quanto precisamos amar alguém.

Quando amamos incondicionalmente, jamais podemos ficar presos a um homem ou mulher. Mas quando exigimos que alguém nos ame, nós nos tornamos escravos dessa pessoa e ficamos facilmente aprisionados pela falta de amor dela por nós.

É Mais Importante Dar do que Receber

Creio que é mais importante as pessoas demonstrarem amor do que recebê-lo. Quando você demonstra amor, isso abre a torneira celestial de onde Deus derrama amor continuamente sobre nós; quanto mais amor você demonstra, mais você tem e mais fácil é deixar a torneira aberta e deixar que ele flua para os outros.

A quantidade de amor que você tem está diretamente influenciada por quanto amor você dá. É um paradoxo, mas é verdade: a única maneira de segurarmos o amor é dando-o aos outros.

> A única maneira de segurarmos o amor
> é dando-o aos outros.

Se você dá amor constantemente, está sempre concentrado no que tem para dar, e esse suprimento crescerá. Mesmo que ninguém o ame em troca, você terá um suprimento inesgotável de amor através de Jesus, e a sua vida será cheia de amor.

Quando eu era jovem, amava as pessoas menos do que amo agora. Mas tentava dar amor aos outros e descobri que o meu próprio suprimento aumentava. Desde que eu continue usando o amor que tenho, Deus continua me dando amor mais profundo.

Quando jovem, eu não amava realmente as crianças pequenas – eu só as apreciava. Mas um dia fiz a escolha de amá-las. Hoje meu coração transborda de amor por crianças pequenas. Agora posso dizer que amo e aprecio crianças genuinamente, e amo abençoá-las.

Desfruto a vida tremendamente agora, mas quando era um jovem pregador eu não era nem de longe tão alegre. Agora tenho trinta vezes mais alegria que tinha há vinte anos. Decidi que poderia optar por ser deprimido ou alegre, e que posso escolher a alegria. Quando decidi dar alegria aos outros, descobri que a minha vida se enchia de mais alegria.

Parte da Revolução de Amor que está vindo sobre o corpo de Cristo é para ajudar as pessoas a verem que buscar o amor é a forma errada de lidar com ele. Devemos ajudar as pessoas, através do nosso exemplo, a entenderem que para ter amor, não o procuramos, nós o damos.

O verdadeiro amor não vem de pessoa alguma; ele vem de Deus. Até o meu amor por minha esposa, Marja, é puro porque encontrei a fonte. Aprendemos que mais abençoado é dar amor do que recebê-lo, e quando um marido e uma esposa dão amor um ao outro diligentemente, eles terão um casamento maravilhoso.

Quando o corpo de Cristo aprender a dar amor diligentemente a um mundo perdido e moribundo, ampliaremos o nosso círculo de amor e influenciaremos a nossa sociedade para melhor, e a melhoraremos.

Você está pronto para a Revolução do Amor? Eis algumas poucas sugestões para andarmos no amor de Cristo na sua versão pessoal da Revolução do Amor:

1. Declare amor. Seja direto e diga-o.

Torne-se uma "cachoeira de amor", sempre derramando amor sobre outras pessoas. Algumas pessoas dizem: "Não sou assim". Se todo crente dissesse mais "Eu amo você" isto redefiniria os relacionamentos do mundo. Experimente. Se você disser às pessoas que as ama, você ouvirá isto de volta. Quando você diz, de todo o coração, as palavras "amo você", você será cheio com o poder do amor de Cristo.

2. Coloque o seu amor por escrito.

Mantenho um arquivo chamado "Amo você" onde guardo as lindas cartas que recebo. Elas significam muito para mim. Um simples bilhete de incentivo vindo de você pode significar muito para alguém. Escrever o seu amor torna-o permanente e duradouro. Pode ser até um agente preservador de vida para alguém que esteja se afogando no desespero. Escrever uma mensagem sobre o amor de Deus para alguém o incentiva, inspira você, e aumenta a consciência do amor de Deus.

3. Arrisque-se a fazer atos extremos de amor.

Quando vamos acima e além do que as pessoas possam esperar de nós para expressar o amor de Cristo, os resultados desses atos de amor são multiplicados na vida das pessoas. Às vezes, é preciso se arriscar um pouco para fazer um pouco mais – isto faz parte da Revolução do Amor. Pergunte a si mesmo: "Posso fazer um pouco mais do que estou fazendo atualmente para amar as pessoas?" Torne a sua vida memorável; revolucionários sempre fazem coisas surpreendentes. Transforme um dia comum em um dia extraordinário deixando que o seu amor seja monumental na sua forma de expressar o amor de Deus.

4. O amor exige uma disposição de se alegrar e de chorar.

Muitas vezes, demonstrar amor também é ajudar alguém que não está com vontade de comemorar. Compartilhar a dor de alguém, ou passar pelo vale com ele, estabelece fundamentos profundos de amor e confiança. Jesus ia a casamentos e funerais. Ele sabia do que as pessoas precisavam em ambas as circunstâncias. Precisamos compartilhar o amor de Deus em todas as circunstâncias para que estejamos confortáveis demonstrando amor ao alegre e ao que está de luto.

5. Aprenda a amar pessoas diferentes de maneiras diferentes.

As pessoas recebem e dão amor de formas diferentes, e assim precisamos aprender a amar as pessoas de formas diferentes. É vital que cada um de nós aprenda a dar e receber amor com os que nos são próximos, e é imperativo que aprendamos a dar amor aos que estão no mundo ao redor de nós, principalmente aqueles que talvez não recebam amor de ninguém mais. Estude as pessoas e a Palavra de Deus, veja como Jesus amava as pessoas e você aprenderá a demonstrar amor a pessoas di-

Você Quer Ser um Revolucionário?

ferentes e formas diferentes que façam com que todos se sintam ótimos e que glorifiquem a Deus.

Você Quer Ser um Revolucionário?

E então, você vai agir como um revolucionário hoje? Será que cada dia da sua vida daqui em diante será uma evidência de que você faz parte da Revolução do Amor? Por que tipo de coisas você será lembrado? Sua sagacidade? Sua inteligência? No fim, é só o amor que conta. O amor é o que nos dá valor eterno. Todos querem ser reconhecidos como criaturas espirituais feitas à imagem de Deus, e o amor é a única maneira de fazer isto.

Ame como se o seu amor fosse ilimitado, e você descobrirá que ele realmente é. Você pode não amar alguém quando encontrar essa pessoa pela primeira vez, mas se der o amor que tem, ele crescerá.

Eu o desafio a ser a pessoa mais amorosa possível, e posso lhe dizer antecipadamente que se você amar em todo o tempo, o seu suprimento jamais se esgotará.

E então, o que você diz? Realiste-se no exército que Deus está levantando hoje e nós nos veremos na Revolução do Amor!

CAPÍTULO 15

Precisamos de um Avivamento ou de uma Revolução?

Todos pensam em mudar o mundo,
mas ninguém pensa em mudar a si mesmo.
Léon Tolstoi

Quando alguma coisa é avivada, o velho é trazido novamente à vida, e uma atenção renovada é trazida sobre algo. Quando a sociedade passa por um interesse renovado na religião, chamamos a isto avivamento. O dicionário Webster define avivamento como "uma reunião ou uma série de reuniões evangelísticas, muitas vezes de alto teor emocional". Durante toda a minha vida adulta como cristã, ouvi as pessoas falarem sobre avivamento e orarem por isso. Mas já não estou mais certa se é de avivamento que precisamos. Creio que precisamos de algo muito mais radical. Creio que precisamos de uma Revolução. O dicionário Webster define a palavra revolução como "uma mudança repentina, radical ou completa".

De alguma forma, nos sentimos mais confortáveis revestindo o que é velho do que tendo uma mudança radical. Mas os avivamentos passados transformaram a igreja e o mundo? Eles certamente foram benéficos no momento em que ocorreram, mas de que precisamos neste momento na igreja para sermos eficazes no mundo? O que nos levará a sermos a luz que Cristo nos chamou para ser?

Em seu livro *The Barbarian Way,* Erwin McManus escreve: "Vamos passar do Cristianismo esterilizado e voltar à poderosa, crua e antiga fé que escolhe a revolução em lugar das concessões, o perigo em lugar da segurança, e a paixão em lugar das religiões mornas e diluídas". A paixão de Cristo o levou à cruz. Será que a nossa paixão nos levará ao menos a sacrificar algumas das nossas maneiras antigas para que a próxima geração possa experimentar o poder transformador do Amor Revolucionário?

Jesus foi um revolucionário, e Ele certamente não era um advogado da tradição. Ele veio para trazer mudança, e isto irritou as pessoas religiosas dos Seus dias. Deus nunca muda, mas Ele muda as pessoas. Descobri que Ele ama a criatividade e as coisas novas e que mantém as coisas renovadas e ardendo em fogo.

Algumas igrejas nem sequer consideram a hipótese de mudar alguma coisa tão simples quanto o estilo de suas músicas. Elas cantarão hinos e tocarão somente o órgão enquanto existirem. Elas ignoram o fato de que suas congregações continuam encolhendo em tamanho e não estão afetando em nada a sua comunidade. Elas precisam olhar em volta no domingo de manhã e perguntar por que todos ali são pessoas de meia idade ou ainda mais idosas. Onde estão os jovens? Onde está o entusiasmo? Onde está a vida?

Há vários anos, começamos a experimentar um leve declínio nas conferências que fazemos por toda a nação e percebemos que quase todos que participavam eram pessoas de meia idade ou pessoas mais velhas. Nosso filho, que tinha vinte e quatro anos na época, começou a nos incentivar a fazermos algumas mudanças radicais no estilo de música, na iluminação, na decoração, e na nossa maneira de nos vestirmos. Ele disse que esta geração precisava desesperadamente ser alcançada pelo Evangelho de Jesus Cristo, mas era afastada por uma religião no estilo antigo que tinha a reputação de ser legalista e chata. Durante cerca de um ano, Dave e eu resistimos muito. Dissemos o que a maioria das pessoas diz quando não quer mudar: "Deus não muda". Também achávamos que o que havíamos feito até então havia funcionado bem. Por que mudar? Havia muito orgulho envolvido, e era difícil deixar que alguém de vinte e quatro anos que havia acabado de começar a trabalhar conosco nos dissesse o que fazer. Mas à medida que o ano se passou, começamos a ouvir outros jovens, e entendemos que não tínhamos de adorar os métodos. A nossa mensagem não mudaria, mas a embalagem na qual ela vinha precisava mudar.

O mundo muda, as pessoas mudam, novas gerações pensam diferente das anteriores, e precisamos nos preocupar em como alcançá-las. Eu queria ver jovens em minhas conferências, mas não estava disposta a dar nada que pudesse interessá-los. Eu não estava disposta a encontrá-los onde eles estavam. Mas pouco a pouco nossos corações se abriram para experimentar coisas novas, e vimos resultados maravilhosos. Não apenas não perdemos as pessoas que tínhamos, como pessoas novas chegaram, e muitas delas eram jovens e entusiasmadas. Se tivermos a sabedoria da geração mais velha e a criatividade entusiasmada da geração mais nova, então teremos o melhor dos dois mundos.

Um dia, tivemos uma reunião de negócios com nossa equipe de liderança no escritório. Nosso filho, que estava nos pressionando para uma mudança, teve uma ideia e discordei dele. Ele continuava insistindo naquele ponto, então perguntei a todos o que eles achavam e todos concordaram comigo. Quando afirmei que todos na sala concordavam comigo, nosso filho Dan disse: "É claro que todos eles concordam com você, mãe – todos têm a sua idade". Àquela altura dos acontecimentos comecei a perceber que eu tinha me cercado de pessoas como eu, e que ao fazer isso estava impedindo a variedade. Precisávamos ter líderes de todas as idades, e não apenas pessoas que eram da mesma geração.

Em outra ocasião, Dan queria usar algumas cores na revista mensal que nunca tínhamos usado antes. Eu não gostava delas, então disse não. Ele foi insistente sobre o uso das novas cores, e eu disse enfaticamente "Não gosto delas, e não vamos usá-las!" Ele disse: "Eu não sabia que você havia sido chamada para ministrar para *si mesma*. E se outras pessoas gostarem dessas cores?" Àquela altura, tive uma experiência que abriu meus olhos. Percebi que eu tinha códigos de vestimentas no escritório que eram o que *eu* gostava, e que usávamos as cores que *eu* gostava na revista, nos anúncios, e no prédio da igreja. Tínhamos a música que *eu* gostava. Fiquei envergonhada quando percebi quantas de minhas decisões se tratavam do que eu gostava e de como me sentia confortável, e não do que as pessoas precisavam.

Dave e eu começamos a perceber que estávamos adorando os métodos e que aqueles métodos não significavam absolutamente nada para Deus. Era a Sua mensagem que Ele queria transmitir, e a embalagem na qual ela vinha podia certamente ser muda-da. Então começamos a mudar e continuamos a ficar abertos às mudanças desde então. Mudamos o estilo das nossas roupas para um estilo mais contemporâneo. Mudamos as nossas bandas de adoração para aquelas que atrairiam mais jovens. Decidi amar a geração atual o bastante para cantar canções que eles pudessem apreciar. Encurtamos a duração dos nossos cultos porque toda a nossa sociedade de hoje quer fazer as coisas mais rápido. Eu estava acostumada a cultos de três horas, mas nem todos estão, então decidimos encontrar as pessoas no meio termo. Mudamos a nossa iluminação para uma mais agressiva. Até compramos uma máqui-na de fumaça que dizem que cria uma atmosfera. Ainda acho que ela só impede que as pessoas vejam claramente, mas posso tolerar a fumaça se ela faz com que as pessoas se identifiquem comigo o bastante para ouvirem a mensagem do evangelho. Lembre-se que Paulo disse que ele havia se tornado o que quer que precisasse para ganhar as pessoas para o evangelho de Jesus Cristo (ver 1 Coríntios 9:20-22). Ele não adorava os métodos e nós também não devemos adorá-los.

A Bíblia diz que nos últimos dias teríamos uma igreja egoísta e egocêntrica. As pessoas serão relaxadas quanto aos seus padrões morais e manterão uma forma de religião, mas negarão o poder do evangelho (ver 2 Timóteo 3:1-5). Precisamos ver o poder de Deus nas nossas igrejas. Precisamos ver vidas transformadas, cura, restauração e redenção. Precisamos ver o amor de Deus fluindo livremente. Precisamos ver uma Revolução, e estou decidida a ser parte dela!

Posso dizer sinceramente que muitas das mudanças que fizemos nas nossas conferências não são mudanças que eu particularmente gosto. Mas estou aprendendo mais a cada dia que o amor requer que abandonemos a nossa maneira e descubramos quais são as maneiras de Deus para a atual estação. Muitas das nossas mudanças foram definitivamente um sacrifício para mim pessoalmente, mas sei em meu coração que todas elas foram a coisa certa a ser feita. Por mais tolo que pareça, houve um tempo em que eu realmente achava que Deus não abençoaria alguém se ele estivesse na plataforma tentando liderar as pessoas usando jeans. Então refleti seriamente sobre o que Moisés provavelmente estaria usando quando foi à Montanha receber os Dez Mandamentos e finalmente entendi como estava sendo tola. João Batista era alguém que se vestia de modo estranho, mas ele liderou uma revolução. Ele preparou o caminho para o Messias. Ele não era fã da religião organizada e chamava a maioria dos líderes religiosos do seu tempo de raça de víboras. Ele estava enojado com as pessoas religiosas cheias de justiça própria do seu tempo, que iam ao templo para orar, mas não levantavam um dedo para ajudar uma pessoa necessitada.

Deus olha o coração, e precisamos aprender a fazer o mesmo. Ele não estava preocupado com a aparência de Moisés ou de João. Ele estava entusiasmado para encontrar alguém que não tivesse medo de liderar uma revolta contra a religião morta, levando as pessoas à intimidade com Ele.

O *Amor Se Sacrifica*

A palavra sacrifício não é uma palavra que em geral nos entusiasma porque significa abrir mão de algo que preferiríamos manter. Na linguagem original do Novo Testamento, o grego, a palavra significa "um ato de oferecer, ou aquilo que é oferecido". O amor não insiste na sua própria maneira (ver 1 Coríntios 13:5). O amor muitas vezes requer que sacrifiquemos a nossa maneira de fazer alguma coisa.

No Antigo Testamento, "sacrifício" se referia a animais sacrificados pelo pecado, mas no Novo Testamento se refere ao sacrifício de Cristo dando a Si mesma na cruz. O Novo Testamento também estimula os crentes: "ofereçam os seus corpos como sacrifício vivo, santo e agradável a Deus – este é o seu ato espiritual de adoração" (Romanos 12:1, AMP).

O principal motivo pelo qual não vemos tanto amor verdadeiro no mundo quanto deveríamos é porque as pessoas não gostam de se sacrificar. A nossa tendência natural é guardar, e não dar em sacrifício. Protegemos a nossa zona de conforto. Podemos dar quando é fácil e conveniente, mas quando é necessário sacrifício, recuamos. A quantas das suas formas de agir você está se agarrando desesperadamente sem sequer perguntar: "Deus tem uma forma diferente para fazer isto?" Afinal, a Bíblia diz que os caminhos dEle são mais altos que os nossos caminhos (ver Isaías 55:8).

Felizmente podemos formar novos hábitos e realmente viver uma vida de sacrifício e gostar disso. Quando nos lembramos de fazer gentilezas para os outros e nos recusamos a negligenciar atitudes generosas, a Bíblia diz que Deus se agrada com esses sacrifícios (ver Hebreus 13:16). "Deus amou o mundo de tal maneira que deu o seu Filho Unigênito" (João 3:16). O amor precisa dar, e dar requer sacrifício!

Todos nós temos uma maneira que nos agrada para fazermos as coisas, e geralmente achamos que a nossa maneira é a maneira correta. Um dos maiores problemas com a religião em geral é que ela muitas vezes fica presa nas "velhas formas", que realmente não estão mais ministrando às pessoas, mas se recusa a mudar. Ela se recusa a sacrificar a sua forma.

Uma amiga recentemente me contou que faz suas filhas adolescentes irem à igreja todos os domingos, mas que elas sempre ficam entediadas e que mal podem esperar até que o culto termine. Ela admitiu que estar ali não acrescenta absolutamente nada a elas. Essas meninas provavelmente amam a Deus, mas não se identificam com os métodos que são usados pela igreja. Elas pertencem a uma nova geração que faz as coisas de uma forma diferente. Infelizmente, muitas crianças criadas em lares cristãos se afastam de todo tipo de religião quando se tornam adultas. Elas podem ter sido desanimadas pela hipocrisia, rejeitadas por normas legalistas, ou entediadas até as lágrimas. A igreja não funcionou para elas. Elas queriam algo genuíno e poderoso, algo alegre e cheio de entusiasmo, mas terminaram com uma longa lista de coisas que não podiam fazer.

Tommy Barnett, co-fundador do Dream Center de Los Angeles, descobriu que muitas das pessoas jovens naquela área gostam de andar de skate. Quando ouviu falar que um skatista famoso estava indo àquela área para fazer um filme e que haviam construído uma pista de skate de $ 50.000 dólares para o filme, ele teve a ousadia de perguntar se a igreja poderia ficar com a pista quando o filme estivesse terminado. Eles deram a pista a ele, ela foi levada para o Dream Center, e agora aos sábados qualquer pessoa que tenha frequentado o culto naquela semana ganha uma entrada para andar de skate se desejar. A disposição do Pastor Barnett de fazer algo radical e novo levou milhares de adolescentes ao Drem Center para andar de skate. E muitos daqueles adolescentes acabam aceitando Cristo. Ele sacrificou antigas tradições que poderiam não ter permitido algo semelhante a fim de alcançar os skatistas com amor. Ele entendeu o desejo deles e os ajudou a realizá-lo. Não podemos esperar que os jovens – e a propósito, ninguém – queira somente ler a Bíblia e orar. As pessoas precisam

Precisamos de um Avivamento ou de uma Revolução? 255

rir, se divertir e ter experiências empolgantes, e elas não deveriam ter de ir para o mundo para fazer isso.

O Pastor Barnett disse que quando o seu coro de duzentas vozes vestido de branco cantava "Quão Grande És Tu", os adolescentes dormiam, então, quando os adolescentes perguntaram se podiam cantar algumas de suas músicas na semana seguinte, ele permitiu. Enquanto os ouvia, percebeu que eles haviam transformado uma música de rock em uma canção espiritual. A princípio, ele pensou: *Oh, não! O que foi que eu fiz?* Mas depois, enquanto ouvia, percebeu que a benção de Deus estava sobre aquela música. É impressionante o que Deus usará e que nós rejeitaríamos. Deus vê o coração por trás das coisas.

Creio que precisamos aprender que somente a mensagem do evangelho é sagrada, e não os métodos que usamos para apresentá-la. Se não aprendermos isso, corremos o risco de sermos irrelevantes para a geração atual e de perdê-la. Eles precisam desesperadamente conhecer o amor de Deus, e podemos ter de sacrificar a nossa maneira de fazer as coisas para ajudar a fazer com que isso aconteça.

Quando fizemos alterações nas nossas conferências, será que sacrificamos o que a congregação atual queria por amor àqueles que queríamos ver chegando? Estávamos sendo injustos com aqueles que estavam conosco há tanto tempo? Creio que não, porque os que são mais maduros espiritualmente devem estar prontos e dispostos a sacrificar-se para ver outros chegarem ao conhecimento da verdade. Quando expliquei ao povo porque estava fazendo as mudanças, todos aplaudiram. As pessoas querem fazer o que é certo; elas apenas precisam de compreensão. É claro que sempre haverá pessoas que resistirão à mudança, e essas pessoas ficam para trás. Elas ficam onde estão, mas Deus continua a avançar, com ou sem elas.

Quando falamos sobre a necessidade de uma Revolução de Amor, estamos falando de uma mudança radical no nosso modo de viver a vida. Devemos perguntar a Deus diariamente o que

256   A REVOLUÇÃO DO AMOR

podemos fazer para Ele, e não apenas o que Ele pode fazer por nós. Qualquer pessoa que participe de uma Revolução de Amor terá de fazer sacrifícios por amor a outros, mas esses sacrifícios também trarão uma nova alegria. O nosso foco precisa mudar de nós para os outros. Precisamos pensar no que podemos dar, e não no que podemos ganhar. Quando Jesus viajava com os Seus discípulos, Ele lhes ensinava sobre a vida. Creio que precisamos ouvir mensagens dos nossos púlpitos sobre como viver a vida diária de uma forma agradável a Deus, e não apenas mensagens sobre questões doutrinárias. Precisamos garantir que as mensagens sejam relevantes para todas as gerações.

Você conhece Cristo há muito tempo, mas o amor dEle ainda está preso em você? Se está, é hora de deixá-lo sair com coragem. Devemos ser canais para que o amor de Deus flua através de nós, e não reservatórios. Torne-se disponível diariamente para ser usado por Deus. Eu o desafio a fazer esta oração diariamente: "Deus, mostra-me o que posso fazer para Ti hoje".

Deus quer que nós nos apresentemos diariamente como um sacrifício vivo (ver Romanos 12:1). Ele quer que nós ofereçamos todas as nossas faculdades e recursos a Ele. Uma Revolução de Amor exigirá sacrifícios de tempo, energia, finanças, das nossas maneiras, e de muitas outras coisas, mas viver sem amor é sacrificar a vida que Jesus morreu para nos dar.

Saia Dessa Rotina Religiosa

Você está preparado para sair da sua rotina religiosa e se envolver com pessoas reais que têm problemas reais? A chave para a felicidade não está em ser amado; está em ter alguém para amar. Se você quer realmente ser feliz, encontre alguém para amar. Se você quer colocar um sorriso na face de Deus, encontre uma pessoa que está sofrendo e ajude-a.

Frequentei a igreja por trinta anos sem nunca ouvir um sermão sobre a minha responsabilidade bíblica de cuidar dos órfãos, das viúvas, dos pobres e dos oprimidos. Fiquei chocada quando finalmente entendi o quanto a Bíblia fala sobre ajudar outras pessoas. Passei a maior parte da minha vida cristã pensando que a Bíblia falava sobre como Deus podia me ajudar. Não é de admirar que eu fosse infeliz.

Atualmente estou me preparando para uma viagem à África, para visitar a Etiópia, Ruanda, e Uganda. Sei que ali verei mais necessidade do que já vi em qualquer outro lugar, e estou pronta e ansiosa para dar. A viagem será um sacrifício de tempo, energia, conforto e finanças, mas preciso ir. Preciso tocar pessoas que estão sofrendo. Preciso me aproximar tanto da pobreza e da fome que eu nunca as esqueça depois que voltar para casa.

Vou segurar bebês subnutridos pela fome, e verei a dor nos olhos de suas mães por verem seus filhos morrerem e não poderem fazer nada. Mas também vou ajudar alguns deles. Talvez eu não possa ajudar todos eles, mas farei o que posso porque me recuso a não fazer nada! Poderei voltar e compartilhar em primeira mão com os amigos e parceiros de ministério como eles podem se envolver e ajudar pessoas.

As pessoas querem ajudar, mas muitas simplesmente não sabem o que fazer. Elas precisam de alguém para organizar isso para elas. Você tem habilidade em liderança? Se tiver, por que não organiza uma campanha de ajuda aos pobres na sua cidade ou inicia uma maneira de você e seus amigos se envolverem em missões destinadas aos pobres e perdidos de todo o mundo? Um grupo de mulheres que estavam decididas a fazer algo recolheu coisas de seus vizinhos e fizeram uma enorme liquidação em uma garagem, dando toda a renda para ajudar os pobres. Elas tiveram tanto êxito que continuaram fazendo isso, e agora têm uma loja de verdade que é dirigida por voluntários. Todas as mercadorias para liquidação são doadas e todo o dinheiro é dado para missões. Elas conseguiram doar 65 mil dólares em apenas um ano (Por sinal,

258 A REVOLUÇÃO DO AMOR

a maioria das mulheres tem mais de sessenta anos, e fico muito orgulhosa por elas fazerem algo tão criativo e valioso. Elas decidiram permitir que os seus últimos anos fossem os mais frutíferos).

Seja determinado a ajudar alguém. Seja criativo! Lidere uma revolta contra viver em uma rotina religiosa na qual você vai à igreja e volta para casa e volta para a igreja, mas não está realmente ajudando ninguém. Não se limite a sentar na igreja e cantar hinos. Envolva-se na ajuda às pessoas que sofrem. Lembre-se das palavras de Jesus:

> "Porquanto tive fome, e não me destes de comer; tive sede, e nada me destes de beber. Sendo estrangeiro, não me hospedastes; estando necessitado de roupas, não me vestistes; encontrando-me enfermo e aprisionado, não fostes visitar-me".
>
> E eles também perguntarão: "Mas, Senhor! Quando foi que te vimos com fome, sedento, estrangeiro, necessitado de roupas, doente ou preso e não te auxiliamos?"
>
> Então o Rei lhes sentenciará: "Com toda a certeza vos asseguro que, sempre que *o* deixastes de fazer para algum destes Meus irmãos, mesmo que ao menor deles, a Mim *o* deixastes de fazer".
>
> *Mateus 25:42-45, NKJV*

Eu **adoto** a compaixão e **abro mão** das minhas desculpas.

Eu me levanto contra a injustiça

e **me comprometo** a demonstrar em ações

simples o amor de Deus.

Eu me recuso a não fazer nada. Esta é a minha decisão.

EU SOU A REVOLUÇÃO DO AMOR.

NOTAS

1. O Que Há de Errado com Este Mundo?
1. "Help End Sex Traffi cking!" http://www.crisisaid. org/traffi ckstats.html
2. "Hunger Facts: International," http://www. bread.org/learn/ hunger- basics/ hunger- facts-international.html

3. Nada de Bom Acontece por Acaso
1. "Forced to Flee: Uganda's Young 'Night Commuters'," http://www.theirc.org/where/ page- 28828228. html
2. "Simple Statistics"

6. Vença o Mal com o Bem
1. "Widows in Third World Nations," http://www. deathreference.com
2. "Uganda, Ghana and Cote d'Ivoire— The situation of widows," http://www.ifad.org/gender/learning/ challenges/widows/55.htm

7. Justiça para os Oprimidos
1. "Prostitution is not a choice, it is a lack of choices," http://www.spokesmanreview.com/blogs/vox/ media/Feb07voxpage2.pdf

9. Faça as Pessoas Se Sentirem Valiosas

1. George W. Crane, *Dr. Crane's Radio Talks*, vol. 1 (Mellot, IN: Hopkins Syndicate, Inc., 1948), 7.
2. Ibid., 8–9.
3. Ibid., 16.
4. Fonte original desconhecida.
5. Atribuído a William Penn e Stephen Grellet.

12. Amor Incondicional

1. http://preventdisease.com/home/weeklywellness203.shtml